TRAVESSIAS IMAGINÁRIAS

SERVIÇO SOCIAL DO COMÉRCIO
Administração Regional no Estado de São Paulo

PRESIDENTE DO CONSELHO REGIONAL
Abram Szajman
DIRETOR REGIONAL
Danilo Santos de Miranda

CONSELHO EDITORIAL
Ivan Giannini
Joel Naimayer Padula
Luiz Deoclécio Massaro Galina
Sérgio José Battistelli

EDIÇÕES SESC SÃO PAULO
Gerente Iã Paulo Ribeiro
Gerente adjunta Isabel M. M. Alexandre
Coordenação editorial Francis Manzoni, Clívia Ramiro, Cristianne Lameirinha
Produção editorial Thiago Lins
Coordenação gráfica Katia Verissimo
Produção gráfica Ricardo Kawazu
Coordenação de comunicação Bruna Zarnoviec Daniel

**MIRNA
QUEIROZ
(ORG.)**

TRAVESSIAS
IMAGINÁRIAS

**LITERATURAS DE
LÍNGUA PORTUGUESA
EM NOVA PERSPECTIVA**

© Edições Sesc São Paulo, 2020

Todos os direitos reservados

Preparação Elen Dourado
Revisão Silvana Cobucci, Valéria Braga Sanalios / Estúdio Sabiá
Projeto gráfico e diagramação Elisa von Randow / Alles Blau
Capa Elisa von Randow / Alles Blau

Dados Internacionais de Catalogação na Publicação (CIP)

Q32t	Queiroz, Mirna (Org.)
	Travessias imaginárias: literaturas de língua portuguesa em nova perspectiva / Organização de Mirna Queiroz. – São Paulo: Edições Sesc São Paulo, 2020. – 264 p.
	ISBN 978-65-86111-27-9
	1. Literatura. 2. Literatura de Contemporânea. 3. Língua Portuguesa. I. Título.
	CDD 808

EDIÇÕES SESC SÃO PAULO
Rua Serra da Bocaina, 570 – 11º andar
03174-000 – São Paulo SP Brasil
Tel. 55 11 2607-9400
edicoes@edicoes.sescsp.org.br
sescsp.org.br/edicoes
 /edicoessescsp

- 6 **APRESENTAÇÃO**
- 8 **PREFÁCIO**___ Literatura em transe, em trânsito (Mirna Queiroz)
- 10 **SABRINA SEDLMAYER**___ A vida está lá, na escrita? Espaços biográficos na prosa portuguesa contemporânea
- 30 **LUÍS KANDJIMBO**___ Duas vozes da nova geração literária de mulheres angolanas: Luaia Gomes Pereira e Djaimilia Pereira de Almeida
- 56 **FÁTIMA MENDONÇA**___ Panorama (muito geral) da ficção narrativa moçambicana contemporânea
- 96 **ANTÓNIO CABRITA**___ O "esquecimento da morte" ou a catábase em Nicodemos Sena e Calane da Silva
- 126 **ANA RIBEIRO**___ O peso da batina: modulações do *Bildungsroman* em *O outro pé da sereia* e *A rainha Ginga*
- 154 **CRISTHIANO AGUIAR**___ Ficção científica brasileira contemporânea: uma leitura sobre Braulio Tavares e Lady Sybylla
- 176 **CLARA ROWLAND**___ O molde oco: fôrmas e formas em Nuno Ramos
- 196 **MARIA JOÃO CANTINHO**___ Rui Nunes e Maria Gabriela Llansol: nas margens da literatura
- 218 **MARIA SCHTINE VIANA**___ O livro ilustrado: um campo de experimentação em Angela Lago e Catarina Sobral
- 244 **MANUEL BRITO-SEMEDO**___ Travessias imaginárias: literaturas de língua portuguesa em nova perspectiva. A escrita ficcional cabo-verdiana contemporânea
- 260 **SOBRE OS AUTORES**

APRESENTAÇÃO

PALAVRA-INVENÇÃO

HABITAMOS O MUNDO DE MODO INDIRETO, por meio de uma interface inescapável: a cultura. Essa condição indica como é possível acessar a realidade e sobre ela atuar. Dentre os aspectos que compõem tal quadro, a linguagem verbal e escrita, cuja pluralidade se expressa nos diversos idiomas e dialetos, tem evidente protagonismo.

Os seres humanos pensam, sentem e se comunicam por meio de palavras e frases, numa simbiose tão intensa que sequer podemos imaginar como seria viver sem elas. Em diversos lugares espalhados pelo globo, isso se dá a partir da língua portuguesa – o que diz muito sobre um passado de disputas e contradições, mas também sobre possibilidades de conexão na atualidade.

O caráter globalizado do idioma – falado e reinventado por milhões de pessoas na América, Europa, África e Ásia – enseja instigantes desafios quando se trata de refletir sobre a literatura a ele relacionada. Nesse sentido, o conjunto de ensaios que constituem o livro *Travessias imaginárias: literaturas de língua portuguesa em nova perspectiva*, organizado por Mirna Queiroz, faz uma opção pela diversidade.

Variados são os países, regiões, povos e sotaques que elaboram o universo lusófono. Consequentemente, múltiplas visões de mundo compartilham um vocabulário assemelhado. Mas é próprio da literatura ir além dessa primeira camada, esgarçando as fronteiras delimitadas pelos usos cotidianos, questionando padrões e visitando outras formas de comunicar.

A presente publicação opera, assim, segundo uma acepção ampliada de diversidade. Talvez essa ampliação se deva ao leque de perguntas que os diversos ensaístas colocam ao exercício literário, que não demandam necessariamente respostas, mas compartilhamento.

Um primeiro olhar parece se dirigir a questões iluminadas pelo ato literário: quais diferentes cosmologias são expressadas por meio da língua portuguesa? Em que medida esse idioma condiciona o surgimento de noções peculiares acerca do tempo, da natureza, dos ciclos de vida e morte? Afinal, a escrita tem também a vocação de convocar a realidade, e o faz segundo determinadas normas, traduzindo-a.

É precisamente ao atentar para a opaca espessura da linguagem, que num só golpe desvela e esconde, que os artigos aqui organizados explicitam o campo de investigação das *Travessias imaginárias*. Os espectros das identidades nacionais, regionais e étnicas, ao visitarem a literatura, colocam em movimento suas engrenagens mais básicas. Gêneros literários, dispositivos narrativos, figuras de linguagem, relação com a tradição, tudo isso torna-se objeto de pesquisas que, no limite, parecem indagar: como a aventura planetária da lusofonia manipula ou subverte tais instâncias, a fim de criar um espaço de ação que seja, ao mesmo tempo, leitura e invenção de mundo?

A palavra, cujas possibilidades desenham os limites da realidade, é fado – aqui entendido literalmente, como "aquilo que tem necessariamente que ser". Mas a literatura, como mostram os especialistas aqui reunidos, a transforma em plataforma de lançamento. Viabilizar o contato de mais leitores com reflexões desse tipo implica pensar a ação cultural em chave expandida, como abertura e invenção. Significa, principalmente, conectá-la à esfera dos direitos, pressuposto para uma existência plena e democrática.

DANILO SANTOS DE MIRANDA

DIRETOR DO SESC SÃO PAULO

PREFÁCIO

LITERATURA EM TRANSE, EM TRÂNSITO

> Nenhuma palavra é primeira [...]. Não há palavras exteriores à língua que permitissem medir a distância entre o princípio e o fim, entre a glória e o fiasco. Entre a escrita e o mundo. Se nenhuma é palavra primeira (a da Origem, a de Deus ou a do Autor), nenhuma será definitiva.
>
> HELDER G. CANCELA

AS LITERATURAS DE LÍNGUA PORTUGUESA atravessam um dos seus períodos mais pujantes, a despeito dos recentes reveses políticos e econômicos. A acessibilidade tecnológica aos meios de produção reconfigurou o mercado editorial, permitindo o surgimento de inúmeras editoras independentes que apostam em novas autorias. Ainda assim, e com a facilidade de troca de informação proporcionada por mídias eletrônicas, publicações, promoção de prêmios e festivais intercontinentais, persiste entre nós a falta de um conhecimento profundo desse repertório atlântico. Fora do âmbito universitário, ainda lemos muito pouco.

Travessias imaginárias surge do desejo de saltar os muros da universidade e de ampliar a articulação entre escritores, editores, jornalistas, críticos e leitores que se expressam na comunidade de língua portuguesa. A iniciativa pretende contribuir também para um intercâmbio permanente, tão necessário quanto estratégico para a consolidação da cultura do livro nessa comunidade marcada pela diversidade..

Nessa coletânea de ensaios, um fresco é traçado em argamassa sólida de nomes importantes da crítica dedicada à produção literária de um vasto território que partilha a língua portuguesa. Uma língua em transe, em trânsito, da qual se insurge uma teia variada e complexa de linguagens. Ao testemunharmos aqui as reflexões sobre os mecanismos de invenção dessa língua, comprovamos a máxima do ensaísta português Eduardo Lourenço: "É ela que nos inventa. Enquanto realidade presente ela é ao mesmo tempo histórica, contingente, herdada, em permanente transformação e trans-histórica, praticamente intemporal"[1].

Ouvir atentamente essas várias dicções é mais do que uma experiência de fruição estética: é também uma tentativa de dissipar ruídos, comuns em cenários de produção prolífica e ao mesmo tempo acidentada como o nosso.

Angolanos, brasileiros, cabo-verdianos, moçambicanos e portugueses refletem sobre escritores de diferentes gerações, que têm surgido ou apresentado um trabalho consistente no período dos últimos vinte anos, entre os mais conhecidos até os esquecidos ou incompreensivelmente ignorados. Observam as filiações comuns entre eles, os pontos nos quais convergem ou a partir dos quais se apartam. Investigam os aspectos mais singulares de um conjunto de obras, as escolhas formais, do discurso autobiográfico ao fantástico, da tradição à experimentação, as inclinações ideológicas de seus autores e as recorrências temáticas, tais como conflito de identidade, incomunicabilidade, esquecimento e morte.

Travessias imaginárias contribui, assim, para uma construção analítica arejada e uma leitura competente não apenas de um capítulo da história da literatura contemporânea de língua portuguesa, mas também de um potencial literário muito longe de se esgotar.

MIRNA QUEIROZ

---

1 Eduardo Lourenço, "A chama plural", disponível em: <http://observalinguaportuguesa.org/a-chama-plural/>, acesso em: set. 2020.

A VIDA ESTÁ LÁ, NA ESCRITA? ESPAÇOS BIOGRÁFICOS NA PROSA PORTUGUESA CONTEMPORÂNEA

Sabrina Sedlmayer

NAS ÚLTIMAS DÉCADAS, encontramos uma quantidade expressiva de textos que se assumem como autobiografias ficcionais, antiautobiografias, metaficções e outras modalidades híbridas que se projetam frontalmente contra o tradicional gênero autobiográfico. O conhecido pacto de Philippe Lejeune[1] e os requisitos que supostamente assegurariam a definição do gênero – narração em prosa, visão retrospectiva de uma vida individual, similaridade entre identidade do autor e do narrador – foram e estão sendo explorados por autores que criam, no seio das literaturas em língua portuguesa, estratégias ambivalentes, jogos ambíguos e novas transcriações do vivido. Para alguns teóricos, o estatuto da autobiografia é estável, um gênero consolidado que surgiu na Europa em meados do século XVIII, após a decisiva publicação de Rousseau; já para outros, não passa de retórica, porque há, na escrita de si, uma plasticidade aberta e incontornável, processo potente de metamorfoses e invenções.

Sabe-se, no entanto, que grande parte da interioridade, ou melhor, da intimidade, tornou-se, no século XXI, mais visivelmente pública. Escritos da experiência pessoal, imbuídos de linguagem literária, coexistem, com radical diferença de escala, com *blogs, chats, sites, selfies*. A "guinada subjetiva" a que aludia Beatriz Sarlo[2], no que tange ao ressurgimento do sujeito e ao *boom* dos testemunhos pós-ditatoriais nas últimas décadas do século XX, opera hoje numa gramática diversa.

---

1 Cf. Philippe Lejeune, *O pacto autobiográfico: de Rousseau à internet*, Belo Horizonte: Editora da UFMG, 2008.
2 Cf. Beatriz Sarlo, *Tempo passado: cultura da memória e guinada subjetiva*, São Paulo: Companhia das Letras; Belo Horizonte: Editora da UFMG, 2007.

Diante de certa aporia – se são os usos das tecnologias digitais que criam novos hábitos que alteram os modos de estar no mundo ou se são esses mesmos dispositivos que vieram dar vazão a uma demanda na maneira de relatar a si mesmo –, este ensaio propõe um incisivo atalho: investigar como se dá a forma da escrita em primeira pessoa, para daí desenvolver, através de exemplos pontuais na prosa portuguesa contemporânea, uma reflexão sobre experiência e escrita.

TEXTO FICCIONAL DE CARIZ BIOGRÁFICO

O termo "autoficção", atualmente já dicionarizado, parece funcionar como um arquigênero, englobando os mais diferentes tipos de textos em primeira pessoa, quase que em substituição ao tradicional conceito de autobiografia, tal como sugere Gasparini[3]. Com ou sem contrato com a verdade, a prática da autoescrita forja ambíguos tratos de leitura e traz à cena o laboratório do escritor: a relação com a obra, as escolhas estéticas, os burburinhos institucionais do sistema literário e, muitas vezes, o seu arquivo como leitor.

A geometria da autoficção é variável, segundo Colonna[4], mas é pertinente lembrar que também o termo "autobiografia", apesar de ter sido inserido na crítica literária ainda no século XIX, teve uma trilha substanciosa bem antes dessa data:

> Até então, escreviam-se "confissões" (Santo Agostinho antes de Rousseau), "ensaios" (Montaigne), "Memórias" (Michel de

---

[3] Cf. Philippe Gasparini, "Autoficção é o nome de quê?", em: Jovita Maria Gerheim Noronha (org.), *Ensaios sobre a autoficção*, Belo Horizonte: Editora da UFMG, 2014.
[4] Cf. Vincent Colonna, "Tipologia da autoficção", em: Jovita Maria Gerheim Noronha (org.), *Ensaios sobre a autoficção, op. cit.*

Marolles, cardeal de Retz, Mme de Staal-Delaunay) e até mesmo "Memórias de além-túmulo" (Chateaubriand) ou "confidências" (Lamartine) e "história de minha vida" (Casanova, Sand), etc. Escrevia-se sobre si, contava-se, quando se acreditava interessante o suficiente para fazê-lo. Quaisquer que fossem as formas e os objetivos, o autor assumia a função de testemunha ou de arquivo, às vezes de relíquia, e, pouco a pouco – a partir de Rousseau isso se torna patente, – de história de uma personalidade[5].

Para o crítico citado acima, escrever sobre si mesmo engloba a autoficção e a autobiografia, mas não se limita a elas. E parece ser justamente essa maleabilidade que o escritor José Luís Peixoto utiliza em um recente lançamento editorial. No livro *Autobiografia* (2019), elabora uma história na qual o narrador e o escritor José Saramago inicialmente são pessoas diferentes, depois se fundem e se confundem. O jovem narrador, que também se chama José, é um previsível *loser*. Encara com angústia a influência do mestre e, no decorrer da intrincada narrativa, se depara com problemas fulcrais de um escritor iniciante imbuído da tarefa de escrever o relato de uma vida, no caso específico, uma biografia sobre Saramago. Daí surgem inúmeras questões: seria José, o narrador, a mesma pessoa do ganhador do Prêmio Nobel, só que em idades diferentes? Viveriam (conviveriam) ambos no mesmo tempo e espaço?

Tais indagações, em determinado momento do romance, são respondidas, mesmo que de forma tangencial:

Exatamente. É também assim que existe a autobiografia e a ficção. Veja só este caso, estamos aqui e, simultâneo, estamos a ser lidos por

---

[5] Claire Legendre, "Quel pacte entre moi et moi?", *Le Magazine Littéraire*, Paris: 2013, n. 530, p. 46.

alguém, talvez em Goa, talvez debaixo de uma enorme mangueira que nunca veremos realmente, e, em simultâneo, estamos a ser escritos no passado, pelos seus dedos nas teclas de um computador que o seu pai lhe encomendou a partir da Alemanha[6].

Quase todas as citações em *Autobiografia* (que se assemelham a epígrafes[7]) foram extraídas das obras de Saramago e já antecipam e alertam para a complexidade e dificuldade de definir claramente o que seja uma identidade pessoal e a complexidade do que seria referencialidade: "Há que escolher. Memórias ou romance? Confissão ou ficção?"[8]; "O leitor deve ter um papel que vai mais além de interpretar o sentido das palavras"[9]; "Que este romance (*Todos os nomes*) possa ser entendido como um ensaio sobre a existência – talvez. Julgo que todos os livros o são, que escrevemos para saber o que significa viver"[10]; "Somos as palavras que usamos. A nossa vida é isto"[11]; "A literatura é o resultado de alguém consigo mesmo"[12].

O romance parece ser assombrado por uma declaração proferida por Saramago, ainda quando vivo, e bastante utilizada como elogio ao escritor iniciante: que o surgimento de Peixoto era "uma das revelações mais surpreendentes da literatura portuguesa. É um

---

[6] José Luís Peixoto, *Autobiografia*, São Paulo: Companhia das Letras, 2019, p. 214.
[7] Vale citar na íntegra a epígrafe de *Autobiografia*: "Um dia escrevi que tudo é autobiografia, que a vida de cada um nós a estamos contando em tudo quanto fazemos e dizemos, nos gestos, na maneira como sentamos, como andamos e olhamos, como viramos a cabeça ou apanhamos um objeto no chão. Queria dizer então que, vivendo rodeados de sinais, nós próprios somos um sistema de sinais. Seja como for, que os leitores se tranquilizem: este Narciso que hoje se contempla na água desfará, amanhã, com sua própria mão, a imagem que o contempla" (José Saramago, *Cadernos de Lanzarote*, Lisboa: Caminho, 1997).
[8] José Luís Peixoto, *Autobiografia*, op. cit., p. 56.
[9] *Ibidem*, p. 98.
[10] *Ibidem*, p. 50.
[11] *Ibidem*.
[12] *Ibidem*, p. 233.

homem que sabe escrever e que vai ser o continuador dos grandes escritores"[13], vaticinou. Ou uma outra, bem mais conhecida e repetida em palestras e entrevistas pelo mundo afora, em que afirmava, em tom peremptório, ser ele próprio, Saramago, o narrador dos seus romances. Além dessas duas falas que assegurariam um laço estreito entre os dois autores (Peixoto como "continuador dos grandes escritores"), podemos lembrar algo muito importante aqui: o "estilo" saramaguiano de selecionar, no cânone literário e histórico, personagens para os seus romances. Em 2019, via pastiche, Peixoto repete *a maneira* de Saramago embaralhar referências reais com as ficcionais: se Saramago trouxe Camões e Pessoa para a sua literatura ficcional, é a vez de Peixoto trazer Saramago e agregá-lo lado a lado aos canônicos.

Se nesse texto é relativamente fácil reconhecer traços ficcionais e, em alguns momentos, matar facilmente a charada da arquitetura *mise en abyme* do projeto, de maneira radicalmente diferente, pode-se verificar uma quantidade expressiva de obras na prosa portuguesa, em modalidades variadas como diários, cadernos, memórias, biografias, cartas etc., nas quais ficção e confissão não são escolhas resolutas. Há uma potente cena, bem anterior a *Autobiografia*, que explora justamente o limiar que as práticas da autoescrita oferecem.

Localizaremos a seguir algumas manifestações literárias que interceptam e problematizam a escrita biográfica como a resultante daquele que escreve e é, ao mesmo tempo, o protagonista do relato. Posteriormente, nos aproximaremos de alguns textos em que a feitura da obra trabalha justamente com os paradoxos que a visão crítica denominada "pragmática" evita muitas vezes abordar: o hiato indelével que a linguagem provoca na rememoração do vivido.

---

13 Disponível em: <https://www.pucrs.br/cultura/evento/jose-luis-peixoto-e-pilar-del-rio-conversam-sobre-saramago/>. Acesso em: jun. 2020.

TUDO É PARDO: AUTOBIOGRAFIAS SEM FATOS

O *Livro do desassossego*, atribuído a Bernardo Soares, ajudante de guarda-livros da cidade de Lisboa, é uma importante referência para uma linhagem literária que insiste em apresentar certa "potência do não"[14] como cerne da experiência literária. Fernando Pessoa, com esse trabalho inacabado, só de fragmentos, colocou em questão a sinceridade, a dificuldade em realizar a obra e a impossibilidade de construção de uma identidade pessoal sem fratura.

Pela distância temporal que nos é concedida pelo tempo histórico, podemos citar outros exemplos contundentes da abrangência dessas questões, como, por exemplo, as obstinadas obras de Maria Gabriela Llansol e Herberto Helder. Vale recuperar também, mesmo que em graus de intensidades distintos ao projeto de escrita dos dois poetas, autores como António Lobo Antunes, Agustina Bessa-Luís, Irene Lisboa e Ruben A.

Na importante pesquisa sobre a literatura autobiográfica em Portugal, realizada por Clara Rocha, ainda em 1992, a estudiosa reconhece como se defrontou com o preconceito de que a tradição portuguesa era pobre em se tratando do domínio autobiográfico. Demonstrou, em seu estudo, o contrário: percebeu uma "grafomania", como apelidou Milan Kundera para ironizar a proliferação de escritos íntimos,

---

14 Obras que exploram, assim, a noção aristotélica de que toda possibilidade é também possibilidade do não. Vale recuperar que toda potência de ser ou de fazer qualquer coisa é, para o Aristóteles lido por Giorgio Agamben, potência de não ser ou de não fazer, porque senão a potência sempre se transformaria em ato e sempre se confundiria com ele. O filósofo italiano ressalta como a "potência do não" é o segredo cardeal da doutrina aristotélica ao esclarecer que "Uma experiência da potência enquanto tal só é possível se a potência for sempre também *potência do não* (fazer ou pensar alguma coisa)". Daí se entende a importância do pensamento agambeniano: é nessa constelação (que não é somente literária, mas também filosófica) que se encontraria Bernardo Soares, afinado ao escrivão Bartleby, de Melville.

o desejo de dar testemunho e aproximou-se de mais de trinta obras na literatura portuguesa. Para ela, apoiada em Béatrice Didier, são vários os fatores que fizeram com que a literatura autobiográfica se vulgarizasse nas línguas europeias a partir de 1800: a força da confissão no cristianismo, o capitalismo e sua lógica de balanço e livro de contas, o individualismo e o seu interesse pelo particular.

A massificação gerada pela sociedade de consumo reforçou então o desejo de reafirmação da presença irrepetível, singular, no mundo, algo como "aqui estou eu", "olhe o que eu estou fazendo". A escrita pessoal surge como uma espécie de salvação através da pretensa autenticidade do relato pessoal escrito. Em outras palavras, o culto de si, o narcisismo, não é senão uma reação diante da indiferença pós-moderna:

> O mito de Narciso é naturalmente a representação mais evocada a propósito da escrita autobiográfica. Narciso que se contempla nas águas e se apaixona pela sua imagem é também um duplo ser: simultaneamente o eu que olha e o outro que é olhado, o sujeito e o objeto do desejo. Narciso é, ao mesmo tempo, realidade e ilusão: tem um corpo verdadeiro, e enamora-se desse refletido. Jorge de Sena fala num poema de Narciso, "que em limos se fundiu com sua imagem vácua"[15].

Fuga e sedimentação seriam, assim, dois movimentos imbricados na escrita autobiográfica. Se ao mesmo tempo o sujeito deseja se fixar na escrita, nem sempre se reconhece no que conseguiu alcançar por meio do trato com as palavras. Nessa recriação pessoal do mundo, a imagem do labirinto, de Narcisos desorientados, a intertextualidade, o mito da criação do mundo, a alusão a Robinson Crusoé, entre outros

---

15 Clara Rocha, *Máscaras de Narciso: estudos sobre a literatura autobiográfica em Portugal*, Rio de Janeiro: Almedina, 1992, p. 50.

elementos, são constantemente evocados por aqueles que desejam ler e escrever o passado através do seu ponto de vista.

Mas se a heterogeneidade de formas e de modelos narrativos, além de uma pluralidade estilística, envolve o uso da primeira pessoa do singular, o corpo e a voz de quem enuncia, é recorrente recuperar, de forma breve, três pequenos exemplos a seguir para retomarmos a argumentação do que encontramos no espaço biográfico do século XXI em Portugal.

ANTINARCISOS?

Vergílio

Nos nove volumes que constituem *Conta-corrente*, de autoria de Vergílio Ferreira, as perspectivas construídas *na* e *pela* visão de um eu criam um ponto de inflexão na escrita diarística em Portugal, não só pela dimensão autobiográfica desses diários, mas pelo forte atrito e intensa ambivalência em relação ao gênero diarístico, de par com a resistência à categorização do sujeito como sinônimo de individualidade. Durante a leitura e a análise dos volumes, percebe-se a recorrência de motivos que se repetem insistentemente nos fragmentos, a saber: "Diário-Escrita", "Velhice-Morte", "Formação-Filiação", "Totalitarismo-Liberdade", "Remissões a outras obras", "Melancolia", "Memória", "Portugalidade" e "Imagens do Escritor".

Para Vergílio, o romance oferece mais possibilidades de estampar a vida e a imagem pessoal que o diário: "Creio que a única possibilidade de me 'pôr a nu' está no saldo de cada romance. O resto é pudor e consequente disfarce"[16].

---

[16] Vergílio Ferreira, *Conta-corrente I*, Lisboa: Bertrand, 1980, p. 68.

Predomina, assim, nos fragmentos a perspectiva de uma subjetividade não mais totalizadora, mas ainda aliada à possibilidade de se criar um relato de uma experiência pessoal calcado na interrogação da fidedignidade da memória, da restituição do passado e na desconfiança da autoridade de quem narra.

Vale lembrar que o primeiro volume publicado da sua série diarística é vencedora de um prêmio para ficção:

> A Bertrand enviou o meu *Conta-corrente* a um prêmio de ficção. E hoje um amigo telefona-me a dizer-me que há grande controvérsia no júri sobre se na "ficção" – que é um termo já convencional, já fixado pelo uso – se pode incluir diário. Mas obviamente que sim. Um romance só muito raramente é pura construção imaginativa[17].

As datas, as inscrições dos dias e dos anos, surgem nessa obra como uma urgente reflexão acerca da relação do homem com o tempo e a escrita. Mas nem sempre a dedicação à perspectiva do calendário recebeu tal importância na atividade desse escritor. Uma inflexão parece ter ocorrido após o início da redação dos diários, e esse trajeto convém ser recuperado: Vergílio prepara os nove volumes de *Conta-corrente* entre 1969 a 1994; começa a publicá-los, porém, anos depois, a partir de 1981, sendo que o último exemplar é lançado no mesmo ano em que decidira dar por encerrada a sua empreitada, em 1994. Maria Alzira Seixo adverte que tal publicação colocou problemas de ordem literária nunca antes provocados em Portugal, que vão muito além das noções que cercam a atividade diarística, seja a sinceridade, a confissão ou o pudor. O que se percebe é que essa mudança de percurso alterou o cenário editorial não por exibir o íntimo, o pessoal, mas sim pelo fato de a publicação

---

17 *Idem, Conta-corrente IV*, Lisboa: Bertrand, 1986, p. 113.

ter sido equiparada às outras obras ficcionais do autor. A partir desse gesto, algumas outras interrogações podem ser levantadas: o diário procura afastar-se dos romances ou deles se aproximar? Seria, antes, o relato da obra que se escrevia, espécie de laboratório, armazém de ensaios e de possibilidades? Ou, como defende Blanchot, os diários existiriam justamente porque não se escrevia a obra? O que esse fato acarretaria às modalidades em prosa já consolidadas? Os fragmentos recusavam uma narrativa de si? Ofereciam um autorretrato? Seriam indício de uma nova ética da leitura? Denominando-os, na altura, de "prosa artística", Seixo alerta que "a expressão literária da relação não literária com o mundo foi abertamente assumida por Vergílio Ferreira"[18].

Jorge

"Todo mundo vai dizer que sou eu e não sou", escreveu Jorge de Sena a seu amigo Vergílio Ferreira, em 1965, numa carta na qual dizia que criava febrilmente uma obra longa que ia desde o estalar da Guerra Civil Espanhola até o grande desfile de 28 de maio de 1937, no Terreiro do Paço, com o estabelecimento da ditadura em Portugal. Pela violência das situações, pela franqueza realista da linguagem, pelas personagens em que abundavam as prostitutas e os pederastas, e pelas provações do ambiente político seria impublicável em Portugal. Tratava-se de *Sinais de fogo*, obra inacabada, mas que conseguira trabalhar aspectos morais e uma crítica acirrada ao regime antidemocrático de Franco e de Salazar.

A saída do liceu e o que seria um *dolce far niente* nas férias de verão do jovem Jorge são rasgados por uma violenta iniciação política, amorosa e poética:

---

18 Maria Alzira Seixo, *Para um estudo da expressão do tempo no romance português contemporâneo*, Lisboa: Imprensa Nacional-Casa da Moeda, 1987, p. 16.

> E, de repente, ouvi dentro da minha cabeça uma frase: "Sinais de fogo as almas se despedem, tranquilas e caladas, destas cinzas frias". Olhei em volta. De onde viera aquilo? Quem me dissera aquilo? Que sentido tinha aquela frase? Tentei repeti-la para mim mesmo: Sinais de fogo... Mas esquecera-me do resto. Com esforço, reconstituía a sequência: Sinais de fogo os homens se despedem, exaustos e espantados, quando a noite da morte desce fria sobre o mar.[19].

Percebe-se no romance uma voz rapsódica que se recusa a contar uma história coesa da pátria portuguesa e intercepta lugares, além da língua, sexo – índices de referencialidade tradicionalmente utilizados para fundamentar o conceito de identidade cultural –, e segue rumo à construção de uma transnacionalidade que suspende e interpela as cristalizadas noções de raças e geografias. Sobre esse último aspecto apontado, vale recuperar os preciosos versos do famoso poema "Em Creta, com o Minotauro": "Com Pátrias nos compram e nos vendem, à falta de pátrias que se vendam suficientemente caras para haver vergonha/ de não pertencer a elas"[20].

O Minotauro compreende o poeta na assimetria da língua, da raça, dos índices de pertencimento, comungando um simples cotidiano como o de tomar um café. No pensamento itinerante de Sena, há exigência de descontinuidade e de inacabamento, e o proposital uso em primeira pessoa dado ao jovem narrador e protagonista do romance, como forma de embaralhar detalhes pessoais conjugados a fatos históricos, numa linguagem realista e humor libertino, diferente de Sade e de Genet. Voz incandescente e irreverente, como aguda-

---

19 Jorge de Sena, *Sinais de fogo: Monte Cativo*, Porto: Asa, 1997, p. 113.
20 *Idem*, *Poesia III*, Lisboa: Edições 70, 1989, p. 144.

mente descreveu Eduardo Lourenço[21], romance de formação que se coloca, com a evidência de Eros, no panorama cinzento, saudosista e melancólico de Portugal do Estado Novo.

Herberto

"A biografia é uma hipótese cuja contradição não esgoto", diz Herberto Helder em *Photomaton & vox*, livro em que reconhecemos ecos de duas das suas autobiografias censuradas/interditadas: *Retratos em movimento* (1967) e *Apresentação do rosto* (1968).

Curioso, entretanto, nos aproximarmos desse gesto, oriundo justamente de um autor (ou melhor, de um Autor) que, misantropicamente, obliterou a escrita da vida ordinária em prol de uma vida para a (e da) poesia.

Necessário recuperar que os termos "retrato" e "autorretrato" são utilizados como mecanismos textuais pelo próprio poeta. Se originalmente são entendidos como gêneros pictóricos, cujo objetivo é a representação da figura humana, em Helder, esse retrato é confuso, borrado: seu rosto vem sempre em movimento, e logo depois revisto, obliterado, revisado, emendado.

Jean Luc-Nancy esclarece que, ao mesmo tempo que o autorretrato espelha o autor em sua subjetividade, também pressupõe um afastamento do indivíduo, uma percepção de si mesmo por meio de um recuo, um desaparecimento do "eu" em sua própria representação. Esse movimento paradoxal do autorretrato também se liga ao mito fundador da pintura: o reflexo de Narciso aparece-lhe como uma imagem que reproduz seus traços e seus gestos, mas não lhe é possível reconhecer na água a sua própria representação[22]. O autorretrato,

---

21 Cf. Eduardo Lourenço, "As evidências de Eros", *Colóquio Letras*, Lisboa: 1982, n. 67.
22 Cf. Jean-Luc Nancy, *L'Autre portrait*, Paris: Galilée, 2014, p. 89.

portanto, ao mesmo tempo que reflete o "eu", também é o retrato de um "outro". Essa ambiguidade da autorrepresentação seria, então, sua própria razão de ser: o autor recua no abismo de seu retrato e é no espectador que ecoa essa retração do indivíduo[23].

"Escrever é literalmente um jogo de espelhos", acrescenta Helder. Nesse sentido, as inúmeras intervenções que efetivou em sua obra, movimentos que vão desde súmulas até outras perturbações capazes de criar uma zona de instabilidade, como cortes e amputações de partes, versos e poemas inteiros ou exemplares com revisões, como no livro *Cobra*, de 1977, com correções únicas, manuscritas, em que cada exemplar seja único, dizem muito sobre a biografia em sua obra.

Sobre o ano de 1968, em que subtraiu *Apresentação do rosto* do mercado editorial[24], Herberto Helder diz que foi o ano de descoberta do silêncio e que quase lhe custou a respiração. A tradição shakespeariana que tem no isolamento, no sigilo e na solidão elementos importantes para o ato de criação e do cuidado da obra, conforme aponta Ricardo Piglia, foi acentuada, em vida, por esse autor. Helder se recusou a participar de espaços canonizados da celebração da cultura livresca – lançamentos, palestras, feiras, premiações, entrevistas, aulas magnas. Sem apresentação do rosto, reenviou o seu leitor à sua poesia.

Helder questiona, assim, os limites do espaço autobiográfico ao defender a experiência como um tipo de invenção maior do que a exposição da figura do autor. Com a frase enigmática "O autobiógrafo é a vítima do seu próprio crime"[25], acentua, mais ainda, como sujeito e objeto se embaralham no gênero que tem a vida como mote.

---

23 *Ibidem*, p. 21.
24 O livro é primeiramente censurado e posteriormente Helder decide excluí-lo da sua obra.
25 Herberto Helder, *Photomaton & vox*, Lisboa: Assírio & Alvim, 1995, p. 3.

DO RELATO NA LITERATURA PORTUGUESA CONTEMPORÂNEA

Dentro do referencial literário contemporâneo, a figuração e o uso da primeira pessoa – o "eu" – apresentam-se, assim, como um complexo ponto de inflexão que a um só turno interroga consolidados estudos críticos sobre a subjetividade moderna, colocando em evidência uma alteração no uso das modalidades textuais tradicionais. Apesar de conferir um espaço generoso ao gênero memorialístico, não somente à autobiografia, mas também à multifacetada linhagem das escritas íntimas, a literatura portuguesa das primeiras décadas do século XXI apresenta, com vigor e inventividade, a interioridade e a memória como potentes linhas de força e em notável dissonância em relação à produção poética de grande parte dos últimos cinquenta anos do século XX. Percebe-se o forte uso de autorreferência da primeira pessoa (junto ao retorno, de forma contundente, da figura do autor) lado a lado à forma do relato (que parece não almejar a ficção nem a mescla irônica entre real e ficcional, como nos conhecidos jogos de embustes realizados pelas vanguardas artísticas e posteriormente pelo pós-modernismo).

Para uma lúcida crítica da cultura como Beatriz Sarlo, houve, nas últimas décadas do século XX, uma "guinada subjetiva" em que:

> Os combates pela história também são chamados agora de combates pela identidade. Nessa permutação do vocabulário se refletem a primazia do subjetivo e o papel a ele atribuído na esfera pública. Mais uma vez sujeito e experiência reaparecem, e, por conseguinte, devem ser examinados seus atributos e suas pretensões. No registro da experiência se reconhece uma verdade (originada no sujeito?) e uma fidelidade ao ocorrido (sustentada por um novo realismo?). A esse respeito, algumas perguntas[26].

---

[26] Beatriz Sarlo, *Tempo passado: cultura da memória e guinada subjetiva*, op. cit., p. 23.

A pesquisa de Sarlo toca numa questão essencial para compreendermos as obras de Dulce Maria Cardoso e de Isabela Figueiredo, publicadas entre 2012 e 2015. No premiado romance *O retorno*, Rui é o adolescente narrador, filho de um colono angolano, que se torna, em pouco tempo, um retornado em Lisboa. Já em *Cadernos de memórias coloniais*, o colonialismo, o patriarcalismo e as questões de gênero são narrados pelo ponto de vista feminino. Dulce é uma retornada, como Isabela, e ambas transmitem experiências singulares com diferentes opções estilísticas e narrativas. No entanto, como lembra Walter Benjamin, só há testemunho quando se tem experiência, e só há experiência quando se empreende uma narração[27]. Com esses dois exemplos, conclui-se que, embora não se possa dizer que a narrativa portuguesa tenha uma robusta linhagem autobiográfica e de autoficção, como a que se encontra nas literaturas de língua inglesa e francesa, por exemplo, ou que possua vocação para uma tradicional busca ao autoexame, há gestos contundentes que ultrapassam, como diz Isabela Figueiredo, os choques da vivência. "Quem, numa manhã qualquer, olhou sem filtro, sem defesa ou ataque, os olhos dos negros enquanto furavam as paredes cruas dos prédios dos brancos, não esquece esse silêncio, esse frio fervente de ódio e miséria suja, dependência e submissão, sobrevivência e conspurcação. Não havia olhos inocentes"[28].

O título do livro puxa para a questão da anotação do provisório e parece guardar traços de rascunho e inacabamento mais ainda que o diário. No prefácio escrito posteriormente à publicação de 2009, Figueiredo rebate determinadas críticas de leitores, segundo as quais o seu livro se alinha às pautas da "intriga pós-colonial". E, em sua defesa, faz a seguinte indagação: se muitos viveram o mesmo passado,

---

[27] Cf. Walter Benjamin, "Experiência e pobreza", em: *Magia e técnica, arte e política: ensaios sobre literatura e história da cultura*, São Paulo: Brasiliense, 1994.
[28] Isabela Figueiredo, *Cadernos de memórias coloniais*, Lisboa: Caminho, 2015, p. 52.

como poderia ela, prioritariamente, ter visto, sentido e sobretudo querido lembrar? Afasta-se, assim, da definição de que o livro seria um testemunho colado ao período histórico obliterado, sobre "o que muito se calou ou escondeu. O que não honra"[29], ao ressaltar o percurso pessoal, singular e iniciático de uma menina, depois jovem, em Lourenço Marques, hoje Maputo, que faz uma espécie de balanço não só em relação ao final do império colonial português, como também ao amor ambivalente em relação ao seu pai. Logo, a vida pessoal e vivências da narradora são entrelaçadas às questões sociais, políticas e de gênero.

Colonização e descolonização, Portugal e Moçambique, infância e juventude são assim "indefinidas", "desterritorializadas" pela experiência de exílio. Tal dualidade é também encontrada em *O retorno*, de Dulce Maria Cardoso. Mas nesse livro, considerado "romance", há acirramento entre perspectivas que põem em xeque não apenas questões políticas e econômicas, mas principalmente visões ideológicas e emocionais. Entre brancos e negros, experiência e memória, desejo de permanência e anseio de fuga, pensamento e ação, liberdade e poder, transgressão moral e anseio ético, há uma densa retenção que sustenta as polaridades da narrativa e que movimenta agudamente o espaço familiar que é atingido, de chofre, pela contingência histórica. Mas agora, nesse espaço aberto a novas biografias, ambas as vozes de "retornados" falam. Nesse sentido, há uma cena preciosa em que Rui, protagonista e narrador do livro de Cardoso, confronta sua professora de matemática em Lisboa, porque ela o chamara de "retornado":

---

29 *Ibidem*, p. 8.

> Sundu ia maié, sundu ia maié, puta que a pariu. Vou dar pontapés em todas as portas até chegar ao pátio do recreio, a puta da professora mandou-me para a rua com uma falta a vermelho mas eu vingo-me, quero lá saber que as contínuas refilem, ó menino isto aqui não é a selva, não é como lá de onde vens, aqui há regras, sundu ia maié, estamos a avisar-te menino, abro o peito e dou um pontapé noutra porta, conhecem-me de algum lado, olho as velhas bem de frente para lhes mostrar que não tenho medo, abro as narinas como o Pacaça diz que todos os animais fazem antes de atacar, as velhas recuam com as batas cinzentas e enfiadas nas meias elásticas, lá podias andar montado nos leões mas aqui tens de ter modos, as velhas refilam mas nem tentam impedir-me, têm medo de mim, passo pela cantina e dou um murro no carro dos tabuleiros, só me falta bater com a mão no peito para verem que acompanhava mais com os macacos do que com os leões, as velhas até saltam com o estrondo que o carro dos tabuleiros fez, se querem dizer mal dos retornados vou lhes dar motivos, sundu ia maié[30].

Essa violenta afirmação de Rui em quimbundo é, portanto, afirmação do Rui que também se sente angolano. É, por isso mesmo, reativa e demarcativa. Ao se afirmar com a linguagem daqueles que ele antes chamou de pretos, quando reforçava a visão racista do pai e da comunidade portuguesa, ele se denuncia como diferente e periférico num lugar onde, em seu imaginário, achara que pertenceria ao centro. E essa nossa leitura evoca as pesquisas que vem fazendo Margarida Calafate Ribeiro[31] acerca do estatuto cultural e simbólico de Portugal que percebemos em textos que cravaram na literatura portuguesa o que foi a guerra colonial.

---

[30] Dulce Maria Cardoso, *O retorno*, Rio de Janeiro: Tinta-da-China, 2012, p. 139.
[31] Cf. Margarida Calafate Ribeiro, *Uma história de regressos: império, guerra colonial e pós-colonialismo*, Porto: Afrontamento, 2004.

Daí a pergunta feita pela crítica "Que Portugal – centro, periferia, semiperiferia – pode imaginar-se a partir daqui?"[32] poder ser também a do presente ensaio. Após ter realizado este percurso através de diferentes narrativas que desenterram o passado e revolvem os seus restos, a divisão entre leituras de crítica pragmática *versus* textualistas se coloca, no presente, estéril. A absolutização do literário-ficcional e a dilatação do termo "textualidade" (gestos realizados principalmente por três correntes que vieram após o estruturalismo – o *close reading*, o *new criticism* norte-americano e o desconstrutivismo) perderam o vigor operacional de ler determinadas obras atuais. Abundam-se, como vimos, ficções que trazem a presença autobiográfica do autor. As interfaces ficcional e real (e não ficcional ou real) são elaboradas estilisticamente. Como aponta Hal Forster, performatiza-se "o dilema da representação da outridade" simultaneamente à presença biográfica do autor. A "atração pelas figuras marginais" encontra, por exemplo, densidade na obra de Alberto Pimenta, autor empenhado no experimentalismo desde os primeiros exercícios de escrita, e como agudamente lemos em *Indulgência plenária* (2007). Ética e estética, crítica e poesia guiam o seu olhar para o outro, como uma espécie de artista etnógrafo. De maneira bem similar ao que também lemos com Manuel de Freitas, a exploração do nome do autor numa errância entre tabernas e tascas ordinárias, em Lisboa, Portugal, terra sem coroa. Se não há um "eu" que se conhece e daí se narra, e sim uma refiguração que se retoriza durante e pela escrita, cabe retomar, a cada reflexão sobre esse assunto, a cada livro, a pergunta de Ribeiro: "Que vida pode imaginar-se a partir desta escrita?".

---

32 *Ibidem*, p. 429.

REFERÊNCIAS

BENJAMIN, Walter. "Experiência e pobreza". Em: *Magia e técnica, arte e política: ensaios sobre literatura e história da cultura*. Trad. Paulo Sérgio Rouanet. São Paulo: Brasiliense, 1994.

CARDOSO, Dulce Maria. *O retorno*. Rio de Janeiro: Tinta-da-China, 2012.

COLONNA, Vincent. "Tipologia da autoficção". Em: NORONHA, Jovita Maria Gerheim (org.). *Ensaios sobre a autoficção*. Belo Horizonte: Editora da UFMG, 2014.

FERREIRA, Vergílio. *Conta-corrente I*. Lisboa: Bertrand, 1980.

_____. *Conta-corrente IV (1982-1983)*. Lisboa: Bertrand, 1986.

FIGUEIREDO, Isabela. *Cadernos de memórias coloniais*. Lisboa: Caminho, 2015.

GASPARINI, Philippe. "Autoficção é o nome de quê?". Em: NORONHA, Jovita Maria Gerheim (org.). *Ensaios sobre a autoficção*. Belo Horizonte: Editora da UFMG, 2014.

HELDER, Herberto. *Photomaton & vox*. Lisboa: Assírio & Alvim, 1995.

LEGENDRE, Claire. "Quel pacte entre moi et moi?". *Le Magazine Littéraire*. Paris: 2013, n. 530, pp. 46-7.

LEJEUNE, Philippe. *O pacto autobiográfico: de Rousseau à internet*. Org. Jovita Maria Gerheim Noronha. Trad. Jovita Maria Gerheim Noronha e Maria Inês Coimbra Guedes. Belo Horizonte: Editora da UFMG, 2008.

LOURENÇO, Eduardo. "As evidências de Eros". *Colóquio Letras*. Lisboa: 1982, n. 67.

NANCY, Jean-Luc. *L'Autre portrait*. Paris: Galilée, 2014.

PEIXOTO, José Luís. *Autobiografia*. São Paulo: Companhia das Letras, 2019.

RIBEIRO, Margarida Calafate. *Uma história de regressos: império, guerra colonial e pós-colonialismo*. Porto: Afrontamento, 2004.

ROCHA, Clara. *Máscaras de Narciso: estudos sobre a literatura autobiográfica em Portugal*. Rio de Janeiro: Almedina, 1992.

SARLO, Beatriz. *Tempo passado: cultura da memória e guinada subjetiva*. Trad. Rosa Freire d'Aguiar. São Paulo: Companhia das Letras; Belo Horizonte: Editora da UFMG, 2007.

SEIXO, Maria Alzira. *Para um estudo da expressão do tempo no romance português contemporâneo*. Lisboa: Imprensa Nacional-Casa da Moeda, 1987.

SENA, Jorge de. *Poesia III*. Lisboa: Edições 70, 1989.

_____. *Sinais de fogo: Monte Cativo*. Porto: Asa, 1997.

DUAS VOZES DA NOVA GERAÇÃO LITERÁRIA DE MULHERES ANGOLANAS: LUAIA GOMES PEREIRA E DJAIMILIA PEREIRA DE ALMEIDA

Luís Kandjimbo

INTRODUÇÃO

HÁ MAIS DE UMA DÉCADA, o texto autobiográfico ou a autoficção atraem a minha atenção, especialmente pela sua estrutura fragmentária. Desenvolvi reflexões sobre a prática desse gênero literário em Angola, apesar de um número relativamente pequeno de autores e obras. Sobre essa matéria, publiquei igualmente alguns textos dedicados a autores portugueses.

Em 2016, iniciei a orientação de um seminário sobre estudos culturais (construção da subjetividade) do curso de mestrado em psicologia social da Faculdade de Ciências Sociais da Universidade Agostinho Neto. Entre os objetivos a que se propunha a unidade curricular, destacava-se o conhecimento da evolução dos estudos culturais na sua articulação interdisciplinar com a psicologia social e os estudos literários, o desenvolvimento de aptidões em matéria de investigação nos domínios científicos que elegem as relações de conflitualidade entre o indivíduo e a sociedade no contexto angolano. A principal competência específica dos estudantes centrava-se na abordagem do discurso autobiográfico como dispositivo de construção da subjetividade e da agentividade da mulher africana. Data daí a intensificação do meu interesse pelos estudos sobre as mulheres e o gênero, privilegiando as focagens da filosofia da literatura e dos estudos literários. A obra de Deolinda Rodrigues[1]

---

[1] Deolinda Rodrigues Francisco de Almeida nasceu em Catete a 10 de fevereiro de 1939. Foi guerrilheira e dirigente do Movimento Popular para a Libertação de Angola (MPLA), tendo sido a primeira mulher a integrar o seu Comité Director. Fez os estudos universitários no Brasil e na Drew University, nos Estados Unidos. Em 1962, regressou à África, fixando-se em Léopoldville, capital do Congo, país que partilha uma longa fronteira com Angola. Faleceu em 1967, no contexto das rivalidades entre os movimentos de libertação.

– *Diário de um exílio sem regresso* (2003) e *Cartas de Langidila e outros documentos* (2004) – integrava a bibliografia de leitura obrigatória do seminário. As discussões que resultaram das sessões de leitura e interpretação permitiram avaliar a força do discurso autobiográfico, no que diz respeito à compreensão dos processos de construção da subjetividade feminina em Angola.

Durante esse período de tempo, dois encontros casuais permitiram a aquisição de livros escritos por duas autoras que, além das singularidades que as distinguem, têm algo em comum. Luaia Gomes Pereira[2] e Djaimilia Pereira de Almeida[3] são mulheres que nasceram em Angola nas décadas de 1980 e 1990, num intervalo de dez anos, em duas diferentes cidades angolanas, nomeadamente Huambo e Luanda. No plano pessoal, distingue-as igualmente a profissão: uma é arquiteta e a outra, especialista em estudos literários. Detentoras de uma formação universitária e vorazes leitoras, manifestam preocupações criativas que as levam, a partir de certo momento da vida, a indagar-se sobre a sua identidade. Por outro lado, as duas obras literárias têm outros traços distintivos observáveis nas respectivas estratégias de narração e, consequentemente, no modo como efetivam o trabalho oficinal literário no contexto espacial e cultural em que se inscrevem, recorrendo aos materiais fornecidos pela experiência angolana que emana dos lugares onde ocorre a sua formação como mulheres, Luanda e Lisboa, respectivamente. Mas a estrutura fragmentária da narrativa das duas obras e o seu pendor autobiográfico constituem, de igual modo, aspectos relevantes.

A narrativa ficcional de Luaia Gomes Pereira resulta de uma prática bloguista cultivada durante anos, combinando o relato diarístico e a

---

[2] Luaia Gomes Pereira, *Todos nós fomos distante*, Luanda: União dos Escritores Angolanos, 2015. Licenciada em arquitetura, Luaia nasceu na província do Huambo, em 1992.
[3] Djaimilia Pereira de Almeida, *Esse cabelo*, Lisboa: Teorema, 2015. Doutora em Teoria da Literatura, Djaimilia nasceu na cidade de Luanda, em 1982.

carta. Por seu lado, Djaimilia Pereira de Almeida propõe um discurso autobiográfico no sentido mais próximo da definição de Philippe Lejeune, segundo a qual é a "narrativa retrospectiva em prosa que uma pessoa real faz de sua própria existência, quando focaliza especialmente sua história individual, em particular a história de sua personalidade"[4].

Portanto, trata-se de duas autoras que pertencem à mesma geração literária de mulheres cujos livros de estreia representam interessantes barômetros dos processos de socialização de jovens visando a construção de uma identidade pessoal. O recurso aos conceitos de geração literária e socialização introduz aqui a problemática do diálogo intergeracional. Mas a avaliação estética do conteúdo ficcional sugere uma abordagem interdisciplinar que convoca a geografia, a história, a sociologia e a filosofia no campo literário. No caso vertente, tais problemáticas tornam-se inteligíveis a partir do momento em que mulheres jovens transitam para a vida adulta, fazendo por merecer atenção por força de uma agentividade revelada através de pontos de vista narrativos numa multifocalizada afirmação de si. Por isso, a experiência feminina que impregna as referidas narrativas inscreve-se em espaços onde o lugar e a paisagem constituem o quadro referencial, convocando a utilidade da geocrítica[5] e da filosofia do lugar[6]. Subscrevo a perspetiva de Yi-Fu Tuan quando considera que é função da literatura dar visibilidade a experiências íntimas, entre as quais as que se referem à exploração do espaço[7]. Para Yi-Fu Tuan, os "espaços são redutos marcados e defendidos contra intrusos" e os "lugares são centros de valor sentido, onde são

---

4 Philippe Lejeune, *O pacto autobiográfico: de Rousseau à internet*, Belo Horizonte: Editora da UFMG, 2008.
5 Cf. Bertrand Westphal, *Geocriticism: Real and Fictional Spaces*, New York: Palgrave Macmillan, 2011.
6 Cf. Jeff Malpas, *Place and Experience: A Philosophical Topography*, Cambridge: Cambridge University Press, 2004.
7 Cf. Yi-Fu Tuan, *Space and Place: The Perspective of Experience*, Minneapolis: University of Minnesota Press, 1977, p. 162.

satisfeitas necessidades biológicas, como alimentação, sede, descanso e procriação"[8]. Na verdade, as narrativas em apreço registam acentuadamente uma certa topofilia, sugerindo, ao mesmo tempo, uma leitura crítica que conduz à topoanálise, tal como a apresenta Gaston Bachelard[9]. A agentividade e a afirmação de si têm as suas manifestações nas estratégias de enunciação narrativa literária que trazem subjacentes perspectivas sobre a pessoa e a identidade individual que, sem serem necessariamente tributárias de teorias éticas individualistas ou liberais, estão marcadas por mundividências comunitaristas cujas referências ocorrem através do papel da família, da vizinhança e dos sentimentos de pertença das narradoras à luz de determinados vínculos societais. Ambas as autoras relatam situações ficcionais que obedecem a modelos culturais e regimes de socialização cujo fundamento é a família. Esses regimes de socialização são suportados pela memória individual que mantém uma relação dialética com a memória coletiva. Por isso as dinâmicas intergeracionais ocupam um lugar de relevo, especialmente quando são evocadas as genealogias familiares no livro de Djaimilia Pereira de Almeida ou a presença tutelar difusa dos pais e dos avós em Luaia Gomes Pereira.

Pretende-se aqui, portanto, fazer justiça à presença das mulheres ficcionistas na literatura angolana, reconhecendo especialmente a negligência da crítica[10], apesar do seu reduzido peso numérico.

---

8 *Ibidem*, p. 4.
9 Gaston Bachelard, *La Poética del Espacio*, Mexico: Fondo de Cultura Económica, 2000. A esse propósito, Gaston Bachelard escreve: "A topoanálise seria, então, o estudo psicológico sistemático das perfurações de nossa vida íntima. Nesse teatro do passado que é a nossa memória, o cenário mantém os personagens em seu papel dominante" (p. 31).
10 Alguma informação adicional sobre o escasso interesse da crítica pela obra de mulheres escritoras africanas pode ser encontrada nas seguintes obras: F. Abiola Irele e Simon Gikandi (orgs.), *The Cambridge History of African and Caribbean Literature*, Cambridge: Cambridge University Press, 2004; Simon Gikandi (org.), *Encyclopedia of African Literature*, New York: Routledge, 2003; Florence Stratton, *Contemporary African Literature and the Politics of Gender*, New York: Routledge, 1994.

A FICÇÃO NARRATIVA ANGOLANA E A NOVA GERAÇÃO LITERÁRIA DE MULHERES

A abordagem interdisciplinar de uma geração literária implica a delimitação do segmento de tempo em que se afirma, interessando referir as idades dos seus membros ou suas datas de nascimento. A proximidade etária tem grande relevância para compreender as suas atitudes, tendências ou preferências estéticas e criativas.

Na ficção narrativa angolana, a emergente geração literária de mulheres a que me refiro é precedida pela coorte feminina da Geração Literária das Incertezas, cuja afirmação ocorre no período literário da década de 1980. A produção global dessa geração literária conta com um conjunto de mulheres que se dedicam à prosa narrativa. Nela pontificam algumas autoras, tais como: Maria João Chipalavela, com *Gótica Rebolinha* (1980); Rosalina Pombal, com *O pequeno elefante e o crocodilo* e *Lutchila* (1982); Ana Major, com *Estrela Lundu* (1994) e *O rival* (1995); Rosária Silva, com *Totonya* (1998); Chó do Guri, com *Chiquito da Camuxiba* (2006) e *A filha do alemão* (2007); Isabel Ferreira, com *Fernando D'aqui* (2007) e *O coelho conselheiro matreiro e outros contos que eu te conto* (2012); Kanguimbu Ananaz, com *Avô Sabalo* (2006), *Soba Kangeiya e a palavra* (2010) e *O regresso de Kambongue* (2011); Paula Russa, com *Amigos para sempre* (2011) e *Na pele de Zito Maimba* (2014).

Ora, há uma nova geração literária de mulheres que emerge na primeira década do século XXI, cujas datas de nascimento compreendem o período literário que se estende entre 1977 e 1992. Mas a sua maturidade revela-se a partir de 2000, sob a influência de fenômenos relevantes para a imaginação literária. Do ponto de vista cronológico, destacam-se duas prosadoras, Sónia Gomes e Yola Castro, ambas nascidas em 1977, nas cidades do Luena e Luanda.

A atividade literária de Yola Castro teve início em 2003, após a participação no concurso do Prêmio Literário António Jacinto com a publicação de um livro de literatura infantil, A borboleta colorida e a linda joaninha. Já Sónia Gomes estreia em 2007 com o livro Erros que matam, publicado com a chancela da União dos Escritores Angolanos, a que se sucederam outros títulos.

A sexualidade, o gênero, a condição feminina e o amor são temas que merecem tratamento privilegiado na ficção narrativa dessa nova geração literária de mulheres de que fazem parte Luaia Gomes Pereira e Djaimilia Pereira de Almeida.

IDENTIDADE PESSOAL E GEOGRAFIA LITERÁRIA

Parece-me interessante trazer a paratextualidade como tópico inicial de conversa. Os títulos dos dois livros têm a sua origem associada a circunstâncias decisivas, quando se trata de perscrutar os arcanos da intimidade, numa situação de tensão entre o uno e o múltiplo a que está exposta a identidade individual das narradoras.

Todos nós fomos distante deriva da tradução de uma expressão – *vanda kupãla* –, significando "foram para longe" em língua umbundu, e surgiu para dar título ao diário. Após uma pergunta a que a mãe não deu resposta acerca do que significava *umi weya*, a curiosidade imaginativa da narradora seleciona a expressão para designar o nome de um *alter ego*. Assim, concluía: "Sim, todos nós fomos distante". A conotação subjacente aponta para um conhecimento que transpõe os limites.

Esse cabelo é um título com duas palavras que, numa interrogação, carregam o significado da maldição enunciada pela "avó branca", a avó paterna da narradora: "Então, Mila, quando é que tratas *esse cabelo?*"[11]. O pronome demonstrativo tem aí uma eficácia performativa porque o cabelo assume a função de personagem.

Pode-se dizer que a aplicação da teoria da pessoa e do seu Outro subjacente às estratégias de enunciação ficcional das duas narrativas permite a identificação de experiências estéticas e morais de acordo com certas convenções culturais. De tal modo que as atitudes, pontos de vista e os objetos ficcionais construídos pelas autoras as situam em duas geografias diferentes. Importa assinalar a dimensão ética da sua identidade narrativa, na medida em que é possível estabelecer uma relação entre a componente narrativa da compreensão de si e as determinações éticas próprias da imputação moral da ação ao seu agente. Trata-se de um problema típico da filosofia da literatura a que dedico alguma atenção mais adiante[12].

Cada uma das narradoras manifesta a necessidade de definir a sua identidade pessoal. Em *Todos nós fomos distante*, Massuela diz:

> Tenho em mim vinte e quatro anos mas a minha alma parece sangrar quarenta. Não sei ser jovem, acredita. A minha figura é determinada por um metro e sessenta e nove, cabelo crespo, preto, pelos ombros e algumas curvas acentuadas tanto em baixo como em cima. Tenho a pele coberta por um castanho negro, onde, no verão, transforma-se em negro castanho bronzeado pelo sol das 12 que banha o largo, lugar onde passo muito tempo com a cabeça mergulhada num hemisfério irreconhecível[13].

---

[11] Djaimilia Pereira de Almeida, *Esse cabelo*, op. cit., p. 45.
[12] É essa dimensão que Paul Ricoeur explora quando, no seu livro consagrado à filosofia da linguagem e à filosofia moral, se debruça sobre o problema do "eu e a identidade narrativa". Cf. Paul Ricouer, *Soi-même comme un autre*, Paris: Seuil, 1990, p. 193.
[13] Luaia Gomes Pereira, *Todos nós fomos distante*, op. cit., p. 25.

Quem era Mila, a narradora, em *Esse cabelo*? Ela apresenta-se: "Cheguei a Portugal em oitenta e cinco, vinda de Angola"[14]. E, em seguida, atravessando um "período de desenraizamento e incúria", revela as máscaras da sua identidade, numa sequência cronológica que corresponde a um processo de carnavalização étnica e estigmatização fenotípica:

> A infância reservou-me uma série de Carnavais étnicos.
> Vejo-me em oitenta e oito de bandolete emplumada e colete castanho de franjas, mascarada de índia, graças não a qualquer escolha ou inclinação de pequena Mila, mas à circunstância (que diz muito sobre tanto na vida) de ser a única máscara disponível.
> Em oitenta e nove o meu cabelo vai esquecido sob um lenço.
> Em mil novecentos e noventa apareço de cigana e, no ano seguinte, devo ter decidido por mim mesma mascarar-me de vampiro.
> Em noventa e dois, incarnei um premonitório espantalho, aproveitando a cabeleira como palha natural na qual assentou um chapelinho [...]. Aí terminou para sempre o Carnaval na minha vida, feriado que me entristece[15].

Em *Todos nós fomos distante*, a narradora maneja os dispositivos ficcionais no contexto geográfico de uma cidade como Luanda, espaço urbano que determina o ritmo dos monólogos, diálogos e pensamentos de Massuela e Sula, os duplos da narradora, e seus interlocutores. As descrições topográficas de Luanda obedecem a uma teleologia determinista.

---

14 Djaimilia Pereira de Almeida, *Esse cabelo*, op. cit., p. 58.
15 *Ibidem*, p. 85.

Luanda era assim, como já devem ter notado, acolhedora de amores e alguns desamores. Quando ela apagava a sua luz, todo mundo nos prédios, à maneira antiga, já não gritava. A gente ficava a contemplar em jeitos pequenos a vida silenciosa que se acomodava aos poucos, refastelada, nos cantos esquecidos da memória que já não falava. Os corações balançavam, aos tumultos, ansiosos por encontros. Confesso que o meu também. E não tinha como não[16].

Era assim que conhecia Luanda, com as palavras que eram faladas. E em cada esquina, era uma Luanda diferente, mesmo aquelas palavras mudas, como as minhas, mostravam um lado da cidade que poucos viam mas todos sabiam[17].

Por sua vez, o conteúdo ficcional de *Esse cabelo* parece ser destinado a membros de uma comunidade interpretativa governada por regras que sustentam o sentimento dominante de repugnância perante a "biografia do cabelo crespo". Assim, compreende-se que Lisboa seja o lugar a partir do qual a narradora conta a história e esboça o perfil dos seus enunciatários. Apesar das referências marginais que lhe são dedicadas e mesmo sendo o lugar de nascimento da narradora, Luanda continua a ser uma cidade distante. A esse propósito, diz Mila, a narradora: "O modo de os outros tratarem o meu cabelo simbolizou sempre a confusão doméstica entre o afecto e o preconceito, o que vem desculpando a minha falta de jeito para cuidar dele. Trato-o como faria uma angolana mais que falsa ou uma portuguesinha, pensarão os da casa"[18].

Em demanda de salões para tratamento do seu cabelo, Mila descreve os pontos dos seus itinerários lisboetas: Sapadores, Oeiras, Cais do

---

[16] Luaia Gomes Pereira, *Todos nós fomos distante*, op. cit., p. 27.
[17] *Ibidem*, p. 41.
[18] Djaimilia Pereira de Almeida, *Esse cabelo*, op. cit., p. 49.

Sodré, Senhor Roubado, Poço do Bispo, Odivelas, Rua da Conceição, Almirante Reis, Graça, Martim Moniz, Mouraria, Praça da Figueira. Essa é a topografia da chamada Lisboa africana, onde ela personificava uma "negra de papel" e compreendia o sentido de "estar em minoria" e "tomar de empréstimo a iconografia" de uma intimidade.

Na verdade, a representação do espaço constitui um recurso ficcional de peso com que operam ambas as autoras. Luanda e Lisboa são duas unidades geoestéticas dignas de atenção. No entanto, são igualmente lugares de memória que sustentam as narrativas que definem o caráter, as virtudes e os pontos de vista das narradoras. A identidade pessoal das personagens-narradoras torna-se inteligível se a atividade dos membros da comunidade interpretativa tiver em conta a fecunda intersecção que se estabelece entre a unidade da personagem e a unidade da narrativa. No dizer de Alasdair MacIntyre, "sem essa unidade, não haveria assuntos de quem as histórias pudessem ser contadas", porque a "narrativa da vida de qualquer pessoa faz parte de um conjunto de narrativas interligadas"[19].

Na verdade, é essa fecunda intersecção que a minha proposta de leitura almeja abordar.

A CONSTRUÇÃO DA SUBJETIVIDADE

Estamos em presença de duas narrativas construídas com a preocupação de dar voz a um indivíduo do gênero feminino cuja psicologia se confronta com modelos de comportamento coletivo susceptíveis de serem questionados nos contextos sociais ficcionais em que se inscrevem. Tais erupções ficcionais são veiculadas através do discur-

---

[19] Alasdair MacIntyre, *After Virtue: A Study in Moral Theory*, Indiana: University of Notre Dame Press, 2007, p. 218.

so de narradoras conscientes das suas experiências e do seu grau de maturidade. Mas, no contexto de uma realidade ficcional ancorada a cronotopos do mundo empírico, as suas vozes reivindicam uma singularidade, consistindo esta na inteligibilidade da sua leitura do mundo. O predomínio do discurso narrativo na primeira pessoa do singular e de todos os morfemas que lhe estão associados é bem prova disso.

Em *Todos nós fomos distante*, organiza-se um mundo cuja semiologia vai tomando forma com alusões à intimidade dos lugares domésticos e práticas conexas.

> Preenchi a cave com o meu silêncio onde o barulho aos poucos desdobrava-se. Alguns dias passaram e não conseguia parar de pensar no que tinha lido. O primeiro contacto com as folhas daquele diário congelou-me tanto por dentro como por fora. Umi era o meu nome. As janelas verticais do seu texto levaram-me para debaixo do mesmo tecto alto que viu os meus primeiros fios de cabelo. [...] Além das paredes, existia uma personalidade minha que todos desconheciam. Muitas vezes inundei o meu quarto com lágrimas incansáveis porque sentia que o universo atirava para mim todo o seu peso. O meu nome Massuela, entre as suas claras consoantes, emana uma crua tristeza e deve ser por isso que me encontrava enclausurada por trás de minhas próprias teias, num mundo que não reconhecia[20].

A narradora faz a advocacia da sua personalidade desconhecida e enclausurada que, em consequência de uma endocisão, dá origem a duas novas identidades pessoais a que correspondem duas personagens: *Umi* e *Massuela*. Daí em diante as personagens dialogam

---

[20] Luaia Gomes Pereira, *Todos nós fomos distante*, op. cit., p. 20.

em obediência à lógica da relação de gênero – homem e mulher –, revezando-se na assinatura dos textos que conformam os capítulos do livro. A enunciação narrativa e os dispositivos morfossintáticos da língua permitem compreender a modulação dos papéis no discurso epistolográfico em que se analisa a sequência fragmentária da narrativa. Em relação à primeira, diz a narradora: "Eu, Umi, escrevo muito, pois aqui onde estou, muitas vezes torna-se solitário. Sozinho, divago, com as lianas que já são minhas"[21]. A respeito da segunda, diz: "Massuela, és a personagem que o meu diário decidiu criar". É com ela que a narradora se identifica quando escreve:

> Nas curvas da tua prosa, com a tinta dessa minha caneta sem ponta, vou deixar a minha história e ouvir, sem melodia alguma, a tua também. [...]
> A tua escrita soa-me triste e introvertida mas admirável.
> Deixa-me adivinhar o teu ser. És do tipo de mulher que sabe ser sem precisar de se mostrar. Pessoas como tu têm uma inteligência silenciosa, escondida nos intervalos de um ou outro segundo[22].

Essa mulher chamada Massuela, dona de uma prosa com a tinta de uma caneta sem ponta, é uma criatura que surge da personalidade cindida da narradora. Assumirá uma outra identidade perante a necessidade de revelar a afetividade de Umi Weya, seu amado, quando este a trata por Sula. A narradora metamorfoseia-se através de um recurso analéptico para viver a experiência do guerrilheiro no contexto da guerra de luta de libertação nacional. A enunciação da analepse revela-se um eficaz instrumento narrativo para introduzir um diálogo intertextual com a escritora guerrilheira Deolinda Rodrigues,

---

21 *Ibidem*, p. 23.
22 *Ibidem*.

autora de dois dos mais importantes textos literários autobiográficos angolanos já referidos. Na carta que Umi endereça a Massuela, é anunciada a captura de Deolinda Rodrigues: "Para piorar, Deolinda desapareceu na mata traidora. Foi capturada com outras mulheres. Por enquanto são só boatos, não há nada de concreto"[23]. Em outra carta para Sula, Umi reitera a sua angústia por não ter notícias de Deolinda e, ao mesmo tempo, revela o devastador estado de espírito causado pela guerra a que se juntam os efeitos que a incerteza inspira. "Até quando Angola? É muito sofrimento", remata Umi num capítulo em que a sua corrente de pensamento não é interrompida pelas falas de Sula, tal como acontece em cartas anteriores.

Em *Esse cabelo*, Mila tece as malhas que dão forma à sua voz em torno das histórias e anedotas acerca do seu cabelo crespo. O discurso autobiográfico desenvolve-se exclusivamente sobre a vida do cabelo, cuja singularidade reside na sua textura. Trata-se daquilo a que a narradora considera como sendo a biografia do cabelo. Por essa razão, o cabelo é, no sentido metonímico, a personagem central, cuja importância depende em grande medida dos vínculos de indexicalidade com a narradora: "A verdade é que a história do meu cabelo crespo cruza a história de pelo menos dois países e, panoramicamente, a história indireta da relação entre vários continentes: uma geopolítica"[24].

As recorrentes referências genealógicas permitem reconstituir a história familiar da narradora e, desse modo, compreender o quadro societal em que ocorrem os comportamentos das personagens com as quais a narradora cruza na sociedade portuguesa, onde a história do cabelo crespo representa uma forma de manifestação estrutural do preconceito racial. É por isso que não resiste à tentação de racializar

---

23 *Ibidem*, p. 54.
24 Djaimilia Pereira de Almeida, *Esse cabelo, op. cit.*, p. 13.

a identidade de seus pais e dos seus avós maternos e paternos, recorrendo à indexicalidade fenotípica: "meu avô negro, Castro Pinto"[25]; "meu avô angolano"[26]; "minha avó branca"[27]; "minha avó angolana, uma negra fula chamada Maria da Luz"[28].

O cabelo é um órgão do corpo da narradora que suscita a sua própria categorização. De resto, já "era então distintamente uma personagem, um alter-ego presente na sala"[29]. Não deixa de ser sintomático que esse era o pensamento que lhe ocorria quando a sua avó paterna perguntava: "Então, Mila, quando é que tratas *esse cabelo*?"[30]. Por outro lado, confessa que a avó materna manifestava um sentimento diferente: "Maria da Luz orgulhava-se do meu cabelo"[31]. Compreende-se que o corpo de Mila obedece às determinações de uma regulação do mundo social a que não parece ser possível escapar. Ela interioriza a somatofobia que a sociedade lhe impõe.

O CORPO DE MULHER

As duas narrativas tematizam o corpo da mulher através do olhar que se produz sobre o mundo circundante e a intimidade pessoal. Por essa razão, admito que se possa falar de uma ontologia do corpo feminino, tendo em atenção o modo como a sua existência se manifesta no espaço e nos lugares onde se inscreve. À medida que a malha narrativa adquire maior densidade semântico-pragmática, percebe-se que o ponto de vista dominante ilumina as situações

---

25 *Ibidem*, p. 14.
26 *Ibidem*, p. 43.
27 *Ibidem*, p. 45.
28 *Ibidem*.
29 *Ibidem*.
30 *Ibidem*.
31 *Ibidem*, p. 46.

reveladoras da feminilidade das personagens-narradoras. Elas vão relatando os processos da tomada de consciência da sua identidade. Há perguntas idiossincráticas de mulheres que encontram algumas respostas a partir de questões como estas: como se cultiva a afetividade de uma mulher que vai chegando à idade adulta? Que comportamentos verbais têm as mulheres quando desejam controlar a sua sexualidade?

Em *Todos nós fomos distante*, Massuela confessa o seu estado de espírito quando Umi deixa de ser seu confidente. A ocorrência do vazio na esfera afetiva dá lugar à presença de Ululi, uma mulher por quem Massuela nutre admiração e se sente atraída.

> Quando Umi ultrapassou o ser companheiro, um novo capítulo, que eu insistia negar, fez-se chegar na vida real. Um capítulo chamado Ululi. [...] A sua personalidade dava a sensação de estar deitada numa cama de penas, leve, toda a vez que com ela partilhava as minhas poucas horas. Na cabeça, Ululi carregava um girassol exuberante. [...] Era daquele tipo de pessoa apaixonada por tudo e mais alguma coisa por descobrir e daquelas que não tinha receio em expressar tal entusiasmo, muitas vezes transparecido no brilho dos seus olhos arredondados e donos de um verde acastanhado. [...] Umi não sabia nada daquilo, apesar de se ter tornado confidente. Com Ululi era diferente[32].

Em *Esse cabelo*, Mila dá conta dos seus devaneios e comportamentos verbais adolescentes, quando sentia já a necessidade de conhecer a sua sexualidade.

---

[32] Luaia Gomes Pereira, *Todos nós fomos distante*, op. cit., p. 67.

> Na escola, circulava na altura o mito das meninas que perdiam a virgindade a fazer ginástica ou a andar de bicicleta, rompendo o hímen. Num diário desse tempo, fechado com um minúsculo cadeado dourado, escrevi um dia que achava que perdera a virgindade. ("Acho que já fodi.") O diário foi apanhado por um tio que o mostrou à minha avó. Eu convencera-me de que fizera amor com um primo mais novo, para mal dos meus pecados à mesa do jantar, apavorada com a ideia de a minha avó tocar no assunto[33].

Na história da família, Mila identifica uma topografia do tema da sexualidade. A atenção que lhe era dedicado foi sempre maior em Luanda, quando comparado o efeito da presença patriarcal do avô paterno.

> [...] na sua casa de Luanda, a saleta onde as minhas tias conversavam ouvindo as peripécias das futuras cunhadas, todas fumavam às escondidas, inibindo a entrada do avô dando a ver uma delas em roupa interior junto à porta, visão de que ele fugia como do demónio. Não se falava de sexo na casa de Portugal, embora eu ajudasse a dona Lurdes a dobrar as cuecas e as meias do avô nuns rolos divertidos[34].

A NARRATIVIDADE DA EXPERIÊNCIA MORAL

As manifestações da identidade pessoal e o comportamento enunciativo das narradoras suscitam algumas indagações acerca da experiência moral, especialmente no que diz respeito à narratividade das virtudes. As obras em análise permitem desenvolver uma reflexão ética, tal como propõe MacIntyre, partindo do argumento segundo

---

33 Djaimilia Pereira de Almeida, *Esse cabelo*, *op. cit.*, p. 64.
34 *Ibidem*, p. 67.

o qual "em suas ações e práticas, bem como em suas ficções, o homem é essencialmente um animal que conta histórias"[35]. A narratividade é, nesse sentido, instrumental para a filosofia moral, tal como entendem MacIntyre e Paul Ricoeur. Por essa razão, MacIntyre traz igualmente à conversa o "conceito narrativo de individualidade", que tem um duplo sentido. Em primeiro lugar, o indivíduo é o que pode ser considerado pelos outros como vivendo uma história que vai do seu nascimento até a morte. Em segundo lugar, o indivíduo é o sujeito de uma história exclusivamente sua, que tem seu próprio significado peculiar[36].

Em *Todos nós fomos distante*, a ocorrência de um óbito na vizinhança e os rituais do velório são acontecimentos que permitem perceber a sensibilidade de Massuela perante a bondade de condutas morais virtuosas. A morte é a instituição que aqui mobiliza as práticas da solidariedade no prédio, o lugar em que reside a narradora. Paizinho é o vizinho que morre num dia qualquer "cujo nome e peripécias só ouvia falar mas nunca tinha tido o prazer de conhecer"[37].

Massuela descreve o que se passa no lugar doméstico onde decorre o *komba*, o óbito:

> O prédio, de apenas três pisos, parecia prestes a cair abaixo de si, de tanta gente aglomerada em cada canto. Passei por grupos de homens quietos, como se estivessem a contemplar a perda, por mulheres sorridentes a repararem nas unhas de cada uma e por avós e avôs, todas elas de pano e todos eles de chapéu de pano, algumas de cigarro com a ponta virada para dentro da boca, outras de olhos fechados, deixando na dúvida se estavam a dormir ou se normalmente também tinham entregue os seus corpos ao

---

[35] Alasdair MacIntyre, *After Virtue: A Study in Moral Theory*, op. cit., p. 216.
[36] *Ibidem*, p. 218.
[37] Luaia Gomes Pereira, *Todos nós fomos distante*, op. cit., p. 87.

salalé. As mulheres que normalmente choravam ainda não tinham chegado mas no segundo andar já começavam a preparar as suas cadeiras e as suas kissanguas, porque afinal, depois do falecido, eram as convidadas de honra[38].

O óbito durou um mês, o que para a narradora parecia ser espetacular. Massuela é interpelada por uma circunstância que cobra a revelação da identidade moral, manifestando-se tal fato no seu caráter tolerante, ao sentir-se confrontada com o rigor da tradição.

O "dia da feijoada" é outro evento narrativo que, através do ponto de vista da narradora, reitera a atenção prestada às experiências morais vividas num lugar comunitário diferente do da vizinhança. Nesse caso, com uma prática gastronômica.

> O dia da feijoada era como um feriado para a nossa família mas um feriado de todo o fim de semana. E a cada vez, a feijoada nunca era igual com a passada. Havia a feijoada vazia, havia a alegre e completa. Havia a feijoada celebrada, algumas vezes reinventada. Cada uma delas do seu jeito e expressão, mas que só cabia em nós e contrastava com todos os outros que usavam o feijão de uma maneira mais popular [...]. Muitos momentos passavam despercebidos. Até os costumes mais pequenos, que aos nossos olhos não passam por meros costumes, guardam histórias sobre nós. [...] Ela, a feijoada, com os temperos que só eram nossos, conta a história sobre amor e perdas, sobre sucesso e sorrisos, lágrimas e abraços, companheirismo e orgulho[39].

---

38 *Ibidem*, p. 88.
39 *Ibidem*, p. 95.

Em *Esse cabelo*, a experiência moral narrada gravita em torno da estigmatização fenotípica fundada nas teorias do determinismo biológico. É o racialismo doutrinário que sustenta argumentos falaciosos segundo os quais a humanidade divide-se em raças, havendo uma hierarquia única de valores e critérios estéticos, e que o comportamento do indivíduo depende do grupo racial a que pertence.

Os efeitos desse determinismo afetam profundamente a narradora. Por isso, ela confessa:

> O meu desapontamento com o cabelo acompanhou-me ao longo de uma transmutação, de um prurido insignificante até uma urticária abrasiva: a transmutação da estética em moralidade, do secador em juiz, da falta de jeito em fatalismo, do penteado abortado em culpa, danação – da cabeleira bruta em psicose. [...] Separam-se então as forças – à estética o que é da estética, à moral o que é da moral – para no instante seguinte nos depararmos com a maneira como tal separação de forças não pode ter lugar[40].

Portanto, a prática moral de uma nova geração de mulheres é aqui observada em situações narrativas que aludem a processos de socialização, de concepções da vida boa e, ao mesmo tempo, da dramaticidade transmitida pela tensão dialética entre o indivíduo e a sociedade. Os conflitos morais têm expressões diversas. Entre os juízos morais mais eloquentes estão as descrições iconográficas da "fotografia de Little Rock":

> Esta imagem captura o supremacista em mim, o espírito agressor que me estraga os dias, por muito que nada ou ninguém me agrida ou tenha agredido de fora; o supremacista implícito na timidez

---

[40] Djaimilia Pereira de Almeida, *Esse cabelo*, op. cit., p. 52.

reticente e magoada de tantos cabelos crespos com que me cruzo por Lisboa, bem mais justificada do que a minha, porque, vendo bem, todas as formas da timidez foram em mim sempre um privilégio natural, e não uma reacção às circunstâncias[41].

A inteligibilidade dessa interpretação iconográfica convoca o conceito de diásporas africanas e, consequentemente, o lugar que as mulheres ocupam nas sociedades que configuram esse espaço geográfico. Os seus traços caracterizadores têm fundamentos históricos, sendo dominante a experiência de escravização, o combate contra a discriminação, a valorização de África como lugar de origem e a preservação das culturas africanas. Assim, a diáspora africana é um complexo universo de relações estabelecidas por pessoas de ascendência africana em todo o mundo. Os afrodescendentes dos Estados Unidos constituem a mais representativa das comunidades onde o cabelo é um poderoso elemento simbólico do sistema tegumentar anatômico feminino, tal como o demonstram as práticas de penteado das mulheres. Por razões históricas, a problematização paradigmática do simbolismo do gênero, do corpo e do cabelo das mulheres negras tem neste país a sua maior expressão. A abundante bibliografia sobre a matéria comprova o fato. É o caso de Ingrid Banks, que no livro dedicado ao tema, *Hair Matters: Beauty, Power, and Black Women's Consciousness*[42], apresenta a síntese de um inventário útil à compreensão dos significados atribuídos ao cabelo nos Estados Unidos durante o século xx.

Ora, não é essa retórica sobre a textura do cabelo da mulher africana, no contexto do multiculturalismo norte-americano, que impregna a narrativa construída por Djaimilia Pereira de Almeida.

---

41 *Ibidem*, p. 103.
42 Cf. Ingrid Banks, *Hair Matters: Beauty, Power, and Black Women's Consciousness*, New York: New York University Press, 2000.

A tematização do fenômeno, inscrevendo-se no contexto português, não suscita o tipo de mobilização americana. Por outro lado, a estética do cabelo crespo das mulheres na cidade de Luanda, à luz da estratégia enunciativa de Massuela em *Todos nós fomos distante*, não permite identificar qualquer obsessão semelhante àquela que devasta a personalidade de Mila.

À GUISA DE CONCLUSÃO: O PROBLEMA DO CÂNONE LITERÁRIO

Em determinadas comunidades interpretativas de Portugal, Djaimilia Pereira de Almeida é considerada uma escritora portuguesa, nascida em Angola. Do ponto de vista da filosofia da literatura, tal fato levanta um problema ontológico que é debatido no âmbito das discussões sobre a dimensão institucional da literatura e da construção do cânone literário. Tal problema pode ser analisado em três aspectos: a avaliação estética da sua obra, o modo como se legitima o valor que lhe é atribuído e o contexto institucional em que ocorre a sua interpretação. Com efeito, a tematização da identidade, gênero e sexualidade, gravitando em torno da estigmatização fenotípica ou "racial", constitui um elemento valorativo que remete a uma problemática consagrada pelos estudos literários das diásporas africanas. Desse modo, o drama dos afrodescendentes é hoje um tema literário perene que ultrapassa os espaços institucionais acadêmicos da África. Por isso, pode-se dizer que a identidade narrativa de *Esse cabelo* tem a sua existência associada ao universo de referências das diásporas angolanas do Atlântico. Mas o que pode ser interessante está em saber se as obras literárias sobre as quais venho discorrendo podem por igual ser inscritas no cânone literário de Portugal, quando se sabe que, por si só, o critério temático não permitiria a seleção de *Todos nós fomos distante*, de Luaia Gomes Pereira.

Há quem defenda o caráter universal da avaliação estética como condição suficiente para a inclusão de *Esse cabelo* no cânone literário português. Essa perspectiva encontra amparo, por exemplo, na argumentação do filósofo norueguês Stein Haugom Olsen, que defende a dimensão institucional da avaliação literária, na medida em que as obras de ficção são identificáveis e inteligíveis no contexto de práticas definidas por convenções e conceitos específicos. Olsen refuta os argumentos do filósofo e crítico britânico Terry Eagleton, resumindo-os naquilo a que designa como sendo teorias que negam o valor literário intrínseco da ficção, em virtude de este último advogar a necessidade de uma aceitação universal por determinada comunidade de leitores e daqueles que intervêm na prática literária. Olsen conclui que, para Eagleton, o valor é sempre relativo à situação de uma comunidade em determinado lugar e tempo, relativo à situação histórica em que se encontra a referida comunidade.

A posição de Olsen configura a síntese das objeções à argumentação de Eagleton, que faz a apologia da existência de "comunidades interpretativas":

> Mas significa que o chamado "cânone literário", a inquestionável "grande tradição" da "literatura nacional", deve ser reconhecido como uma construção, criada por pessoas em particular por razões particulares em um determinado momento. Não existe obra literária ou tradição que seja valiosa em si mesma, *independentemente do que alguém possa ter dito ou vindo a dizer sobre isso. "Valor" é um termo transitivo: significa o que é valorizado por certas pessoas em situações específicas, de acordo com critérios particulares e à luz de determinados objetivos*[43].

---

[43] Terry Eagleton, *Literary Theory: An Introduction*, Minneapolis: University of Minnesota Press, 2008, p. 10.

A refutação de Olsen não liquida a solidez do argumento enunciado. O sentido que resulta da interpretação que faz dos enunciados destacados (por mim) em itálico não permite chegar a semelhantes conclusões. Se o caráter universal da avaliação literária que defende tem as culturas europeias como o seu quadro de referências, compreende-se que não se possa falar da existência de uma comunidade interpretativa europeia homogênea. Por outro lado, a aplicação do critério da universalidade da avaliação às obras literárias africanas não pode depender do modo como se opera no contexto de práticas definidas por convenções e conceitos específicos europeus, o que revelaria a arrogância de uma visão eurocêntrica. Por conseguinte, a validade universal admite a existência de comunidades interpretativas africanas.

É como membro das comunidades interpretativas africanas, consciente do potencial cognitivo do conceito de África Global e da necessidade de testemunhar o crescimento dos estudos literários africanos no espaço das diásporas africanas que proponho esta breve leitura de duas autoras, Luaia Gomes Pereira e Djaimilia Pereira de Almeida, pertencentes à nova geração literária de mulheres angolanas.

REFERÊNCIAS

ALMEIDA, Djaimilia Pereira de. *Esse cabelo.* Lisboa: Teorema, 2015.

BACHELARD, Gaston. *La Poética del Espacio.* Mexico: Fondo de Cultura Económica, 2000.

BANKS, Ingrid. *Hair Matters: Beauty, Power, and Black Women's Consciousness.* New York: New York University Press, 2000.

EAGLETON, Terry. *Literary Theory: An Introduction.* Minneapolis: University of Minnesota Press, 2008.

LEJEUNE, Philippe. *O pacto autobiográfico: de Rousseau à internet.* Belo Horizonte: Editora da UFMG, 2008.

MACINTYRE, Alasdair. *After Virtue: A Study in Moral Theory.* Indiana: University of Notre Dame Press, 2007.

MALPAS, Jeff. *Place and Experience: A Philosophical Topography.* Cambridge: Cambridge University Press, 2004.

PEREIRA, Luaia Gomes. *Todos nós fomos distante.* Luanda: União dos Escritores Angolanos, 2015.

TUAN, Yi-Fu. *Space and Place: The Perspective of Experience.* Minneapolis: University of Minnesota Press, 1977.

WESTPHAL, Bertrand. *Geocriticism: Real and Fictional Spaces.* New York: Palgrave Macmillan, 2011.

PANORAMA (MUITO GERAL) DA FICÇÃO NARRATIVA MOÇAMBICANA CONTEMPORÂNEA

Fátima Mendonça

INTRODUÇÃO

DESDE O MOMENTO em que, tendo Moçambique alcançado a independência, se colocou a questão das instituições nacionais, no quadro de um novo aparelho de Estado, o poder político percebeu o valor e o papel da instituição literária. Refiro-me ao Partido Frelimo que, a partir de 1975, passou a governar os destinos do país, em regime de partido único, com orientação marxista-leninista proclamada no seu III° Congresso, dentro das normas e princípios do sistema conhecido como centralismo democrático.

Entre os finais dos anos 1970 e início dos anos 1980, assistiu-se à construção de algumas ideias que intervieram eficazmente na definição política de literatura nacional, como resultado da influência ideológica da Frelimo na então intensa vida cultural do país. Salientava-se o papel da literatura – com relevo para a poesia – na construção de uma ideia de nação. Esta era modelada pela experiência da luta armada e das zonas libertadas. Numa concepção bastante aproximada do realismo socialista jdanovista, o escritor só era legitimado pela práxis revolucionária, elevando-se então à categoria de símbolo nacional, tal como a bandeira, o hino, a moeda, a forma de vestir ou o passaporte, todos elementos sígnicos da nação emergente. Como consequência dessa concepção, à ideia de autor nacional (e, por extensão, à sua produção artística) passou-se a associar a de território nacional, o que determinava a "condenação" ou retirada da cidadania literária aos escritores que, por várias razões (algumas pessoais), não residiam ou tinham deixado de residir no país. Como reforço dessa perspectiva, assistia-se à consagração dos escritores cuja atitude ideológica se integrava *lato sensu* na prática revolucionária da época, tendo essa integração assumido graus variados, desde a completa identificação com todas as formas dessa prática (caso de Rui Nogar e de Orlando Mendes) até atitudes céticas ou críticas (caso de José Craveirinha, Leite de Vasconcelos e Heliodoro Baptista). Por iniciativa do Estado, foram editados inúmeros autores cujos livros não tinham sido publicados no período colonial, por razões políticas, como Rui Nogar e José Craveirinha, ou de outros com orientações estéticas diferenciadas, como Albino Magaia, Anibal Aleluia, Heliodoro Baptista, Jorge Viegas, Luís Carlos Patraquim, Orlando Mendes e Sebastião Alba. Num grau superior, assistiu-se à consagração política de alguns escritores que, encarados (ou assumindo-se) como intelectuais orgânicos, viam-se revestidos de funções partidárias ou reconhecidos com condecorações e homenagens.

Foi essa, portanto, a primeira forma de equacionar a questão da literatura nacional, que, com todas as reticências passíveis de suscitar hoje, foi definitiva para o (re)conhecimento da existência de um *corpus* literário nacional, integrado no sistema de ensino e fortemente controlado pelo Estado/partido. O paradigma desse novo cânone é representado pela coletânea de contos *Nós matámos o Cão-Tinhoso!* (1964), de Luís Bernardo Honwana, obra de fortuna considerável desde a sua primeira edição[1] e que ficou consagrada, nessa altura, nos programas de vários níveis de ensino.

Como literatura emergente ou pós-colonial (com tudo o que esses epítetos possam significar), a literatura moçambicana tem a sua prática/

---

[1] Luís Bernardo Honwana, *Nós matámos o Cão-Tinhoso!*, Lourenço Marques: Sociedade de Imprensa de Moçambique, 1964. Essa coletânea de narrativas viria a ser editada sucessivamente dentro e fora de Moçambique, e a sua recepção veio determinar o lugar que ocupa como obra canônica da literatura moçambicana. Cf. Abudo Machude, *A recepção crítica de "Nós matámos o Cão-Tinhoso!"*, Maputo: Alcance, 2014.

práxis inserida num passado de conflitualidade traduzido em várias oposições binárias, de onde lhe advém a necessidade de afirmação identitária. Mas, em simultâneo, impõem-se-lhe as várias formas de relativismo trazidas por concepções de mundo tendentes a desconstruir os vínculos que a inseriam num espaço e num tempo históricos.

De fato, a filiação numa estética dita universal, por parte das recentes gerações de escritores, embora se possa também ler nacional/regional, mas não necessariamente étnica, parece inserir-se num percurso temático – e, a um outro nível, discursivo – orientado no sentido da transformação da natureza do diálogo com o passado colonial, de tal modo que os seus elementos estruturantes se vão naturalizando ou "indigenizando", para usar a terminologia de Appadurai a propósito da indianização do críquete, esporte arquibritânico. Essa consequência poderia conferir ao *corpus* literário uma consistência ontológica que lhe garantiria por si só a existência, se não considerássemos o fato de, na definição de sistema literário nacional, não intervir apenas o conjunto de obras produzido. Na verdade, o desejo (consciente ou não) da nação vai sedimentando temas e formas discursivas, como parte de um novo cânone literário, mas a sua existência só é assegurada *a posteriori*, por diversos elementos de recepção, nomeadamente crítica, reconhecimento nacional e internacional, prêmios, edições nacionais e traduções. Esses mecanismos são veiculados pelo sistema de ensino (currículos, programas, manuais), reproduzindo conceitos e valores que, atuando em cadeia, convergem para a legitimação do novo cânone.

Esse aparelho teórico e uma leitura retrospectiva da dinâmica cultural e literária moçambicana, desde os primeiros anos após a independência até o presente, permitem perceber as rupturas operadas no seu interior e a emergência de um novo paradigma a partir dos finais da década de 1990, o qual foi se consolidando nos últimos vinte anos.

DA VIDA ASSOCIATIVA À ATIVIDADE EDITORIAL PRIVADA

Em 1982, cria-se a Associação dos Escritores Moçambicanos (AEMO), cuja designação e estatutos relevavam de uma perspectiva com forte componente nacionalitário. Desde então foram introduzidas algumas modificações nos estatutos que, no entanto, salvaguardaram os objetivos iniciais de congregar e representar os escritores moçambicanos, promover a preservação do patrimônio literário moçambicano e estimular o gosto pela criação literária e pelo exercício da sua produção. Segue-se, em 1984, a fundação da revista *Charrua*, no interior da AEMO, liderada pelo grupo de jovens que viria a imprimir nova dinâmica à vida literária do país. Embora tivessem surgido, entretanto, outras iniciativas do mesmo tipo, nomeadamente *Forja* da Brigada Literária João Dias e ECO, foi a energia dos ativistas de *Charrua* que se sobrepôs à própria dinâmica da AEMO.

A criação de uma organização com vocação para promover o contato entre escritores veio despoletar uma nova dinâmica na vida literária do país, ainda não totalmente esgotada, embora nos primeiros dez anos de existência (que coincidiram, *grosso modo*, com o regime político de partido único de orientação socialista) se tenha assistido a uma percepção mais clara do seu papel. Foram criados núcleos em três cidades (Lichinga, Nampula e Beira) que promoviam animação literária entre um público leitor, de onde emergiu uma vaga de jovens escritores. A essas iniciativas regionais da AEMO acabaram por se associar outras, como aconteceu na Beira com a página "Diálogo" do *Diário de Moçambique*, dinamizada pelo poeta e jornalista Heliodoro Baptista, com os *Cadernos Literários Xiphefo*, de Inhambane, uma folha literária intitulada *Munhacuieta*, de Quelimane, e *Horizonte*, de Nampula.

A AEMO teve uma atividade editorial assinalável. Essa vocação editorial tinha sido precedida de uma iniciativa do organismo estatal INLD (Instituto Nacional do Livro e do Disco) que, em parceria com a editora portuguesa Edições 70, criara a Coleção Autores Moçambicanos, dando origem à publicação de doze títulos entre 1980 e 1982. Destes, os únicos títulos de ficção eram *Portagem*, de Orlando Mendes, e *Contos e lendas*, de Carneiro Gonçalves.

De forma quase institucional, a AEMO assumiu parte das funções do INLD, no que respeitava à edição de obras de autores moçambicanos. Para além da coleção *Timbila* (poesia), foi criada a coleção *Karingana* (narrativa). Essas coleções, e algumas das edições que se lhe seguiram sob chancela da AEMO, possibilitaram a divulgação de autores que, embora conhecidos como vozes históricas, ainda se encontravam inéditos, como Marcelino dos Santos, Sérgio Vieira, Aníbal Aleluia ou Noémia de Sousa (esta só finalmente editada em 2001), ou de obras esgotadas, como *Godido e outros contos*, de João Dias, ou *Xigubo* e *Karingana ua karingana*, de José Craveirinha. A iniciativa editorial deu ainda visibilidade a ficcionistas que lograram destaque no cenário literário nacional, como Albino Magaia, Aldino Muianga, Isaac Zita (prematuramente desaparecido), Juvenal Bucuane, Leite de Vasconcelos, Lília Momplé, Marcelo Panguana, Mia Couto, Paulina Chiziane, Suleiman Cassamo e Ungulani Ba Ka Khosa. Contudo, a partir dos finais da década de 1990, observou-se um decréscimo quantitativo e qualitativo nas publicações, o que eventualmente se explica pelo surgimento no país de editoras privadas e pela fraca capacidade de gestão da AEMO para entrar na concorrência exigida pela economia de mercado.

A geração que tinha dado corpo à revista *Charrua*, de uma forma ou de outra, tomou conta dos destinos da AEMO, com a eleição de Pedro Chissano para o cargo de secretário-geral, em 1993, situação que prevaleceu até 2007, com Armando Artur e Juvenal Bucuane nesse cargo. A partir de 2007, a composição da direção da AEMO mudou substancialmente com a entrada de Jorge de Oliveira (jurista e coordenador nos anos 1990 da *Gazeta de Artes e Letras* da revista *Tempo*) como secretário-geral e a inclusão de novos elementos oriundos dos grupos surgidos nos finais dos anos 1990, nomeadamente da revista *Oásis*. Alguns dos elementos de *Charrua*, entretanto guindados a funções de Estado, vieram a exercer influência quer na dinâmica editorial, quer na promoção da literatura moçambicana[2]. O regresso à AEMO de Ungulani Ba Ka Khosa (eleito secretário-geral em março de 2013) e de alguns dos seus companheiros de estrada revela a surpreendente ligação afetiva com esse espaço simbólico que une uma geração notável de escritores. A eleição recente de Carlos Paradona (da geração de *Charrua*) como secretário-geral e de Mbate Pedro (geração mais recente) como secretário-geral adjunto religa de algum modo as gerações e grupos que integram a vasta rede de protagonistas da atual cena literária moçambicana.

A criação da AEMO e o ativismo dos "charrueiros" possibilitaram a abertura de um espaço de discussão que escapava ao esquematismo dos pontos de vista formais associados, direta ou indiretamente, à orientação ideológica do Partido Frelimo, ainda que alguns dos seus quadros de alto nível – Fernando Ganhão, Júlio Carrilho, Marcelino dos Santos, Sérgio Vieira – participassem da vida da AEMO, com uma atitude menos paternalista que o seu estatuto e alguns preconceitos fariam hoje supor. Ainda assim, esses pontos de vista tinham um denominador comum: a definição da literatura moçambicana a partir de valores intrínsecos. A contribuição para essa definição já não provinha do Estado, mas sim do próprio meio literário, escritores ou críticos cuja heterogeneidade era visível, quer em debates realizados na AEMO, quer em artigos de opinião nas páginas do Suplemento de Artes e Letras do Semanário *Tempo*, importante espaço de divulgação e promoção cultural e artística na década de

---

2 Armando Artur, ministro da Cultura; Ungulani Ba Ka Khosa, diretor do Instituto Nacional do Livro e do Disco; e Marcelo Panguana, editor da revista *Proler* do Fundo Bibliográfico de Língua Portuguesa.

1980[3]. Assiste-se então à defesa de autenticidade, temática ou discursiva, alargando-se o leque de opiniões, ainda que prevalecesse a tendência para incluir ou excluir quem não coubesse no figurino julgado mais certo.

Um dos pontos altos dessa discussão foi gerado pela publicação em 1986 de *Vozes anoitecidas,* de Mia Couto, tendo dado origem a uma polêmica com vários intervenientes[4]. Essa polêmica marcou, na minha opinião, a transição de uma reflexão fundamentada nos princípios rígidos do realismo socialista para o confronto entre posicionamentos diversificados que começavam a afastar-se dos pressupostos dirigistas iniciais. Parece-me que, mesmo assim, deu consistência a uma concepção de literatura assente em pressupostos essencialistas, ainda hegemônica em alguns círculos da criação e da recepção literárias, e que não é indiferente à vaga "identitária global atual" disseminada nas redes sociais.

OS NOVOS NA CENA LITERÁRIA

Nos finais dos anos 1990, surgiram grupos de jovens (que ensaiavam os primeiros passos literários em jornais ou concursos literários) e que também promoveram ensaios (menos bem-sucedidos) similares aos de *Charrua*, com a publicação de revistas e folhas literárias. Divisavam-se tentativas, por parte dessa outra geração em gestação, de

---

3 Suplemento cultural da revista semanal *Tempo,* fundado por Luís Carlos Patraquim em 1984. Teve durante algum tempo coordenação conjunta de L. C. Patraquim, Calane da Silva e Gulamo Khan. De junho de 1986 a julho de 1988, foi coordenado por Gilberto Matusse e, posteriormente, por Nelson Saúte, seguido de Nelson Xavier (Daniel da Costa), tendo este deixado a coordenação no início da década de 1990. A partir daí, perdeu o dinamismo anterior.
4 O conteúdo dessa polêmica é descrito no ensaio "Recepções ambíguas". Cf. Fátima Mendonça, *Literatura moçambicana: as dobras da escrita*, Maputo: Ndjira, 2011, pp. 157-69.

romper com o que era visto como uma supremacia dos que ficaram conhecidos como *charrueiros*.

Criada no seio da AEMO em 1997, a revista *Oásis* parece estar parcialmente na origem da diversidade dos atuais grupos provenientes dessa nova geração. De acordo com Sangare Okapi, um dos seus fundadores, o projeto foi esboçado devido à falta de espaço literário de uma geração que se estava a constituir, sendo um dos seus propósitos uma afirmação de grupo, através de publicações coletivas, o que veio a se revelar uma utopia, dado que se sobrepuseram aspirações individuais[5]. Tendo deixado de existir as condições editoriais por parte da AEMO, prevalecentes até finais dos anos 1980, viu-se essa geração na contingência de, através dos concursos e prêmios literários, que começavam a proliferar, encontrar espaço para publicação.

Portanto, no início da década de 2000, a situação evoluiu para outro patamar em virtude desse fenômeno que se vinha manifestando desde os anos 1990, com surgimento de grupos de jovens que, de alguma forma, se afirmavam fora do quadro da proteção institucional de que se tinham beneficiado os seus antecessores de *Charrua*, através da AEMO. Deu-se assim origem à consolidação de uma nova geração composta majoritariamente por escritores nascidos depois da independência, e que da anterior dinâmica de orientação socialista e partido único têm apenas conhecimento diferido. Destacam-se alguns poetas e ficcionistas talentosos que, de forma recorrente, forçaram a sua entrada no campo literário, não parecendo ter interesse numa dependência que lhes pudesse cortar ou controlar iniciativas, embora alguns, oriundos da *Oásis*, como Aurélio Furdela e Sangare Okapi, tenham passado a integrar a direção da AEMO a partir de 2007. A intensa atividade cultural e, em alguns

---

5 Cf. Sangare Okapi, "Um projecto literário chamado Oásis: da existência colectiva à afirmação individual", em: AEMO, *Memorial*, Maputo: AEMO, 2007, pp. 56-8.

casos, editorial, de outros tipos de instituições nacionais, nomeadamente a Fundação Fernando Leite Couto e a Escola Portuguesa em Maputo, a Casa do Artista, na Beira, e os vários Centros Culturais de diferentes embaixadas, principalmente em Maputo e Beira, abrem espaço para que outros grupos encontrem reconhecimento próprio, quer através de edições quer através de iniciativas culturais de índole diversa, tomando a seu cargo várias formas de estimular a recepção das obras que editam, o que está refletido no contato com escolas de vários graus de ensino, em edições internacionais ou prêmios. São jovens com formação superior e ocupação profissional estável – o que lhes retira a aura boêmia dos seus antecessores de *Charrua*, mas lhes confere, em contrapartida, capacidade para as engenhosas soluções editoriais e de *marketing* que praticam. É uma geração das novas tecnologias, aberta a um mundo em que as fronteiras se tornam porosas, que conscientemente aproveita as vantagens dos caminhos abertos pela internet, no Facebook, nos *blogs* etc. O uso desse aparato tecnológico, que integra soluções culturais para o nosso presente, permite colmatar as assimetrias existentes num país caracterizado pela existência de uma hipertrofia dos grandes centros urbanos. O surgimento de editoras e canais de televisão privados, a cobertura telefônica com rede móvel, permitindo interações variadas, a vulgarização da internet e da blogosfera produzem novos campos na esfera pública. O debate de ideias materializa-se assim em outras formas de percepção da questão identitária em geral, o que inevitavelmente influencia o modo como são percebidas e produzidas as formas artísticas, incluindo a literatura nacional.

ESTRUTURAÇÃO TEMÁTICA E DISCURSIVA DA FICÇÃO NARRATIVA MOÇAMBICANA CONTEMPORÂNEA

A ORALIDADE NA ESCRITA

Como é sabido, a recuperação da tradição oral pela literatura foi um fenômeno que ocorreu nas literaturas europeias no século XIX, no período romântico, coincidindo com a emergência de sentimentos nacionalistas das respectivas nações, tendo assumido manifestações idênticas na literatura brasileira e em outras literaturas da América Latina.

Situações históricas similares só viriam a ocorrer em Moçambique após a independência, embora nos seus primeiros anos a prática política da Frelimo, orientada pela ideia de estabilidade do novo país, sobrevalorizasse a atitude de "matar a tribo" para construir a nação, produzindo assim uma certa rasura da expressão de elementos culturais que, inegavelmente, distinguem entre si os vários espaços etnolinguísticos de Moçambique. A própria dinâmica histórica levou a que progressivamente ocorressem fenômenos de afirmação regional ou étnica – o que, a nível literário, se refletiu na forma como a nova geração de escritores se apropriou desse valioso patrimônio cultural, integrando-o na sua prática de escrita de ficção.

Embora com um antecedente na narrativa "Malidza", com origem numa tradição do Quiteve, integrada no livro *Contos e lendas* de Carneiro Gonçalves, publicado postumamente em 1980, foi Ungulani Ba Ka Khosa quem, em 1987, com *Ualalapi* e posteriormente com *Choriro* (2009) e *Entre as memórias silenciadas* (2013), mostrou as possibilidades de incorporação do universo da tradição oral numa nova tradição literária escrita, no que foi continuado por Paulina Chiziane em *Ventos do Apocalipse* e, a um outro nível, desenvolvido insistentemente por Mia Couto, isso para citar os casos com maior repercussão nacional e internacional.

As narrativas *Tchanaze, a donzela de Sena* (2007) e *N'tsai Tchassassa, a virgem de missangas* (2013) de Carlos Paradona Rufino Roque, embora enquadradas nessa atitude de recuperação do passado artístico da oralidade, têm aspectos particulares muito curiosos, pela forma como realizam a interação entre a tradição oral e a escrita literária. Toda a estrutura dos textos desenvolve-se coerentemente segundo um modelo de narrativa oral, sendo personagens e ações orientadas por uma cosmogonia específica que o texto se encarrega de definir desde o começo. Trata-se de narrativas escritas e propostas como um gênero com longa tradição ocidental – o romance –, mas que têm como ponto de partida narrativas de tradição oral da região do vale do Zambeze. De forma bastante evidente, a estrutura dessas narrativas escritas baseia-se num esquema muito frequente em narrativas africanas de tradição oral. Esse esquema parte do pressuposto de que toda a estrutura narrativa sustenta uma série de situações em que a passagem de uma situação à seguinte torna possível uma modificação, sendo as ações das personagens principais apoiadas ou contrariadas por entidades com características supra-humanas.

Na origem dessas narrativas orais, não se observa, entretanto, uma transcrição literal delas, mas sim um texto escrito que, estruturado segundo um modelo de narrativa oral, tem a interferir na respectiva composição o fato de se reger por códigos da escrita literária, assumindo-se deliberadamente como um gênero com tradição na literatura escrita, o romance.

São narrativas percorridas por uma trama de incidentes mágicos, ou menos prováveis à luz de outras racionalidades, criando no leitor uma permanente expectativa quanto ao desfecho final. Contudo, a escolha das estranhas personagens e das diversas situações igualmente estranhas não pode ser entendida como produto do acaso, nem o seu efeito é meramente lúdico. O ambiente criado explica-se sim pelo fato de se alimentarem de uma visão do mundo particular (que em muitos aspectos é comum a toda a região do vale do Zambeze). No entanto, o caráter altamente metafórico das situações descritas e o papel simbólico dos vários intervenientes (sublinhamos o fato de animais e humanos se encontrarem na mesma hierarquia, de tal modo que é um cágado quem casa com a princesa N'tsai Tchassassa), longe de reproduzirem uma imagem fiel da sociedade, impõem sim a interpretação da narrativa em função quer das vivências coletivas da sociedade que a produziu, quer das vivências de quem hoje a lê. O plasmar de uma narrativa com essas características, num outro universo, o da escrita, constitui um desafio para o escritor e um estímulo para o leitor mergulhado num universo distanciado no tempo, como o texto não cessa de recordar.

Outro desafio é o fato de a sua transformação escrita ser operada pela língua portuguesa, sendo as duas narrativas na sua origem veiculadas por outra língua (cisena). Estaremos perante o problema de discutir se será possível traduzir visões de mundo ou se uma língua pode se esvaziar dos elementos culturais que transporta para nela introduzir outros. Essa questão, que tem sido objeto de debates infindáveis, é por vezes relançada, como aconteceu com o escritor queniano Ngugi wa Thiong'o, que nos anos 1980 proclamou que passaria a escrever em gikuiu, para, segundo as suas palavras, não enriquecer a literatura inglesa. Com posicionamento diferente, o escritor nigeriano Chinua Achebe inspirava-se em muitos aspectos da tradição oral ibo, recriando-os em língua inglesa, de acordo com os seus próprios critérios estéticos. Parecendo ser esta última opção a que Carlos Rufino Roque pretende adotar, será de esperar que continue a fazer vir à superfície esses espíritos que jazem nas profundezas do rio Zambeze, em cujas margens cobiçadas palpitam produtos fantasmagóricos de uma história milenar acumulados na memória coletiva de uma das regiões histórica e culturalmente mais complexas de Moçambique, fonte inesgotável para a imaginação artística de que se têm apropriado outros escritores, como Ungulani Ba Ka Khosa, com *Choriro* (apropriação de elementos históricos do Vale do Zambeze, veiculados pela tradição oral), e João Paulo Borges Coelho, com *As duas sombras do rio* (confronto entre duas cosmogonias diferentes opondo as margens norte e sul do rio Zambeze).

DA HISTÓRIA ÀS HISTÓRIAS

As independências africanas, iniciadas em 1957 com a independência de Gana, não só foram tributárias de um passado histórico, orientado para a ideia de revolução social, como implicaram essa herança nos respectivos movimentos culturais e literários, concretizados em rupturas relativamente às literaturas da ex-potência colonial. Essas rupturas instituíram a tendência de autonomia por intermédio de algumas temáticas dominantes, tendentes a recuperar elementos históricos forjadores das novas identidades. Mas, como salienta Arjun Appadurai, a propósito da forma como o críquete se "indianizou", "a descolonização, para uma antiga colônia, não consiste simplesmente em desmantelar os hábitos e modos de vida coloniais, mas também de dialogar com o passado colonial"[6]. Ora, esse diálogo com o passado colonial tem produzido no campo literário situações discursivas hoje geralmente aceites como híbridas, sob influência do posicionamento teórico de Homi Bhabha, que as caracteriza como "estratégias complexas de identificação cultural e endereço discursivo que funcionam em nome do 'povo' ou da 'nação'"[7].

---

[6] Arjun Appadurai, *Après le colonialisme: les conséquences culturelles de la globalisation*, Paris: Payot, 1996, p. 139. [Ed. ing.: *Modernity at Large: Cultural Dimensions of Globalization*, Minneapolis: University of Minnesota Press, 2010.]
[7] Homi Bhabha (org.), *Nation and Narration*, New York: Routledge, 1990, p. 292.

Esse conceito adquire um significado mais amplo quando associado aos de transculturação e de transtextualidade, porque possibilita a leitura do *corpus* literário produzido por/contra os sistemas literários trazidos pela colonização, como transformações e apropriações das suas formas, com utilização de estratégias específicas que assim respondem à necessidade de forjar novos sistemas. São essas estratégias que, deixando entrever culturas diversas (orais e escritas), textualizam a nação, na perspectiva em que Benedict Anderson[8] encara a construção dos elementos de pertença a um espaço nacional. Esse foi um processo evolutivo que possibilitou que, ao longo de cerca de cem anos, a "imaginação colonial" fosse cedendo lugar à "imaginação nacional".

O surgimento, na década de 1980, de Ungulani Ba Ka Khosa e Izaac Zita (este precocemente desaparecido em 1983, aos 22 anos, e publicado em livro póstumo, *Os Molwenes*, 1988), com percursos semelhantes (ambos frequentaram os cursos de formação de professores, tendo começado a lecionar muito jovens no norte de Moçambique, e fizeram a sua aparição como ficcionistas na imprensa), fez antever para a ficção narrativa moçambicana um espaço idêntico ao que a poesia já ocupava. De fato, ambos mostravam uma notável capacidade de narrar, utilizando estratégias discursivas assentes na ironia. Com efeitos diferentes, esse recurso ia sempre ao encontro da rebeldia da sua geração. Em paralelo, Mia Couto, já conhecido como poeta e com diferente percurso de vida, viria, em 1986, com *Vozes anoitecidas*, completar a tríade em que assentariam as tendências da nova narrativa moçambicana. A ficção narrativa moçambicana produzida nas duas últimas décadas pode ser lida à luz dessa herança e, no quadro da tendência geral do romance africano, tornar-se o instrumento formal da reinvenção de uma cultura, de uma nova co-

---

8 Benedict Anderson, *Imagined Communities: Reflections on Origin and Spread of Nationalism*, London: Verso, 1983.

munidade nacional, face à perda que a colonização representou, como defendia Chinua Achebe.

Nos últimos vinte anos, História e ficção entrecruzam-se em diversas narrativas de autores canônicos moçambicanos. De forma aproximada com o que se poderia designar como narrativa histórica, emergem novamente Mia Couto e Ungulani Ba Ka Khosa. Mia Couto, com a extensa trilogia *As areias do Imperador* – incluindo os livros *As mulheres de cinza* (2015), *A espada e a azagaia* (2016) e o *Bebedor de horizontes* (2017) –, dá corpo a uma narrativa em que uma história particular de amor "improvável" encontra como pano de fundo a personagem histórica de Ngungunhane, imperador de Gaza. Ungulani, por sua vez, mais perto do percurso histórico do imperador, reúne em *Gungunhana* (2018) dois livros: o seu romance de estreia, *Ualalapi* (1987) e *As mulheres do imperador* (2018). Nessa última narrativa e seguindo alguma investigação histórica, é imaginado o regresso a Moçambique das esposas de Ngungunhane que com ele haviam sido deportadas. De alguma forma, esses dois livros constituem um parêntesis no conjunto das narrativas de ficção que de forma imperfeita designaríamos por históricas. Com efeito, o que tem ocorrido desde o início da década de 2000 é que a ficção narrativa moçambicana se orienta significativamente para a tematização de fatos históricos mais recentes integrados no imaginário nacional (guerra civil, campos de reeducação e Operação Produção), com representações disfóricas do espaço coletivo e individual. Convém referir que o conteúdo dos romances *Milandos de um sonho: a euforia dos sonhadores*, de Bahassan Adamodjy, e *O advogado de Inhassunge*, de Luís Loforte (publicados em Lisboa em 2001 pela Quetzal), já anunciava uma releitura da história recente de Moçambique. No entanto, passaram praticamente despercebidos localmente, o que pode ser explicado pelas dificuldades de circulação e comercialização.

Embora os textos históricos e os textos literários sejam regidos por convenções diferentes, a convenção de veracidade e a convenção de ficcionalidade[9], o que ocorre nessas narrativas é que o discurso literário tem uma tal proximidade de referente histórico que torna difícil a separação dos dois campos. Devido a essa proximidade, esses textos convocam em geral a veracidade do relatado, embora envolvam processos discursivos complexos, em que a narração factual se encontra dissolvida no interior de tramas intrincadas. O resultado é um poderoso e, por vezes, violento contradiscurso não só de releitura como de interpelação da história.

O cenário de violência que rodeou a guerra civil (protagonizada pela Renamo e pelo exército governamental entre 1976 e 1992) começou por ser o tema de algumas narrativas que, sendo resultado de vivências diretas, davam prioridade ao relato factual. As primeiras, nos anos 1986 e 1987, *Dumba Nengue* e *Duplo massacre em Moçambique*, da autoria de Lina Magaia, não sendo ficção, traziam para a esfera pública uma problemática incômoda para a época: a necessidade de se perceber a natureza, origem e consequências do conflito, problemática que o discurso oficial rasurava, impondo uma leitura dicotômica que prolongava as representações anteriores de conflitos no interior da Frelimo, desde a sua fundação até a independência, com a oposição entre a linha "revolucionária" vencedora e a linha "reacionária" vencida.

De alguma forma, a gênese da Renamo – apoio dos regimes da Rodésia até 1980, época da independência do Zimbábue, e da África do Sul até 1983, ostensivamente e de forma disfarçada até 1990 – favorecia a imposição dessas dicotomias, as quais impediam uma leitura descomplexada do conflito.

Também a forma brutal que assumiam os ataques protagonizados pela Renamo e o seu impacto sobre a opinião pública não permitiam

---

9 Cf. Zilá Bernd, "O maravilhoso como discurso histórico-narrativo", em: Tânia Navarro Swain (org.), *História no plural*, Brasília: Editora da UnB, 1994.

uma percepção das múltiplas implicações dessa guerra no terreno, como os raptos, relações entre cativos e captores ou adesões à Renamo em determinados meios rurais e urbanos.

A partir de 1990, vários fatores influíram para que o processo de negociações entre as partes se acelerasse: por um lado, a situação política na África Austral evoluía para uma modificação na correlação de forças, com a legalização do Congresso Nacional Africano (CNA) e a libertação de Nelson Mandela em 1990. Por outro, a desagregação do bloco socialista, implicando novas alianças, legitimava as mudanças econômicas e políticas, nomeadamente a opção por uma economia de mercado, adesão ao FMI e Banco Mundial, em 1986, a promulgação da Constituição de 1990, consignando o multipartidarismo, e o Acordo Geral de Paz, em 1992.

Embora já existisse alguma reflexão acadêmica sobre a guerra, ela provinha principalmente do exterior e não granjeava simpatias quer nos meios políticos, quer nos meios acadêmicos moçambicanos. Só nas últimas décadas essa questão se tornou objeto de investigação sistemática por parte de universitários moçambicanos, tanto historiadores como sociólogos ou antropólogos.

Coube, pois, à literatura introduzir essa temática que, embora em graus variados, apontava para as implicações sociológicas e complexidades culturais que lhe estavam associadas. A partir de 1990, foram publicados *Nyandayeyo* (1990), de Elton Rebello; *Terra sonâmbula* (1992), de Mia Couto; *Ventos do Apocalipse* (1993), de Paulina Chiziane; *Diário de sangue* (1994), de Orlando Muhlanga; e *Dehelta, pulos da vida* (1994), de Lina Magaia.

Não será apenas uma coincidência o fato de todos esses autores terem, na época, profissões que lhes permitiram um contato direto com os acontecimentos ou com seus protagonistas, colocando-os numa posição de observadores privilegiados. À exceção de *Terra sonâmbula*, com referências espaciais ficcionadas, cada uma dessas narrativas localiza-se em espaços geográficos existentes, abrangendo todo o território do sul e centro do país, o que marca objetivamente a extensão territorial do conflito.

É nesse ambiente que o historiador João Paulo Borges Coelho surpreende, em 2003, com o seu primeiro romance, *As duas sombras do rio*, tendo como origem acontecimentos verídicos ocorridos nas margens do Zambeze entre 1985 e 1989, alargando assim a representação da dimensão espacial do conflito, tanto a nível nacional como regional, com a intervenção da aviação zimbabuana.

Sendo especializado em questões de segurança e defesa, o autor tem uma posição privilegiada no que se refere ao acesso a informações, o que nos levaria *a priori* a supor tratar-se de uma narrativa histórica ou documental. De fato, a narrativa condutora é balizada por três ataques, perpetrados por um invasor não nomeado, mas que todo o contexto evidencia ser a Renamo, referenciados com as respectivas datas, o que torna possível a confirmação da veracidade. Esse será o cenário que enquadrará as ações ficcionadas dos diversos protagonistas no centro dos quais se encontra Leonidas Ntsato, pescador no Zambeze acometido de uma loucura definida por si próprio como resultado do conflito entre espíritos que o dominam. Os ataques que levaram à destruição da vila do Zumbo, à aldeia de Bawa e à travessia do rio pelos sobreviventes em fuga desorientada, assim como as diversas narrativas encaixadas sob a forma de analepses, convocando memórias individuais e coletivas, produzem efeito histórico que, de alguma forma, ultrapassa as narrativas anteriores.

A irrupção constante da memória histórica ocorre, muitas vezes, por analogia com as ações do presente, convocando um tempo pré-
-colonial e colonial nas margens norte e sul do rio Zambeze associado à violência. A convocação do comércio do marfim e do ouro, da escravatura, da fragmentação do Estado do Monomotapa, dos Prazos da Coroa e dos senhores de guerra faz cruzar as várias formas de vio-

lência operadas sobre o Zambeze: a violação do espírito do lugar por missionários, prazeiros e negreiros, até o alargamento das margens, com a construção da barragem de Cahora Bassa. As intromissões do narrador, suspendendo a pretensa objectividade do relato, encaminham a leitura para uma percepção dessa guerra "como se não fosse um trabalho de homens mas um maldito desígnio de deuses"[10].

É com o terceiro ataque ao Zumbo, ocorrido em 1º de julho de 1989[11], que a narrativa evolui em outra direção, com a emergência de uma Nova Ordem, representada por soldados bem preparados militarmente, treinados no Zimbábue e comandados pelo Capitão Langa e pela intervenção da aviação zimbabuana, que aniquila os invasores. Estabelece-se assim a ruptura com a Velha Ordem, representada pelo batalhão 450, que até então estivera no Zumbo, composto por

> soldados mais humanos e desorganizados [...]. A retirada deste batalhão e de uma população desenquadrada, deste novo cenário militarizado e hostil, dominado pela súbita presença da aviação zimbabuana, no barco *Estrela do mar*, em direcção à outra margem, ficará suspensa, porque encalhado na pequena ilha no meio do rio, o barco aí permanecerá simbolicamente, unindo os dois mundos que o Zambeze separa[12].

A representação do Zambeze (que facilmente pode ser tomado como sinédoque da nação) como um espaço violentado, bem como fronteira a separar diferentes cosmogonias, possibilita uma leitura alegórica do romance. A acumulação de significações em suspenso escapa à leitura unívoca de um relato e remete a percepção da violência para

---

10 João Paulo Borges Coelho, *As duas sombras do rio*, Maputo: Ndjira, 2003, p. 68.
11 *Ibidem*, pp. 230-2.
12 *Ibidem*, p. 233.

um campo de incerteza e de questionamento. Estratégia narrativa que o autor retomou em *Campo de trânsito* (2007) e que contrasta, como veremos, com a de *As duas sombras do rio*.

Temática mais sensível por atingir diretamente as formas de governança iniciais da Frelimo, no contexto extremamente adverso do surgimento da Renamo, foi a criação de campos de reeducação e a operacionalização do projeto conhecido como Operação Produção.

Como refere Carlos Quembo, tratou-se de uma medida político-administrativa de intervenção social (em nome da legalidade revolucionária), aplicada em 1983, cujo objetivo seria erradicar os males sociais (principalmente criminalidade e prostituição) nas cidades e tornar úteis à sociedade os "improdutivos", com vista a cumprir com os objetivos do desenvolvimento da época e contribuir para a formação de uma nova sociedade moçambicana, despida dos valores do colonizador. Essa medida saldou-se na deportação massiva de indivíduos classificados como "improdutivos" nas cidades (com incidência em Maputo e Beira) para regiões longínquas do norte do país, onde se deveriam transformar em mão de obra rural. Milhares de indivíduos foram ainda objeto de ações repressivas (punição) que se traduziram nos "campos de reeducação" ou em campos de prisioneiros políticos, para onde eram enviados os que fossem considerados inimigos do processo revolucionário[13]. Por seu turno, Omar Ribeiro Thomaz alarga a análise dessas ações aos múltiplos deslocamentos forçados da população, tanto como consequência de projetos específicos de desenvolvimento ou desses expedientes repressivos levados a cabo pelo governo, como em função da guerra civil em que o país mergulhou durante dezesseis anos, destacando o "rapto" frequentemente

---

13 Cf. Carlos Quembo, "O poder do poder. Operação Produção (1983) e a produção dos 'improdutivos' urbanos no Moçambique pós-colonial", *Cadernos de História de Moçambique*, Maputo: 2012, v. 1, pp. 65-81.

utilizado pela Renamo e mesmo pelo exército governamental para recrutamento forçado de jovens. Segundo Omar Ribeiro Thomaz, a experiência de desterritorialização acompanha assim a memória de parte significativa da população moçambicana e é percebida por aqueles que a viveram, particularmente no sul de Moçambique, como parte de um processo histórico mais longo, com raízes nos conflitos que assolaram a região entre meados e fim do século XIX[14]. Carlos Quembo, por outro lado, contesta a justificação oficial dessa medida, argumentando que se tratou mais do resultado de uma "construção social, a representação, a percepção e o sistema de referências sobre os 'improdutivos', partilhadas no seio da Frelimo, nos anos 1980".

As situações dramáticas e por vezes trágicas ocorridas nesses processos constituíram um ingrediente temático poderoso de que se alimentou e continua a se alimentar parte significativa da narrativa de ficção moçambicana. São exemplos dessa orientação, ainda que representando diferentes vertentes, *Campo de trânsito* (2007), de João Paulo Borges Coelho; *A canção de Zefanias Sforza* (2010), de Luís Carlos Patraquim; *Nghamula, o homem do* tchova *(ou o eclipse de um cidadão)* (2012), de Aldino Muianga; *Nós, os de Macurungo* (2013), de Adelino Timóteo; e *Entre as memórias silenciadas* (2013), de Ungulani Ba Ka Khosa.

Campo de trânsito representa um caso particular de fuga à identificação biunívoca com uma realidade conhecida, utilizando para tal alguns mecanismos deliberados.

Um desses mecanismos centra-se no manejo da língua, trocando-nos a nós leitores as referências de lugar. De fato, se observarmos algum termo do léxico utilizado, só podemos concluir que o efeito produzido é

---

[14] Cf. Omar Ribeiro Thomaz, "'Escravos sem dono': a experiência social dos campos de trabalho em Moçambique no período socialista", *Revista de Antropologia*, São Paulo: 2008, v. 51, n. 1, pp. 177-214.

de ocultação e não de revelação. Recusando o chamado lugar-comum, que desde a Antiguidade se insere na lógica de encaminhamento da leitura, essa escrita introduz a indeterminação na construção, pelo leitor, do espaço da narrativa. Fugindo aos registros lexicais da língua falada em Moçambique, o autor opta sucessivamente por registros neutros que não correspondem a determinadas expectativas de leitura: onde seria normal o uso de "machamba", aparece repetidas vezes "horta", o mesmo acontecendo com "frigorífico", que substitui a moçambicana "geleira"; onde o mortífero "crocodilo" nos ajudaria a localizar a massa de água no Zambeze, surge o genérico "sáurio"; onde os marcados "dumba-nengue" ou "chungamoyo" nos encaminhariam para o nosso cotidiano mercado informal, dá-se preferência à neutra "feira", e onde nos pareceria lógico que a mulher do professor plantasse "milho", surgem anódinas "couves", o mesmo acontecendo com inesperadas "alcachofras" e "espargos", que não correspondem a lugares-comuns já consagrados na literatura moçambicana e, por isso, afastam a narrativa da referencialidade.

Essa estratégia de distanciamento produz alguns efeitos na leitura: por um lado, faz o texto escapar ao fascínio antropológico que tanto parece seduzir alguns estudiosos das literaturas africanas. Por outro, retira-lhe as possibilidades de relação direta com fatos históricos. Penso que se trata de uma opção estética que o autor assumirá de forma extrema em *Cidade dos espelhos* (2011), tendente a uma vasta alegoria do poder e da tirania.

Com fragmentos da História, o autor (re)institui um cenário ficcionado, onde cabem todas as situações possíveis de confronto e aliança entre os aparelhos de um Estado totalitário, em que a massificação, traduzida na uniformização das categorias dos prisioneiros de cada um dos campos, reduz os indivíduos a um coletivo ausente da marca do humano. Reduzidas a números ou a funções, as personagens metamorfoseiam-se na consciência singular de Mundau, o protagonista, preso a meio da noite no seu apartamento da cidade e transportado para um espaço concentracionário sem que perceba de que é acusado. O efeito de perplexidade, a que nos conduz o narrador perante a realidade descrita/narrada, decorre dessa estratégia discursiva de distanciamento relativamente a qualquer possível realidade conhecida, porque é isso que vai permitir a entrada no campo das analogias. Trata-se, pois, de contar uma história verossímil – que poderia ser relatada como reportagem ou notícia – tendo eventualmente como substrato fatos ou acontecimentos ocorridos, com a utilização de recursos narrativos que a conduzem ao absurdo.

Sabendo-se que o autor faz investigação histórica numa área coincidente com o ambiente que envolve a trama do romance *Campo de trânsito*, teremos de admitir que esse trabalho hermenêutico possa também ter servido como matéria-prima de uma engenharia criativa.

Mas não me parece pacífico afirmar que esse romance tem como assunto os campos de reeducação. Julgo que esse fato histórico ou elementos com ele associados, como a Operação Produção, poderão ter funcionado como sugestão para a criação de ambientes na narrativa (por exemplo, a forma como se fazia a chamada dos prisioneiros e a aceitação passiva da sua situação, as elucubrações ideológicas do professor, a organização burocrática do diretor do campo de trânsito). Mas o romance passa ao lado da recuperação histórica desses fatos porque astutamente o romancista se separa do historiador.

Inversamente, os romances *Nós, os de Macurungo*, de Adelino Timóteo, e especialmente *Entre as memórias silenciadas*, de Ungulani Ba Ka Khosa, expõem abertamente o tema dos campos de reeducação e da violência associada ao que era considerado dissidência.

Esses dois romances integram e conjugam na narração elementos autobiográficos que decorrem, no caso de *Nós, os de Macurungo*, de uma experiência vivida e, em *Entre as memórias silenciadas*, da observação ou conhecimento de fatos ocorridos.

O título do primeiro aproxima-nos do título similar do romance *Nós, os do Makulusu*, do escritor angolano Luandino Vieira, o que contribui para caracterizar o espaço coletivo que circunscreve a narrativa, o de uma pequena burguesia de africanos assimilados residentes num bairro da cidade da Beira desde o período colonial. Numa leitura inicial, a narrativa apresenta-se como um depoimento objetivo sobre o drama familiar da prisão e do desaparecimento do pai do narrador ainda criança, ao mesmo tempo que é evocada a memória de uma infância até então feliz. O narrador na primeira pessoa, a emergência de outras personagens e a utilização simbólica da máquina de escrever deixada pelo pai parecem satisfazer os critérios de ficcionalidade, podendo o texto inicialmente ser percebido como romance de formação. No entanto, à medida que a leitura avança, somos confrontados com a existência de uma relação entre a prisão do pai e um sombrio episódio da história de Moçambique pós-independente ocorrido nos finais dos anos 1970: a prisão e execução do ex-vice-presidente da Frelimo Uria Simango e de sua esposa Celina Simango, em circunstâncias até hoje pouco claras[15]. A partir desse momento, instala-se a dúvida sobre a componente ficcionada da narrativa, dúvida que fica dissipada perto do final, com a descrição da forma como o narrador toma conhecimento do destino trágico do pai, ao ouvir na rádio as declarações do então presidente da República Joaquim Chissano sobre o assunto. Com a entrada progressiva na narração deste e de outros elementos verídicos, o texto toma então a forma de um longo e doloroso relato do percurso individual do autor/narrador através do recuo ao passado conduzido pela memória. Romance sem dúvida incômodo, tanto pelos fatos a que alude como pela carga emotiva que o acompanha.

---

15 Esse assunto foi tratado por Barnabé Lucas Ncomo no livro *Uria Simango: um homem, uma causa*, Maputo: Nova África, 2004. No entanto, a recepção não foi unânime e a obra tem sido acusada de erros factuais.

Já *Entre as memórias silenciadas* tem como origem provável o conhecimento das situações relacionadas com os campos de reeducação e com a Operação Produção a partir da experiência do autor, recém-formado como professor de história e colocado na capital do Niassa, Lichinga, no início dos anos 1980.

O ambiente criado em torno dos campos de reeducação instalados na região é descrito de forma bem-humorada na crônica "Amores proibidos e campos de reeducação", inserida no livro memorialista *O berlinde com Eusébio lá dentro* (2005), de Almiro Lobo. Tal como Francisco Esaú Cossa (nome civil de Ungulani Ba Ka Khosa), Lobo fora transferido para o Niassa. Diz o autor: "Não se chegava ao Niassa imaculado. Pensava-se sempre que quem ia para o Niassa tinha cometido algum erro, algum desvio da linha correcta"[16].

Sendo essa a base factual, a narrativa assume-se como a visão crítica do projeto político de orientação marxista-leninista que, em outros tipos de texto, Ungulani Ba Ka Khosa não se abstém de censurar[17]. A própria estrutura do romance indica ser essa a intenção, pois os vários capítulos que o compõem estabelecem uma forte correspondência com a estrutura do *Ngodo*, forma musical complexa da cultura chope.

---

16 Almiro Lobo, *O berlinde com Eusébio lá dentro*, Maputo: Alcance, 2005, p. 45. Almiro Lobo e Ungulani Ba Ka Khosa fazem parte da conhecida Geração do 8 de Março, isto é, o conjunto de jovens que, por decisão governamental, interromperam os estudos secundários para, no edifício que até ali tinha sido o Seminário Maior da Igreja Católica, ficarem alojados em regime de internato a fim de frequentarem os Cursos de Formação de Professores que, a partir de 1976 até finais da década de 1980, foram ministrados na Universidade Eduardo Mondlane. Esses cursos, com duração de dois anos, foram numa primeira fase integrados nas respectivas faculdades, passando pouco tempo depois a ser ministrados na Faculdade Preparatória, criada especificamente para o efeito e para os Cursos Propedêuticos (que substituíram os dois últimos anos da escola secundária) e, numa fase final, na Faculdade de Educação. Esta foi extinta no final da década de 1980 para dar lugar a uma nova Instituição de Ensino Superior, o ISP, hoje Universidade Pedagógica. Como docente e responsável pelos Cursos de Formação de Professores de Português, pude acompanhar todo esse processo e compreender "o terror" que se apossava desses jovens quando tomavam conhecimento de que iam ser colocados no Niassa.
17 Cf. Ungulani Ba Ka Khosa, *Cartas de Inhaminga*, Maputo: Alcance, 2017.

Tradicionalmente na sociedade chope o *Ngodo* funcionava como veículo de crítica social exercida pela comunidade, de dois em dois anos, com regras bem definidas para a sua composição e apresentação pública. Assim, a adaptação da estrutura do *Ngodo* à estrutura do romance, em que cada capítulo corresponde a um andamento, e a declaração de que o "*Ngodo* vai começar" reatualizam essa forma antiga de intervenção social e política e confirmam o romance como uma revisão crítica da história. No centro da narrativa estão Gil, o narrador, o jovem Armando e o veterano da luta de libertação Tomás, convivendo numa habitação precária do campo. Alternadamente, e relatado por um narrador onisciente, assiste-se à deambulação de Pedro (irmão gêmeo de Gil) com os amigos pelos bares de Maputo em conversas que fazem perceber os seus diferentes posicionamentos políticos e ideológicos. Todas essas personagens e ambientes são introduzidos nos primeiros cinco capítulos, designados de acordo com os movimentos iniciais do *Ngodo* e com uma função correspondente: três introduções orquestrais (*Mutsitso*); entrada e chamada dos dançarinos (respectivamente, *Ngweniso* e *Ndano*). O capítulo central reúne os movimentos *Donya*, *Chibudo* e *Mzeno*: a dança. O *Mzeno*, entoado pelo coro, é o movimento do *Ngodo* de apresentação da parte substancial dos fatos comentados[18]. Em tal correspondência, é esse capítulo que possibilita no romance a reunião dos vários elementos até aí dispersos. A morte por infecção generalizada do jovem Armando

---

[18] Essa forma musical chope muitas vezes apresentada em competições de orquestras designadas como *Msaho* foi estudada e explicada por Hugh Tracey nos anos 1940 e prosseguida por esse investigador ao longo de três décadas. Amândio Didi Munguambe, em *A música chope* (Maputo: Promédia, 2000), servindo-se desta e de outras fontes, sistematiza as características dos onze movimentos que, em geral, estruturam o *Ngodo*, idênticas às assinaladas por Ungulani Ba Ka Khosa, mas diferindo na grafia. Por ter assistido a ensaios e ter pessoalmente conversado com o chefe dos dançarinos/coro da orquestra do reconhecido Mestre Venâncio Mbande, pude perceber que a parte verbal fica concentrada no *Mzeno* e que, embora tendo origem oral, era registada num caderno. A timbila faz hoje parte do Patrimônio Imaterial da Unesco.

e a narração do patético cerimonial do funeral, organizado pelos dois companheiros Gil e Tomás, no campo destinado aos cadáveres, onde, ao mesmo tempo, florescia o milho de que se alimentavam os prisioneiros, constituem o clímax dramático da narrativa.

> No momento em que a sepultura estava já alisada e pronta a receber o corpo fora da esteira que o cobria, um ardente desejo apossou-se da minha mente. Queria, a todo o custo, ter já uma mão cheia de maçarocas a testemunhar a presença de Armando nestas terras, sem horizonte definido, que a História registará em notas soltas de rodapé[19].

Essa narração alterna com a descrição dos acontecimentos que se desenrolavam em Maputo, protagonizados por Pedro e a namorada Zefa, (des)unidos pela percepção oposta que têm do mundo em que se movimentam.

Os últimos capítulos, *Nsumeto* (preparação para os conselheiros), *Mabandhla* (os conselheiros), *Njiriri* (final dos dançarinos) e *Mutsitso* (final orquestral), encaminham a narrativa para um final em aberto. Encerrado o campo, os prisioneiros são transportados em bloco para Unango, lugar que a Operação Produção pretendia transformar em uma "cidade do futuro". Com a reintegração do companheiro de cativeiro, o antigo combatente Tomás, e sua subsequente partida, Gil fica abandonado a uma vida errática, no Niassa, sem capacidade de "alinhar na ilusão colectiva". A contrapartida desse sentimento parece estar na decisão do irmão gêmeo Pedro de compensar o drama que envolve o paradeiro desconhecido de Gil com uma espécie de regresso às origens, em comunhão ritual com o espaço de origem da família, esboçado no início do romance.

---

[19] Ungulani Ba Ka Khosa, *Entre as memórias silenciadas*, Maputo: Alcance, 2013, p. 161.

A canção de Zefanias Sforza (2010), de Luís Carlos Patraquim, e *Nghamula, o homem do* tchova *(ou o eclipse de um cidadão)* (2012), de Aldino Muianga, de algum modo constituem a síntese e o julgamento dos tempos e ações particulares representados em *Nós, os de Macurungo* e *Entre memórias silenciadas*. Enquanto estes privilegiam as ações e o espaço que rodeiam as personagens, aqueles centram-se no percurso errático e distópico dos dois protagonistas: de um lado, Zefanias Sforza, mestiço suburbano, com pretensões aristocráticas, arrastado para o campo de reeducação, de onde regressa marginalizado e sem a casa que lhe foi tirada e ocupada pelo amigo, que de forma oportunista se infiltrara nas estruturas do novo poder; do outro, Nghamula, jovem camponês maltratado pelo pai que, numa fuga precipitada, se envolve em diferentes peripécias até se ter alistado e distinguido no exército. Ferido e mutilado na guerra contra a Renamo, fica praticamente entregue à sua sorte, servindo-se de diferentes profissões informais que lhe garantem a subsistência. Partindo de polos sociais diferentes, essas duas personagens vão percorrer caminhos idênticos que se podem esquematizar em situações que partem da normalidade até a degradação que os marginaliza. De alguma maneira o seu percurso assume características sagazes, pois vão sendo sucessivamente protagonistas e vítimas de situações que não controlam. Esse fato favorece a exposição realista dos acontecimentos e a proximidade entre o que é ficcionado e o que corresponde a uma realidade empírica.

Ainda no campo da aproximação à História, surgiram nas últimas décadas algumas publicações da caráter autobiográfico tendentes a exaltar protagonismos e momentos relacionados com a militância na Frelimo e a luta de libertação. Fugindo ao quadro confessional desse biografismo, *Um rapaz tranquilo, memórias imaginadas* (2018), de Álvaro Carmo Vaz, conhecido professor universitário especialista em hidrologia e gestão da água, interpõe, no interior de uma narrativa ficcionada verossímil, a memória de um tempo histórico moçambicano mediado entre 1966 e 1991. A problemática que percorre esse romance de quatrocentas páginas levou Luís Bernardo Honwana na nota introdutória a referir que "damo-nos conta de que o livro, afinal, não é apenas sobre o diário meio inócuo que se suspeitou, mas sim sobre o percurso penoso e muitas vezes dilacerante que foi realizado por um número não negligenciável de companheiros nossos no processo de serem moçambicanos"[20].

IRONIA, HUMOR E SÁTIRA: VETORES DISCURSIVOS DA FICÇÃO MOÇAMBICANA

Em 2003, o prestigioso Prêmio José Craveirinha foi atribuído *ex-aequo* aos romances *Um rio chamado tempo, uma casa chamada terra*, de Mia Couto, e *Niketche*, de Paulina Chiziane. Da ata de júri fica-se a conhecer os fatores que o orientaram para a atribuição do prêmio às duas obras nomeadamente: os aspectos de ordem dominantemente estética, por onde passam a qualidade intrínseca, a inovação e a novidade, mas também outros relacionados tanto com o percurso dos autores como com o seu contexto e outros percursos. Em relação a *Um rio chamado tempo, uma casa chamada terra*, foi opinião do júri que o romance trazia consigo uma proposta literária na qual se detectavam aspectos que traduziam algumas diferenças ao que tradicionalmente se instituíram como a imagem de marca desse autor, quer do ponto de vista discursivo, quer temático. Destacava-se a representação da linguagem com uma clara contenção do autor/narrador "no que concerne à sedução pelos jogos transfigurativos que muita fortuna têm feito entre os seus leitores mais fiéis. Por outro lado, além da ma-

---

[20] Luís Bernardo Honwana, "Introdução", em: Álvaro Carmo Vaz, *Um rapaz tranquilo, memórias imaginadas*, Maputo: Marimbique, 2018, pp. 9-10.

nifesta opção por uma expressão despida desses recursos retóricos, o autor vai enxertando o seu discurso com algumas expressões ronga que equilibradamente se harmonizam no discurso narrativo e nas falas das personagens"[21]. Outro pormenor de destaque, segundo o júri, era a "concentração da narrativa num espaço físico, quase cósmico, a ilha, afinal o verdadeiro criador e desenhador do carácter dos personagens. Apesar destes vaguearem por outros espaços: a casa, o rio, o cemitério, a igreja, e por outros tempos: o passado e um tempo mítico, a ilha é, para todos os efeitos, o espaço de convergência da história e da própria leitura"[22].

Quanto a *Niketche*, de Paulina Chiziane, o júri destacava o caminho aberto à introdução de uma problemática nova: a da feminilidade, assinalando a forma como ela veio sendo explorada a partir dos finais dos anos 1970 por várias escritoras africanas (desde a senegalesa Mariama Ba, com o já clássico *Une lettre si longue*, até as mais recentes camaronesas Werewere Liking e Calixthe Beyala, ou a argelina Assia Djebar). Fazia-se notar o fato de essas autoras ultrapassarem surpreendentemente as linhas feministas, americanas e europeias, pela ausência de preconceitos no tratamento da sexualidade feminina. De fato, quer pelo assunto, quer pela forma como este é tratado, *Niketche* integra-se plenamente num gênero que pode marcar o moderno romance africano. A autora inteligentemente recorre à ironia para dar à narrativa uma configuração de farsa, evitando assim a queda no melodrama realista a que o assunto da poligamia (tratado de um outro ponto de vista) poderia conduzir. Comparado aos livros anteriores da mesma autora, este revela uma preocupada

---

21 *Ata do júri do Prêmio José Craveirinha*, Maputo: AEMO, 2003, assinada por Fátima Mendonça (presidente), Almiro Lobo, Francisco Noa, Gilberto Matusse e Marques Gomes (este último representante da Hidroeléctrica de Cahora-Bassa).
22 *Ibidem*.

vigilância sobre as intromissões sociológicas e sobre o próprio discurso. A escrita de *Niketche* continua a revelar um estilo próprio, torrencial, com sugestivas imagens originais, sendo certamente resultado do talento individual de que falava T. S. Eliot, mas também produto de um trabalho persistente.

Finalmente, o júri assinalava que "se o romance de Mia Couto equivale em termos de mérito ao de Paulina Chiziane (daí o prémio *ex-aequo*), são quase que opostas as motivações de ambos: enquanto o primeiro faz apologia da preservação da tradição, a segunda aparece a questionar e a insurgir-se contra a prevalência daquilo que são as práticas inerentes a essa mesma tradição"[23].

Lendo essas duas obras à distância de quase duas décadas e pondo-as em confronto com a ficção produzida desde então, parece-me haver nelas elementos que se foram replicando, consciente ou inconscientemente, em outras escritas de outros autores. Destaco: 1) a forma como os autores moçambicanos têm se apropriado da linguagem falada no cotidiano com a combinação dos vários registros e línguas faladas em Moçambique; 2) a utilização da ironia, fazendo oscilar os textos entre a sátira e a farsa, fugindo às possibilidades melodramáticas que os temas abordados por vezes suscitam; 3) a problematização de formas culturais oriundas de tradições antigas, numa sociedade cada vez mais "afetada" por modernos modos de funcionamento, problemática muito cara a Paulina Chiziane, Ungulani Ba Ka Khosa e, por outras vias, a Mia Couto, e bastante aflorada por alguns escritores da nova geração.

A conjugação dessas componentes discursivas tem sido a tendência dominante na produção literária mais recente, fazendo emergir à superfície dos textos uma galeria de personagens rurais, urbanas

23 *Ibidem*.

e suburbanas e de pequenas histórias, por vezes insólitas, por vezes absurdas e dramáticas, representações de um cotidiano no qual prevalecem os percursos caóticos dos anti-heróis. Alguns desses textos foram concebidos como crônicas, mas, como tenho vindo a assinalar, em grande parte da ficção narrativa moçambicana não se divisa uma fronteira nítida entre o vivido e o imaginado neste país em *estado de ficção*, no dizer de Mia Couto. Sem pretender ser exaustiva, exemplifico com alguns dos autores e obras mais significativos, no meu entender, dessa orientação temática e discursiva, que poderão constituir um guião de leitura para quem deseje aprofundar o conhecimento do universo literário moçambicano.

Aldino Muianga: é, porventura, um dos escritores que melhor mobilizam o humor na estruturação das pequenas histórias que narra. Com a publicação da coletânea de contos *Xitala-Mati* (1987), Muianga deu início a uma carreira literária regular, construindo uma obra assinalável de inúmeros títulos entre narrativas curtas (contos) e romances. Detentor de vários prêmios, entre eles o Prêmio José Craveirinha 2009, com *Contravenção*, Aldino Muianga não tem tido talvez projeção nacional e internacional idêntica à dos seus pares mais conhecidos. Para esse fato contribui decerto a profissão de médico-cirurgião exercida nos países vizinhos Zimbábue e África do Sul, circunstância que o afasta dos meios literários propiciadores de *marketing*.

Marcelo Panguana: embora fazendo parte do grupo da geração que emergiu após a independência e que deu corpo à revista *Charrua*, em 1984, publicou parte significativa da sua obra na década de 2000, nomeadamente *O chão das coisas* (2004), *Como um louco ao fim da tarde* (2010), *O vagabundo da pátria* (2016) e o livro de reflexões denominado *Conversas do fim do mundo* (2012). Apologista da recuperação de memórias de vivências várias, esse escritor compartilha com outros seus contemporâneos e companheiros na AEMO, como Calane da Silva, Helder Muteia, Lília Momplé, Juvenal Bucuane, Pedro

Chissano e Ungulani Ba Ka Khosa (para referir apenas os prosadores), de um imenso controle sobre a expressão linguística.

Nelson Saúte e Daniel da Costa: têm em comum o fato de o ponto de partida para a ficção ter sido crônicas publicadas na imprensa e de terem sido ambos coordenadores da *Gazeta de Artes e Letras* do semanário *Tempo*. Nelson Saúte, mais conhecido como (excelente) poeta, publicou *Rio dos bons sinais* (2008), antecedido de *O apóstolo da desgraça* (1996). *Rio dos bons sinais* é referido por Mia Couto, na contracapa, como "uma deambulação pela história de um país recém-chegado ao mundo e de gente que não se demarcou do estado de fantasma". Daniel da Costa publicou *Chingondo* (2003), *A ciência de deus e o sexo das borboletas* (2007) e *A flauta do Oriente* (2008). Na curta nota de abertura que antecede *A ciência de deus e o sexo das borboletas*, Gilberto Matusse sintetiza bem a escrita desse "cronista, inventor de histórias [...] que continua a surpreender mas agora pela argúcia, pela perspicácia, pelo manejo de uma escrita já madura e segura, uma escrita fluida em que o fantástico e o insólito, servidos por uma ironia a balançar entre o sarcástico e o cómico, transformam as histórias em parábolas e alegorias deste conturbado tempo de hoje"[24]. Daniel da Costa, tal como Suleiman Cassamo, não aposta numa carreira literária a tempo inteiro, o que representa uma perda em ambos os casos para a literatura moçambicana, dado o inegável talento de contador de história que revelam.

Suleiman Cassamo: é outro escritor que, após um início de carreira literária fulgurante com *O regresso do morto* (1989), só voltou a publicar em 1998 e 1999 os livros *Amor de baobá* e *Palestra para um morto*. O seu ressurgimento com *A carta da Mbonga*, romance que mereceu o prestigiado prêmio angolano Sonangol-2015, constitui porventura

---

[24] Gilberto Matusse, *A ciência de deus e o sexo das borboletas*, Maputo: Ndjira, 2007, p. 10.

uma possibilidade de se assistir ao regresso de uma escrita em que se harmonizam sabiamente as componentes poéticas e narrativas.

Hélder Faife também se divide entre poesia e ficção. Vencedor de vários prêmios, reúne em *Pandza!* um conjunto de narrativas que, numa escrita madura, por vezes permeada de momentos poéticos combinados com um fino humor, elege os dramas do cotidiano como matéria-prima. Na contracapa do livro, o autor explica: "Pandza, na língua que me pariu, significa quebrar. Mas estes textos civilizados não quebram nada. É também o nome de um ritmo rasteiro que gente rasa dança, quebrando o esqueleto para conter a vontade de quebrar tudo".

Alex Dau, Lucílio Manjate e Pedro Pereira Lopes: fazem parte do grupo de ficcionistas mais recentes que tentei caracterizar anteriormente. Depois da estreia com o livro de contos *Reclusos do tempo* (2009), editado pela AEMO, Alex Dau prosseguiu sua carreira literária com a publicação de mais quatro títulos, entre eles um de literatura infantojuvenil. Em 2019, editou no Brasil (editora Nandyala) uma pequena coleção de narrativas intitulada *O galo que não cantou e outras histórias de Moçambique*, retrato do cotidiano moçambicano descrito por Helen Leonarda Abrantes, da PUC-Minas, como representação da "competitividade da vida moderna que se contrapõe ao ritmo do campo e da tradição de Moçambique, as doenças, a pobreza, a precariedade, a violência no campo e na cidade"[25].

Combinando a atividade literária constante com a carreira de docentes do ensino superior, Lucílio Manjate e Pedro Pereira Lopes têm ambos vários títulos publicados, entre os quais alguns de literatura infantojuvenil. A sua visibilidade deveu-se bastante à nova dinâmica criada a partir dos anos 2000, em que tiveram decisivo papel os con-

---

[25] Helen Leonarda Abrantes, "Chegue mais perto e escute as palavras de Alex Dau", *Scripta*, Belo Horizonte: 2019, v. 23, n. 47, p. 222.

cursos e prêmios literários. De Lucílio Manjate retenho *A triste história de Barcolino* (2017), que mereceu de Elena Brugioni no prefácio da edição brasileira (Kapulana) a seguinte observação: "pano de fundo insólito construído em torno de um imaginário marítimo que dentro da literatura moçambicana institui-se habitualmente como território sobretudo poético [...] e *Rabhia* (2017) que obteve o prêmio Eduardo Costley-White 2017, instituído pela Fundação Luso-Americana"[26].

Pedro Pereira Lopes, com o romance *Mundo grave*, foi o vencedor da 1ª edição do Prêmio Eugénio Lisboa em 2017. Publicado em 2018, suscitou a António Cabrita uma pergunta na contracapa: "Ao ler este livro impôs-se-me a pergunta: como é que um praticante de haikus produz esta narrativa crua, de uma pulsão declarativa, implacável como o gume isento de vergonha do sangue que fez correr?" Com a coletânea de contos *O mundo que iremos gaguejar de cor* (2017), Pedro Pereira Lopes acrescenta a essa evidente capacidade de narrar exibida em *Mundo grave* uma manipulação quase clássica da língua, o que o torna um caso exemplar de apuramento estético.

O FUTURO DA FICÇÃO NARRATIVA MOÇAMBICANA

Como foi referido anteriormente, as condições políticas e econômicas criadas com o multipartidarismo e a economia de mercado, acrescidas do desenvolvimento tecnológico, foram fatores importantes para o surgimento de novos atores na cena literária moçambicana nos últimos vinte anos. Os prêmios e concursos fizeram emergir textos que, de outro modo, teriam tido dificuldade em encontrar espaço para

---

[26] Elena Brugioni, "Prefácio", em: Lucílio Manjate, *A triste história de Barcolino, o homem que não sabia morrer*, São Paulo: Kapulana, 2017, p. 10.

publicação[27]. Em paralelo, as revistas eletrônicas e as comunicações *on-line* possibilitam uma interação entre escritores de proveniências diversas[28]. Essa nova dinâmica abriu espaço para a criação de peque-

[27] Muitos escritores dessa nova geração têm oscilado entre poesia, teatro e ficção narrativa. Indicam-se a seguir alguns dos textos nos três gêneros e respectivos prêmios obtidos por cada um dos laureados:
- Andes Chivangue: Prêmio Fundac Revelação (2001) com a *A febre dos deuses*; Menção Honrosa do Prêmio Nacional de Literatura José Craveirinha (2008).
- Aurélio Furdela: Prêmio Revelação AEMO/Instituto Camões de Ficção (2002) com *De medo morreu o susto*; Prêmio Revelação de texto dramático AMOLP/ICA (2002), Prêmio Nacional de Teatro Unesco/Ministério da Cultura (2002) e Prêmio Revelação da Revista TVZINE (2003) com *Gatsi Lucere*; Prêmio Eugénio Lisboa (2018) com *Saga d'ouro*.
- Clemente Bata: Prêmio Literário 10 de Novembro (2009) com *Retratos do Instante*; Prêmio Literário "Instituto Camões"; e Prêmio Literário da Francofonia (1997).
- Dom Midó das Dores: Prêmio Nacional de Teatro Radiofônico da Rádio Moçambique (2000).
- Dinis Muhai: Prêmio Literário TDM (2008) com *Rascunho para uma comunicação improvável*.
- Hélder Faife: Prêmio Literário TDM (2010) com *Poemas em sacos vazios que ficam de pé*; Prêmio Literário TDM (2010) com *Contos de fuga*; Prêmio Literário TDM (2011) com *Pandza!*; Prêmio Literário 35 anos do Banco de Moçambique (Conto); Menção Honrosa do Prêmio Literário 35 anos do Banco de Moçambique (Poesia) e do Prêmio Fundac Rui de Noronha 2008 (Poesia).
- Pedro Pereira Lopes: Prêmio Eugénio Lisboa (2017) com *Mundo grave*; Prêmio Lusofonia (2010); Menção Honrosa do Prêmio Literário 10 de Novembro (2015); Menção Honrosa do Prêmio Literário Eduardo Costley-White (2016); Prêmio Maria Odete de Jesus (2016).
- Rogério Manjate: Prêmio Literário TDM (2001) com *Amor silvestre*; finalista do Prêmio Literário Glória de Sant'Anna (2019) com *A cicatriz encarnada*.
- Sangare Okapi: Prêmio Revelação AEMO/Instituto Camões (2005) com *Inventário de angústias ou Apoteose do nada*; Prêmio Revelação Fundac Rui de Noronha (2002) com *Mesmos barcos ou Poemas de revisitação do corpo*; Menção Honrosa do Prêmio Nacional de Literatura José Craveirinha (2008).

[28] Dentre os principais movimentos e revistas eletrônicas estão:
- Núcleo Literário Xitende, de Gaza (c. 2000): animado por Dom Midó das Dores e Andes Chivangue, entre outros. Protagonizou uma polêmica na imprensa sobre "a morte da literatura moçambicana".
- Movimento Arrabenta Xithokozelo: constituído em 2006, não publica qualquer revista, sendo as suas aparições destinadas a promover e divulgar a sua poesia. Dele fazem parte com obras publicadas Adolfo Sapala, Léo Sidóneo (Leo Cote), M. P. Bonde e Sérgio Raimundo. Os membros Flávio Chongola, Salésio Massango e Uraca Zulima não têm publicações. Agradeço a Macavildo P. Bonde as informações prestadas.
- *Literatas*: revista digital dinamizada pelo Movimento Literário Kuphaluxa, fundado em 2009, com o apoio do Centro Cultural Brasil-Moçambique, sediado em Maputo. Essa associação é majoritariamente constituída por jovens com envolvimento na produção literária (declamadores, contadores de histórias, escritores nos diferentes gêneros literários), destacando-se na participação de eventos culturais e artísticos.

nas editoras, algumas das quais têm revelado grande qualidade de edição e rigoroso critério de seleção dos materiais publicados. Pelo seu dinamismo, merecem destaque a pioneira e seletiva Marimbique, dirigida por Nelson Saúte; Cavalo do Mar, dirigida por Mbate Pedro; e Fundza (sediada na cidade da Beira), dirigida por Dany Wambire. Outros escritores ou ativistas culturais têm empreendido iniciativas similares, cujo resultado econômico nem sempre é visível, mas que configuram a apetência pela inserção do campo literário e na vida sociocultural do país.

O alargamento das edições de autores moçambicanos no Brasil tem sido um fenômeno crescente, sendo a editora Kapulana o maior veículo de circulação dessa literatura no país, até há poucos anos bastante circunscrita a estudos acadêmicos.

Esses fatores permitiram a emergência de novos autores de ficção que, revelando graus diversos de realização estética, vão se afirmando no cenário literário nacional, coexistindo assim com os escritores das gerações anteriores que têm se mantido num porfiado e reconhecido labor.

Tem como objetivos promover e divulgar novas vozes literárias em Moçambique, bem como permitir o intercâmbio entre amantes da literatura moçambicana e de outros países de língua portuguesa, com o principal enfoque para o Brasil. É coordenada por Eduardo Quive.

- *Soletras*: lançada em janeiro de 2014 por Dany Wambire e Cremildo da Cruz, o então editor da revista. O objetivo era contribuir para uma maior divulgação dos textos literários de jovens escritores moçambicanos, com particular destaque para os da zona centro de Moçambique. Os primeiros colaboradores foram: ÉE Vana (Beira); Augusto Esteve (Beira); Khalikhokha (Beira); Eduardo Quive (Maputo); Jaime Munguambe (Maputo) e Nara Rúbia Ribeiro (Brasil), com colaboração ativa do Padre Manuel Serra Ferreira. Foram editados 39 números e 3 edições especiais dedicados ao FLIK (Festival do Livro Infantil da Kulemba). Em 2015, foi formalizada a Associação Kulemba, que passou a ser responsável pela edição da revista e de outros programas de promoção da leitura (concursos de redação de contos tradicionais, FLIK e oficinas de leitura). A revista está parada para reestruturação e definição de um modelo de sustentabilidade. Esperam voltar a editar a revista no decorrer de 2020. Agradeço a Dany Wambire as informações prestadas.
- Web-revista de literatura *Lidlisha*: fundada por Pedro Pereira Lopes.

Os mecanismos de recepção, tanto externa como interna, têm igualmente levado à divulgação de autores moçambicanos. Internamente, uma das iniciativas mais antigas é o Graal, movimento internacional de mulheres cristãs, dinamizado pela professora universitária Sara Jona há mais de vinte anos. Mais recentemente, o movimento Clube do Livro, desenvolvido pelo também professor universitário Nataniel Ngomane (presidente do Fundo Bibliográfico de Língua Portuguesa), alargou o campo da recepção da literatura moçambicana, com a reprodução desse modelo de encontros de partilha de leituras a praticamente todo o país.

Se em termos quantitativos compararmos o *corpus* das narrativas de ficção, integradas no cânone em formação nos primeiros dez anos a seguir à independência, com o *corpus* atual, poderemos concluir facilmente que nas duas últimas décadas se assistiu a um crescimento assinalável do gênero (entre romance e crônica/conto). O seu elevado grau de consistência estética vem assim colocar a ficção narrativa moçambicana ao mesmo nível da poesia até então dominante.

REFERÊNCIAS

ABRANTES, Helen Leonarda. "Chegue mais perto e escute as palavras de Alex Dau". *Scripta*. Belo Horizonte: 2019, v. 23, n. 47.

ANDERSON, Benedict. *Imagined Communities: Reflections on Origin and Spread of Nationalism*. London: Verso, 1983.

APPADURAI, Arjun. *Après le colonialisme: les conséquences culturelles de la globalisation*. Paris: Payot, 1996.

BERND, Zilá. "O maravilhoso como discurso histórico-narrativo". Em: SWAIN, Tânia Navarro (org.). *História no plural*. Brasília: Editora da UnB, 1994.

BHABHA, Homi (org.). *Nation and Narration*. New York: Routledge, 1990.

BRUGIONI, Elena. "Prefácio". Em: MANJATE, Lucílio. *A triste história de Barcolino, o homem que não sabia morrer*. São Paulo: Kapulana, 2017.

COELHO, João Paulo Borges. *As duas sombras do rio*. Maputo: Ndjira, 2003.

HONWANA, Luís Bernardo. "Introdução". Em: VAZ, Álvaro Carmo. *Um rapaz tranquilo, memórias imaginadas*. Maputo: Marimbique, 2018.

_____. *Nós matámos o Cão-Tinhoso!*. Lourenço Marques: Sociedade de Imprensa de Moçambique, 1964.

KHOSA, Ungulani Ba Ka. *Entre as memórias silenciadas*. Maputo: Alcance, 2013.

LOBO, Almiro. *O berlinde com Eusébio lá dentro*. Maputo: Alcance, 2005.

MATUSSE, Gilberto. *A ciência de deus e o sexo das borboletas*. Maputo: Ndjira, 2007.

MENDONÇA, Fátima *et al*. *Ata do júri do Prêmio José Craveirinha*. Maputo: AEMO, 2003.

OKAPI, Sangare. "Um projecto literário chamado Oásis: da existência colectiva à afirmação individual". Em: AEMO. *Memorial*. Maputo: AEMO, 2007.

QUEMBO, Carlos. "O poder do poder. Operação Produção (1983) e a produção dos 'improdutivos' urbanos no Moçambique pós-colonial". *Cadernos de História de Moçambique*. Maputo: 2012, v. 1, pp. 65-81.

THOMAZ, Omar Ribeiro. "'Escravos sem dono': a experiência social dos campos de trabalho em Moçambique no período socialista". *Revista de Antropologia*. São Paulo: 2008, v. 51, n. 1, pp. 177-214.

O "ESQUECIMENTO DA MORTE" OU A CATÁBASE EM NICODEMOS SENA E CALANE DA SILVA

António Cabrita

ESCREVI DOIS LIVROS em que recriava fábulas moçambicanas, editados com ilustrações de artistas locais: o primeiro, com ilustrações de Matias Ntundo, um gravador maconde; o segundo, que se reportava a fábulas do Sul, com bonecos de Jorge Nhaca, um ilustrador oriundo da Inhaca, uma ilha a poucos quilômetros de Maputo.

Chegaram-me as histórias em pouco mais do que borrões orais, recolhidas nos anos 1980 por colaboradores de uma instituição que então procurava preservar alguns itens do Patrimônio Intangível, o Arpac, e cuja transcrição deixava muito a desejar, devido ao pouco domínio da língua portuguesa do descritor ou à "nebulosa" em que a narrativa se apresentava; daí que muitas vezes tenha tido de "adivinhar" o veio principal para o desenvolvimento da história, querendo respeitar, simultaneamente, a lógica não aristotélica e o pensamento mágico a que são atreitas essas narrativas orais.

O estado informe do material genético que constava dos dossiês do Arpac resultava de não se ter efetuado um trabalho crítico, seja antropológico, seja filológico, sobre as recolhas, deixadas ao abandono, nas instituições. Isso me deixava a sós com algumas decisões controversas (enfim, controversas para o exacerbamento das identidades em que navega a literatura pós-colonial e não quanto à adequação diegética) sobre a fixação do texto – além disso, o propósito das duas edições era comercial. Não se pretendia elaborar edições críticas ou científicas.

Um dia peguei um livro de fábulas de Esopo para ler às minhas filhas menores e descobri que uma das histórias macondes que recriei decalcava uma fábula grega, embora os macondes não falassem grego. Recebi, entretanto, uma novela de um amigo escritor da Amazônia, o Nicodemos Sena, e fiquei fascinado: a história que ele conta, inspirada numa fábula local, é quase *ipsis verbis* uma das fábulas macondes que modulei. Na mesma altura, reli por acaso *O relatório de Brodie*, de Jorge Luis Borges, e descobri estampada no conto "A intrusa" outra das fábulas em que havia trabalhado.

Ou são coincidências que dão razão ao Jung, quando diz que a partir de um certo estrato psíquico emerge um inconsciente coletivo universal que torna análogos os bestiários e as narrativas orais de todo o mundo ou são uma prova de que todas as culturas resultam do contato, mesmo que por contraste, como aventava Lévi-Strauss, sendo as culturas identidades compósitas, crioulas, que nos tornam a todos mais aparentados do que provavelmente gostaríamos. Alinho pelas duas.

Quem vive em Moçambique durante uns anos acaba por concluir que por estes lugares não se cultiva a memória ou, antes, faz-se da fadiga desta um frágil signo da eternidade. Porque quem teve uma educação judaico-cristã associa a memória ao calendário de uma vida humana, o que exige a prontidão de uma escolha na ocasião oportuna, uma certa aptidão à ideia de *kairós*, enquanto aqui se vive um tempo clânico, fora dos quadros da existência empírica, que algumas vezes descura o ajuste e as oportunidades, posto a prioridade de se focar algures no passado, valendo o precedente sempre mais do que o presente.

É essa a violência oculta que encontramos nos *tristes trópicos* – a esfera da intemporalidade rola nos planos da existência e liberta/segrega a erosão desmedida de uma vida (des)considerada desde a informe perspectiva dos antepassados e do seu eterno presente. E aí, como no fogo de Heráclito, ao fim de algum tempo as chamas só de si mesmas ardem.

Entretanto, o que foi truncado uma vez não deixa que se complete a abóbada da memória, e pelo seu teto esburacado alastra o bolor, os rumores de uma insônia branca, dado que o que foi truncado não cessa de se reproduzir pelo forro da ausência, disseminando-se, cancerígeno, pelo espírito.

Atente-se numa escultura Ujamaa, dos macondes, povo de Cabo Delgado, ao norte de Moçambique. Ujamaa significa família, força comunitária. É uma escultura com figuras pequenas emaranhadas umas em cima das outras e talhadas ao redor de um tronco de pau preto. As figuras desenvolvem-se em cacho ou entrelaçam, num labirinto vertical, uma representação clânica.

Obra: Ujamaa/família
Escultura em pau preto. Maputo, 1994
Artista: Ntaluma, escultor Makonde
Foto: acervo pessoal do autor

Por isso a escultura agrupa, a um tempo, elementos realistas e mitológicos; a representação dos espíritos e a estrutura familiar – com a mulher chefiando a família – mesclam-se à representação da vida cotidiana e às ações de rotina da aldeia, apresentando-se numa peça monolítica as crenças, as danças, as máscaras, os tambores, os animais domésticos e os seres imaginários, para além de palpitar nela a organização social. O que surpreende e fascina nas Ujamaa é percebermos como elas concatenam, materializam e ilustram a *regra das três unidades* – a de tempo, ação e lugar – que Aristóteles avançava para o teatro. Está tudo lá.

Já inversamente, a outra manifestação artística dos maconde, a dança de máscaras do Mapiko, consiste num ritual cuja irradiação expressiva depende *do que falta*, razão pela qual não descola do orbe do simulacro. Mesmo se no jogo das máscaras uma certa expressividade burlesca se alia a uma oblíqua exuberância erótica, o Mapiko, uma manifestação entre a dança e o teatro e cujas máscaras podem desenvolver *tipos*, não se constitui, todavia, em teatro, na plena magnitude comunicativa deste. Fica como que em esboço e aquém do que parecem potenciar as esculturas, como se tivesse sido algures interrompido o caminho da compreensão para as virtualidades comunicativas que o estilo da representação escultórica augurava.

A dança do Mapiko foi criada pelos homens para contrariar o poder das mulheres numa sociedade matrilinear, cotando-se como um ritual exclusivamente masculino e regido pelo segredo. Em segredo os homens contatam um espírito da selva, o Lihoka, depois personificado no Lipiko – o ser mascarado que vem à aldeia dançar e assombrar as mulheres. O Lihoka é invocado pelos homens e "brota" da terra, simbolizando as forças da desordem, do caos e da agressão, redivivas na selva e no mundo dos antepassados, e chega para lembrar às mulheres que uma ordem pré-social pode alterar o quadro das leis comunitárias, o que evidentemente as assusta.

Nesse ritual, a comunidade fratura-se em dois grupos: aquele que tem acesso ao Segredo, o dos homens/rapazes iniciados; e o que não o conhece, banido do direito a conhecê-lo – a totalidade das fêmeas, as quais entreveem no Lipiko uma figura de sublimidade adversa.

Assim, à ablação de uma parte do corpo individual (o prepúcio) pelo iniciado segue-se no decurso da representação uma espécie de automutilação coletiva que tem na rejeição de metade de si (do feminino em si) o seu sistema.

Porém, nunca foi escrito, e é o que aqui defendo: que o Mapiko executa uma catábase às avessas. Na catábase, tão presente no caldo milenar da cultura mediterrânea, os heróis vão ao Inferno ou contatam as pálidas almas que ali ancoraram e voltam (transformados). É conhecida a evocação dos mortos de Ulisses, na *Odisseia*, mas o mergulho de Dante é mais abissal e por isso culmina nessa tradição, erguendo, num paradoxal livor crepuscular, a mais magnífica das catábases.

No Mapiko, o iniciado desenha um túmulo no chão e, acompanhando o ritmo dos tambores, bate sobre ele com um ramo de utamba, um arbusto local. É ainda necessário quebrar um ovo de galo sobre o túmulo e verter nele a gema (que faz o papel do sangue nas invocações gregas). Após isso aparece o espírito, que deve ser agarrado e "amarrado" ao corpo daquele que Lihoka transfigurará em Lipiko.

Na catábase, o herói desce ao Inferno, no Mapiko supostamente invoca-se um espírito do Inferno para visitar a comunidade. Inverteu-se o processo, purgando-o da margem de risco que a catábase implica para o herói.

As indumentárias, panos e máscara escondem a identidade de quem dança, a qual deve manter-se secreta, lembremo-nos: ali não dança um homem e sim o emissário de Lihoka – o vigor das forças tectônicas sob o frágil e aparente chão da lei. Corolariamente, o invocador, ao *apagar-se*, cauciona a hipótese de estar *possesso*, o que valida o fenômeno da vinda do extraterreno ao mundo social, de um contato com uma força indomável e *exterior* ao universo das mulheres, ao seu mando.

A máscara simboliza a própria encarnação do caos, é uma forma inorgânica que se sobrepõe aos rostos, não necessariamente para ocultá-los, mas antes para lhes devolver o sentido profundo, monstruoso, de uma petrificadora emoção inominada.

(E eis-me tentado, numa analogia que agradaria a Lévi-Strauss, a imaginar a máscara maconde como o inverso simétrico da genitália macua, cujos lábios as mulheres puxam e esticam até a sua inevitável deformação, tornando-o similar a uma "máquina" que engole e devora o pênis.)

Ao contrário da Ujamaa – que apresenta os *rostos singulares a nu* e elucida a tensão que permeia a participação do indivíduo na totalidade da organização social e mesmo nos seus aspectos cosmológicos, e assim restitui pela repetida partilha de um gesto uma certa racionalidade ao caos –, a máscara do Mapiko sonega o individual, devolvendo toda a energia às indecifráveis abstrações do coletivo. Ora, a personagem do teatro é uma expressão da singularidade face ao destino/situação, e as figuras do Mapiko não logram a inscrição trágica que tempera toda a autonomia individual.

Para o que nos interessa agora, reporto-me ao primeiro elemento comum aos livros que quero comparar – a novela *A mulher, o homem e o cão*, de Nicodemos Sena, autor do Pará, e *Nyembête ou as cores da lágrima*, de Calane da Silva – e que já evoquei acima: a presença da catábase.

Em 2018, publicou-se em Moçambique uma novela de Lucílio Manjate, *A triste história de Barcolino*, um pescador que *não sabia morrer ou se esquecia de fazê-lo*. Esse esquecimento da morte é muito comum à narrativa africana, nas narrativas orais e na literatura posterior, desde o livro "fundador" que é *O bebedor de vinho de palma*, do nigeriano Amos Tutuola, de 1952. Neste, o filho de um régulo, habituado a passar os dias a beber sura (o vinho de palma), é perturbado pela morte do seu habitual fornecedor. E resolve ir ao reino da morte buscá-lo para que ele continue, em exclusividade, a exercer a sua arte de subir às palmeiras para lhe extrair a seiva. E o relato prossegue numa espécie de realismo fantasmagórico. Podíamos trazer à liça uma série de outros exemplos, como a novela *Palestra para um morto*, de Suleiman Cassamo, ou *Um rio chamado tempo, uma casa chamada terra*, de Mia Couto, dois outros livros moçambicanos em que a presença da morte se entrelaça e rege a pauta dos viventes.

Essa recorrência se dá por uma razão simples: para a tradição banto

> a morte é, desde logo, vencida pela crença na vida após a morte [...] o negro tradicional repudia a morte, crendo na sua impossibilidade enquanto realidade, como mero fenómeno natural. De um modo geral, para os bantus [...] a morte não representa a destruição da pessoa nem a negação da comunicação da pessoa com o resto do universo, mas uma simples passagem para o mundo dos antepassados. Isso sinaliza "o desejo de eternidade tornado afirmação de imortalidade coletiva e pessoal".

Na tradição índia ou cabocla da Amazônia xamânica também se resgatam dimensões análogas e almeja-se a pátria das coisas não mortais, a residência dos deuses, a Terra sem mal de que Pierre Clastres se constituirá arauto, e, igualmente aí, refere Dirce Lorimier Fernandes, no posfácio à novela de Nicodemos Sena, "a morte para o caboclo é um caso fortuito, não é natural, é a acção de algum feitiço ou de algum espírito". De tal modo é a morte um fato artificial nessas latitudes que para os índios Ianomami, por exemplo, depois de cremado "o morto é pertença do passado, deverá ser esquecido completamente. O seu nome nunca mais será pronunciado. A sua existência será apagada da memória".

Desse modo, nos dois livros cujos fundamentos procuraremos explanar, comparando-os, a relação com a morte é de uma ordem "sobrenatural" e a vida é uma dimensão transfronteiriça e uma promessa espectral, identicamente diversa da que é hábito representar-se nas narrativas de cunho naturalista.

Diga-se que o que fez a fortuna da tragédia e do teatro grego é a ideia do limite, da morte como uma ruptura, uma descontinuidade da memória – o que até os deuses temem. O que faz a força trágica de Antígona ou de Alceste é essa insubornável fronteira da morte. Sem a morte como fim inexorável, o sacrifício de Alceste não teria valor, nem daria lugar ao respeito dos deuses por ela. A morte interrompe abruptamente a cadeia da memória.

Pelo contrário, a cadeia da memória pode ser o inferno para as tradições banto ou amazônica, pode ser contrária à fonte da vida no sentido em que introduz uma funesta marcação do tempo que o dissocia do seu eterno presente. Pois o que se almeja nas duas tradições não será a discriminação do tempo (profano), mas a sobreposição dos avatares. Como explica Bastide, "a morte não é senão uma passagem para um estatuto superior e o Outro poderá voltar a viver reincarnado naquele que outrora fora o irmão mais novo"[1]. Ou, leia-se em *A mulher, o homem e o cão*, no momento em que o Homem se debate para aceitar a sua morte (que já teve lugar): "Uma voz, que parecia vir lá do fundo, disse-me: 'O passado e o futuro são a mesma coisa, vives nos antepassados e os seus antepassados são em ti'"[2].

E faz-se o momento de colher exemplos concretos nos dois livros que comparo.

---

[1] Bastide *apud* Elungu P. E. A., *Tradição africana e racionalidade moderna*, op. cit., p. 36.
[2] Nicodemos Sena, *A mulher, o homem e o cão*, op. cit., p. 131.

Nicodemos Sena nasceu no dia 8 de julho de 1958, em Santarém, Pará, na Amazônia brasileira. Passou parte de sua infância entre os índios maués, na região de fronteira entre os estados do Pará e Amazonas, experiência que para sempre o marcará. Em 1977, foi para São Paulo e formou-se em jornalismo e em direito.

Em 1999, estreou com o romance *A espera do nunca mais*, uma saga amazônica com 876 páginas, que conquistou o Prêmio Lima Barreto/ Brasil 500 Anos. O seu segundo romance, *A noite é dos pássaros* (2003), foi publicado primeiramente em forma de folhetim no jornal *O Estado do Tapajós* (Pará, Brasil) e na revista eletrônica portuguesa *TriploV*.

A obra ficcional de Nicodemos Sena expressa o conflito étnico-cultural entre dois mundos – o do colonizador europeu e o do índio autóctone. Por seu estilo vigoroso e a temática inspirada na vida das populações marginalizadas da Amazônia (índios e caboclos), a crítica já comparou esse romancista a grandes ficcionistas brasileiros, como Graciliano Ramos, João Ubaldo Ribeiro, Mário de Andrade e Erico Verissimo, e a importantes ficcionistas latino-americanos, como o paraguaio Augusto Roa Bastos e o peruano José María Arguedas.

Na nota final que Nicodemos Sena adicionou à sua terceira novela, *A mulher, o homem e o cão*, ele se dirige diretamente ao leitor:

> Oxalá não tenhas interpretado apenas como fantásticos e excepcionais os acontecimentos narrados neste livro – bichos que falam, homens que se metamorfoseiam em plantas e animais, cidades submersas, gente que emerge das águas, seres insepultos, sentimentos personificados... A essência do real não se encontra na visão estereotipada dos fenômenos; ao contrário, um sonho extraordinário pode se converter na realidade mais nítida e bruscamente desenhada[3].

---

3 *Ibidem*, p. 149.

Podemos encarar esse aviso do escritor de duas formas, ora como irônico (com uma piscadela de olho, o autor sinalizaria o gênero literário em que se situaria, o fantástico), ora como profissão de fé. Arriscamo-nos a dizer que Nicodemos Sena – que diria, como o poeta Alain Bosquet: "No fundo de cada palavra, assisto ao meu nascimento"[4] – está alinhado à segunda.

Nicodemos Sena será hoje talvez, na ficção, um dos mais lídimos representantes do *imaginal* (como veremos mais adiante) da Amazônia. Não falo de uma escrita de alguém oriundo ou a partir da Amazônia, como Antônio Moura ou Olga Savary, mas de um autor-arauto que dimana dos mitos da sua comunidade como a manga da mangueira, com polpa, aroma e arte.

Os elementos da narrativa parecem quase mínimos: uma mulher, um homem, um cão, os seus múltiplos ou metamorfoses – a criança-passarinho, o homem-cachorro (ou lobisomem), a cobra, o boto, o dragão de sete cabeças e dez chifres, a encantaria (isto é, segundo as lendas da Amazônia, o mundo resplandecente e invertido que vive no fundo das águas).

Tudo isso comandado por uma mobilidade-transitiva-das-identidades, numa espécie de jogo de matrioskas, cujo mecanismo se elucida na primeira página da narrativa quando, para falar da manhã que nasce, se descreve que "o sol – que, como o senhor sabe, tem uma língua esponjosa – já lambia coisas e pessoas, pessoas e coisas, *pois aqui tudo dá no mesmo*"[5]. Normal então que, como lembra Dirce Lorimier Fernandes, "as personagens sejam identificadas pela sua espécie e gênero, sem nomes próprios", pois "não se trata da história específica de alguém", mas "de seres universais"[6].

---

4 Alain Bosquet, *Premier poème*, Paris: Seghers, 1975, p. 424.
5 Nicodemos Sena, *A mulher, o homem e o cão*, op. cit., p. 17 (grifos meus).
6 Dirce Lorimier Fernandes, "Posfácio", em: Nicodemos Sena, *A mulher, o homem e o cão*, op. cit., p. 139.

Acresça-se a esses elementos o enigma, que funciona como gancho: quem narra e quem é narrado nessa história – e teremos os ingredientes que encandeiam o interesse na leitura deste pequeno-grande livro.

À primeira vista, parece de fato estarmos diante de uma narrativa fantástica, sem mais; a diferença neste autor, já detectável na sua novela anterior, *A noite é dos pássaros*, como também em Vicente Franz Cecim, é que as suas narrativas superam em muito o estado de *rêverie* para se situarem num outro plano gnosiológico.

Que quer dizer coisa tão obscura? Talvez nos ajude a pensar – e afastando logo a alegoria, um espectro não desejado – a distinção que C. S. Lewis faz entre alegoria e símbolo. As duas figuras são manifestações do pensamento analógico, ambas postulam uma relação secreta entre "aqui e acolá", entre o mundo das ideias e o das coisas. Mas a alegoria é uma projeção imaginada, enquanto o símbolo funciona como a cópia ou reflexo do mundo imaterial, sendo um suporte para a encarnação.

Essa distinção introduz um outro plano, não apenas na ordem da leitura como na ordem do real, e aproxima-nos do *mundo imaginal* e da sua *geografia visionária*, tal como os mapeou o filósofo francês Henry Corbin nos seus estudos sobre a filosofia e a mística iraniana do século XIII. Esses autores, diz Corbin, repetem incansavelmente que há três mundos: a) "o mundo inteligível" puro; b) "o mundo imaginal", designado como *Al-Malakut*, o mundo da Alma e das almas; c) "o mundo sensível". Esse mundo intermediário é um mundo tão real, ontologicamente, como o mundo dos sentidos e o mundo do intelecto[7].

Esclareça-se que essa concepção não é apenas persa. O Mundo dos Antepassados, dos povos bantu, ainda vigente no imaginário africano, participa da visão de um mundo que entrelaça essas três

---

[7] Para esse tema, cf. os livros *L'Imagination créatrice dans le soufisme d'Ibn'Arabî*, Paris: Flammarion, 1958; *Corps spirituel et terre céleste*, Paris: Buchet/Castel, 1979; e Daryush Shayegan, *Henry Corbin: penseur de l'Islam spirituel*, Paris: Albin Michel, 2011.

modalidades do real e que se reflete na angiologia traçada por Corbin. A concepção imagética de grande parte da poesia visionária de todo o mundo igualmente reflete esse articulado. Tais características também se estampam no imaginário da Amazônia.

Que importância tem isso? Toda, na medida em que implica uma noção do que seja a imaginação ao contrário da que é comum. De comum associa-se a imaginação à fantasia, e reconhece-se a imaginação como faculdade da alma, mas não como "parte da alma"; a imaginação recorta-se aí, na sua feição positiva, como uma espécie de heteronomia lúdica ou, nos seus aspectos nocivos, como a fonte da paixão da alma e das suas desordens. Mas a fantasia, lembra Corbin, pode ser inofensiva enquanto o imaginal nunca, exatamente em razão do seu valor ontológico, que resulta do mundo imaginal ser o espaço intermodal, "'onde o espiritual toma forma e onde o corpo se torna espiritual', consistindo de matéria e extensão real, embora num estado subtil e intangível em relação à matéria sensível e corruptível"[8], sendo por isso mesmo, e antes, um auxiliar da ação, uma coisa concreta, experimental, e não um mero devaneio intelectual.

João de Jesus Paes Loureiro, o poeta e ensaísta que estudou e esclareceu o imaginário da Amazônia, corrobora essa visão:

> As encantarias, como lugar dos encantados nos rios da Amazónia, de certo modo, representam a liberação de uma função não utilitária do rio, valorizando a relação deste com o imaginário, em detrimento das funções práticas que constituem a natureza imediata ou material do rio.
>
> Os homens passam pelo rio, usam o rio, trabalham no rio, alimentam-se do rio, vivem do rio e morrem do rio. Todavia, pelo

---

[8] Tom Cheetham, *L'Envers du monde: Henry Corbin et la mystique islamique*, Paris: Entrelacs, 2017.

devaneio, percebem que há uma outra realidade que lhes estimula um estado de alma diferente [...] capaz de fazer desse rio uma realidade simbólica sensível[9].

O consecutivo afloramento da linguagem poética que o *sfumato* do devaneio lhes autoriza motiva-lhes uma *reconversão semiótica*, a qual, no dizer de Paes Loureiro, "significa o quiasma de mudança da qualidade simbólica numa relação cultural no momento da sua transfiguração"[10]. Ou seja, é o que ocorre no momento de perceber uma re-hierarquização dos signos, que desautomatiza a visão e inverte as dominantes da linguagem-padrão. Realiza-se aí uma metanoia, no sentido em que se dá uma conversão ou se estabelece o ponto a partir do qual se passa de uma modalidade de real a uma outra modalidade, de uma certa condição a uma condição diferente na percepção do âmbito do que seja o real, que, aliás, nessa operação se transforma.

Falamos aqui do efeito da "imaginação agente", que William Blake, Coleridge ou Yeats reivindicavam e que hoje reconhecemos ainda atuante em grandes poetas como Dylan Thomas, Milozs ou Herberto Helder, por exemplo, cuja poesia ainda está impregnada por uma certa escavação espiritual.

Caberá ainda, como advertência, uma observação de Michel Barat quanto às afinidades inaparentes entre o imaginal (e a sua operacional *imaginação agente*) e a razão:

> Eu retenho ainda a lição de Leroi-Gourhan quando distingue com clareza o simbolismo da magia: a magia visa produzir efeitos

---

9 Cf. os artigos "A poesia como encantaria da linguagem" e "A conversão semiótica na cultura amazônica", integrados no volume 3 das suas *Obras reunidas*, São Paulo: Escrituras, 1999.
10 *Ibidem*.

práticos e utilitários, enquanto o simbolismo dá acesso àquilo que o Henry Corbin chamava o "continente espiritual". No domínio da ciência temos de seguir o caminho laborioso e metódico da razão, visto que o caminho nos é necessário; mas eu afirmo que existe também uma possibilidade de acesso a um "mundo imaginal" que não é o de uma pura ficção. Utilizo, à semelhança de Corbin, o termo "imaginal" para evitar a conotação pejorativa da irrealidade que reveste o de imaginário.

Este mundo "imaginal" não contradiz o racional, prolonga-o abrindo-o à transcendência do verdadeiro. Razão e imaginação participam no desenvolvimento da verdade, no sentido em que o Grego chama a verdade através do vocábulo *alèthéia*, que deve ser compreendido como a ausência de esquecimento, como o levantar do véu que *oculta*. Neste sentido, o simbolismo não é uma ciência oculta, muito pelo contrário, ele é a ciência da revelação[11].

Daí que classificar Nicodemos como um autor de narrativas fantásticas seja uma maneira redutora para designar um processo (ou um jogo) que opera com vários níveis da realidade e onde a imaginação adquire um valor reminiscente.

As sociedades hodiernas não gozam de qualquer núcleo ou centro determinado que produza identidades fixas. Verificou-se um deslocamento de centros e vivemos embaraçados pelo fato desconcertante do inegável progresso tecnológico mostrar-se afinal incapaz de produzir uma "representação do mundo".

O que era até aqui a cultura? O aparato com que se organizavam respostas. Ora, a indeterminação tornou-se a rede onde nos aconchegamos para a sesta. Não creio que para a literatura tenha sido diferen-

---

[11] Michel Barat, *A conversão do olhar*, Lisboa: Instituto Piaget, 1995, p. 124.

te e, se é hoje nítida uma morfologia clivosa na comunidade literária, a isto se deve: estamos face a distintíssimas manifestações com uma aparente origem comum, mas que visam meios, objetivos e "realidades" muito diversos. Convém falar disso. Quero com isso declarar que existe uma literatura do lado da fantasia e outra do lado do imaginal, e que toda a literatura de molde visionário viaja nessa última esteira, que é, diga-se, um modo operatório para sair do tempo cronológico e entrar num tempo qualitativo e numa dimensão suprassensível, aflorada numa especial percepção da realidade, e não um mero efeito da fantasia-placebo, como acontece em Harry Potter, ou Tolkien, por exemplo.

Não obstante, nada disso servia para alguma coisa se literariamente a coisa não se sustentasse. *A mulher, o homem e o cão* é uma vigorosa e rigorosa narrativa, que entrança-múltiplas-estórias-dentro da história e nos interpela com a sua elocução secretamente polifônica, posto que às vezes a condução do relato muda de mão, como mudam as personagens de pele, metamórficas. Por exemplo, toda a primeira parte, após breve preâmbulo do homem, parece narrada pela Mulher, e isso implica um prisma do mundo e um tipo de diálogo e relatos diversos do que se enceta a seguir quando se conta a história do menino triste, da sua alegria com o cão e do seu rapto pelo passarinho, seis páginas que a meu ver constituem o gancho que nos agarra definitivamente ao livro.

E essa variação continua conforme vão desfilando as histórias delirantes, digressivas, sem que se perca nunca a unidade, o foco, o que é difícil numa narrativa desse gênero. Lembremos como *O bebedor de vinho de palma*, de Amos Tutuola, que palmilha num semelhante universo digressivo e de uma imaginação sem freio, infelizmente se desorienta, a meio da narrativa, perdendo a intensidade e a tensão do começo.

Nicodemos Sena exibe aqui um domínio técnico-narrativo que é, por si só, um atestado irrecusável. Junte-se a isso a limpidez da escrita, o veio poético na esteira do estranhamento e do maravilhoso de Guimarães Rosa, e, o que é mais difícil, sem sombra de epigonismo.

Mas, para não cairmos no *sofisma do espinafre*, que consiste em apresentar uma hipótese e depois esquecê-la completamente na sequência do raciocínio[12], voltemos à catábase.

A catábase, no caso de Nicodemos, tal como acontece na dança do Mapiko, manifesta-se numa modalidade invertida. Lastima o narrador: "Roubaram-nos a alma, tudo agora está encantado"[13]. Uma parte do encantamento deriva, como ele próprio se capacitará, do sono, isto é, da teia dos sonhos que, encaixados uns nos outros, transformam o vivente num espectro, numa sombra.

Toda a novela é um longo despertar desse vale das sombras e um sofrido resgate da realidade, apagada pelo peso da ilusão. Ela começa por ser uma narração da Mulher para o Homem, contando a sua visita ao maravilhoso mundo submerso no fundo das águas, até nos apercebermos de que todos os personagens estão mortos e que os diversos pontos de vista da narrativa teceram afinal um jogo de espelhos: "a metáfora do espelho é a mimese capaz de identificar, transformar e multiplicar as angústias do homem; o espelho reflete o 'bem', o 'mal', o 'certo' e o 'errado', aproximando-os para ganhar semelhança", escreve-se no posfácio, sendo correta a intuição da sua autora.

Homem, Mulher, o Menino, o Lobisomem, a Porca e até as Fezes são as várias faces de um só, que, na conclusão da narrativa, "desperta" quando finalmente aceita a morte[14]. No fundo, na concepção da

---

12 Etienne Souriau, *A correspondência das artes*, São Paulo: Cultrix, 1989, p. 9.
13 Nicodemos Sena, *A mulher, o homem e o cão, op. cit.*, p. 115.
14 Um dos mais inesperados momentos do livro é quando o Homem encontra entre escombros a cabeça de uma mulher que lhe pede que a leve consigo (*ibidem*, p. 58): "Com pena, decidi levá-la. Tive de andar devagar para que a cabeça pudesse rolar rente atrás de mim. Um pouco adiante, pensei numa maneira de livrar-me de tão sinistro companheiro.
– Espera um pouco aqui enquanto vou fazer as minhas necessidades – disse à cabeça, mas não voltei, tomando outro caminho.
Fiz rapidamente um fojo encoberto com ramos verdes e escondi-me ao lado. De onde continuava esperando, a cabeça gritou:
– Ainda não acabaste?
– Ainda não! – responderam as minhas fezes".

tradição gnosiológica que o livro espelha, ele morre para um tipo de realidade que lhe imprimia a dualidade e com isso lhe roubava a alma, o contato com as origens.

Em *A mulher, o homem e o cão*, ao contrário de todas as aparências, começa-se no Inferno, e toda a diegese do livro equivale ao itinerário para dele sair. A longa e desdobrada narrativa é o caminho da sua Revelação.

Lemos, num aforismo de Edmond Jabès, que "O inferno talvez seja a impossibilidade de amar"[15]. Entre a escapadela, pelo amor, ao desacordo profundo da circunstância, e a ameaçadora queda no inferno, se perfaz o itinerário espiritual da personagem Nyembête, no romance homônimo do moçambicano Calane da Silva.

Raul Alves Calane da Silva é uma personalidade singular devido à sua versatilidade e mundividência. Poeta, escritor e jornalista, declamador, linguista, professor universitário, espírita ou "antropólogo da transpessoalidade", esse moçambicano é um intelectual inquieto e em perpétua busca, e isso trouxe à sua escrita diversidade e inusitadas mutações.

Depois de *Xicandarinha na lenha do mundo*, de 1988, um livro de contos de evocação da infância e de feição neorrealista, ninguém esperaria, em 2004, o seu romance *Nyembête ou as cores da lágrima*, de caráter absolutamente experimental.

"Rentes, passam-me as montras mal iluminadas e sem nada dentro. Mas quem estará mais vazia? Eu ou a cidade?"[16], enuncia-se no segundo parágrafo do romance. Não é Nyembête quem objetiva a ação de passar pelas montras (vitrines); são estas que assistem à sua passagem, acomodando-a à vida vazia que levam.

O livro divide-se em três partes: "Os nomes", "O caminho" e "O fim?".

---

[15] Edmond Jabès, *L'Enfer de Dante*, Paris: Fata Morgana, 1991, p. 41.
[16] Calane da Silva, *Nyembête ou as cores da lágrima, op. cit.*, p. 13 (grifo meu).

Em quase toda a sua primeira metade, o romance agrega um feixe de fluxos da consciência, e a de Nyembête não passa de um pequeno fragmento no hipertexto que o mundo é. Com Calane da Silva, temos *o mundo que nos olha e o mundo que nos é*. Já explicaremos como isso se processa em termos de composição e dispositivos estruturais.

Sendo esse *um romance de formação*, na primeira parte assistimos literalmente ao nascimento, ao secreto e laborioso crescimento do seu corpo, e à iniciação de Nyembête às palavras – desde o seu mágico encadeamento fonético à ressignificação do mundo ajustado ao que o nomeia e conjuga, com a palavra iluminando sucessivamente nos fenômenos e coisas a força do devir que, nas experiências da personagem, se recorta. Pois Nyembête não atravessa as situações nem contata os objetos do mundo como observadora distante; é, antes, enredada no rastro do seu encontro com elas, tornando-se amiúde indiscernível o exterior e o interior.

Ou será mais exato dizer que Nyembête experimenta algo análogo ao que Deleuze chamava devir-animal e que o filósofo resumia assim:

> Devir não é atingir uma forma (identificação, imitação, *Mimésis*), mas *é encontrar a zona de vizinhança, de indiscernibilidade ou de indiferenciação*, de maneira que já não nos podemos distinguir de uma mulher, de um animal ou de uma molécula: e que não são nem imprecisos nem gerais, mas imprevistos, não-preexistentes, tanto menos determinados numa forma quanto mais singularizados numa população. Pode-se instaurar uma zona de vizinhança com qualquer coisa, com a condição de que se criem os meios literários para isso, como com o áster, segundo André Dhôtel. Entre os sexos, os gêneros ou os reinos, qualquer coisa passa. O devir é sempre este "entre" ou "dentre": mulher entre as mulheres, ou animal dentre outros animais. Mas o artigo indefinido não efectua a sua potência a não ser que o termo que

ele faz devir seja, ele próprio, desapossado dos caracteres formais que fazem dizer *o*, *a* ("o animal que aqui está"). Quando Le Clézio devém-índio, é um índio inacabado esse, que não sabe "cultivar milho nem talhar uma piroga": em vez de adquirir características formais, entra numa zona de vizinhança[17].

De fato, a lenta apropriação de Nyembête do seu mundo, desde o plano físico às pautas culturais com que o seu meio lê a realidade, é igualmente o modo como as coisas que lhe acontecem fazem um com ela, senão em fusão, numa zona de íntima vizinhança.

E, quanto ao que importa, como é que isso se encena em termos literários? Escreve Ana Mafalda Leite, no prefácio:

> o ponto de vista narrativo varia, a voz muda, cabendo a todos os seres animados e inanimados o papel de narrador, entidade proteiforme que oscila – fala o rio, fala a floresta, fala a cor, fala o riso – em contínuo testemunho, num diálogo de ser-estar com todos, sábio e articulado processo de comunhão de sentidos: "Faço-vos saber que todos se podem comunicar, sobretudo pela palavra Amor – energia vibrante que tudo liga – que tudo e todos têm em si as mais belas e originais palavras do mundo"[18].

Ana Mafalda só peca por defeito de enumeração, pois só na primeira parte fala a floresta, fala a avó, fala a incubadora, fala o canhoeiro, fala o rio, fala a canoa, fala a luz, fala a mafurreira, fala a palavra, fala o mal-

---

[17] Para a elucidação desse conceito de Deleuze, cf. Gilles Deleuze e Claire Pernet, *Diálogos*, São Paulo: Escuta, 1998, sobretudo os dois primeiros capítulos, e Robert Sasso e Arnauld Villani, *Le Vocabulaire de Gilles Deleuze*, Paris: Les Cahiers de Noesis, 2003.
[18] Ana Mafalda Leite, "Prefácio", em: Calane da Silva, *Nyembête ou as cores da lágrima*, *op. cit.*, p. 6.

mequer, fala o espelho, fala a aldeia Nêmbè-Nêmbé (onde Nyembête passa a primeira infância), fala o fósforo, fala uma estatueta de Santo Antônio, fala o terço, fala a oração, fala o xitolo (a cantina do monhé no mato ou nas aldeias), fala até "o descritor desta narrativa", num apontamento de autoironia: "Desculpem-me agora a interrupção por não poder fazer como descritor um retrato do ambiente psicológico destas duas colegas de pensamentos muitas vezes tão opostos e também de novos nomes tão diferentes. Acontece que o narrador desta estória está a pedir-me espaço de intervenção"[19] etc.

Tudo o que cruza e intercepta o caminho de Nyembête, as figuras, as ações, os objetos, na generalidade, os actantes, narram o seu encontro com a personagem, como se ela as tivesse despertado para a vida ou dela fossem os órgãos do sentido.

Some-se a isso os sonhos de Nyembête e percebe-se como seria inevitável que, dentre os recursos expressivos usados pelo escritor, abundasse a sinestesia, como nesta passagem em que, para fazer o retrato psicológico da amiga de Nyembête na missão religiosa, a rebelde Missava, Calane recorre às cores:

> Um pouco mais velha do que Nyembête, a rebelde Missava contava-lhe coisas de que a neta de Jonasse nunca se tinha apercebido, mas que existiam e estavam a acontecer. Mergulhado no verde e azul do nome das coisas não tinha entrado ainda no vermelho da raiva e do rancor, no cinzento da humilhação e do ódio, ou no amarelo da angústia e do desespero, cor de um sol que às vezes queima até a própria alma[20].

---

19 Calane da Silva, *Nyembête ou as cores da lágrima*, op. cit., p. 115.
20 *Ibidem*, p. 80.

O que leva Calane da Silva a tais escolhas que, em certos momentos, para um leitor mais impaciente, parecem saturar os limites das características do romance de tipo poético e simbólico? Esclarecerá lembrarmo-nos de que nos previne David Abram: "uma consciência sinestésica está no coração mesmo da 'consciência animista', que é a essência de uma percepção pré-reflexiva"[21].

Ora, Calane, nessa primeira parte do livro, produz um experimento cujo interesse conceptual se situa para além do seu eventual êxito: intenta esboçar o modelo do que seria *um romance animista*, esteticamente vivificado pela congruência do imaginário que o impeliu àquela forma.

Recapitulando, na primeira parte do livro, é-nos contado o crescimento de Nyembête, a sua orfandade e acolhimento pela avó, a sua posterior ida para a missão religiosa, em regime de internato, na localidade de Salamanga (a 50 km de Lourenço, no outro lado da baía). Aí conhece a sua amiga Missava (ao contrário desta, não chega a completar a quarta classe), assiste à transformação do seu corpo de menina em mulher e cresce embutida nos ensinamentos da sua tradição ronga, a etnia dominante no sul do país. Daí o acerto em que todos esses passos sejam praticamente contados *de fora para dentro*, posto que o que caracteriza Nyembête é a inocência e uma indistinção com o que a nutre.

Na segunda parte do livro, "O caminho", há uma mudança na forma de narrar, agora mais acelerada. Nyembête e Missava disputam o amor de Mpfùmù e, dessa vez, Nyembête leva a melhor. Acabam por casar. Para Missava, que sempre ostentara uma índole rebelde, a decepção amorosa constitui a gota d'água e rompe com o destino que a tradição lhe reservava, juntando-se aos rebeldes da Frelimo contra o colonialismo português.

---

21 David Abram *apud* Tom Cheetham, *L'Envers du monde: Henry Corbin et la mystique islamique*, op. cit., p. 15.

Mais conformista, Nyembêta enfrenta, entretanto, o lado negro da tradição. A sua infertilidade estigmatiza-a aos olhos da comunidade, e Mpfùmù vai-se afastando dela, arranja rapidamente um pretexto para a deixar na aldeia, enquanto ele migra para Lourenço Marques. Em vão, espera Nyembêta que ele a mande segui-lo para fazer exames médicos na capital, intentando a fertilidade desejada.

Dá-se o 25 de abril de 1974 em Portugal e, um ano depois, a Independência. Mpfùmù agarra a oportunidade e transforma-se num quadro político da Frelimo, enquanto vai esquecendo *a sua primeira* na aldeia. Nyembêta, finalmente, decide tomar a iniciativa de ir ter com ele à capital. Em choque, descobre que o seu esposo vive em condições materiais inimagináveis para ela, uma mulher campestre e simples, e que ele lhe escondera o seu novo fausto, tal como escondera que agora vive com Missava, que está grávida. Pior, no hospital desiludem-na quanto à esperança de alguma vez engravidar.

No vórtice do pesadelo, Nyembêta se suicida.

Em quase toda essa segunda parte, prepondera o narrador onisciente, entremeado por momentos da balbuciada autorreflexão de uma Nyembêta fantasmeada pelo sentimento de ser depreciada.

Se pensarmos nas três almas que Aristóteles atribui ao homem: *a alma nutritiva*, comum aos vegetais e aos animais, *a alma sensitiva*, específica dos animais, e *a alma pensante*, que dá aos homens um estatuto particular, dentre os viventes[22], Nyembêta só pôde desenvolver as duas primeiras; a terceira foi-lhe truncada. Aquilo que lhe permitiria um amadurecimento pleno como mulher e mãe foi-lhe sonegado pelo *handicap* da infertilidade, agravado pelo modo cruel como a tradição local se relaciona com as mulheres nesse quesito.

---

22 Para essas questões que concernem à alma e sua história e modulações, cf. François Cheng, *De l'âme: sept lettres à une amie*, Paris: Albin Michel, 2016.

Após isso, entramos na terceira parte do livro, que nos volta a mergulhar numa narração de tipo experimental. À data da primeira edição do livro, o país começava lentamente a sair de uma mentalidade de grande rigidez ideológica, num caldo marxista-materialista mal assimilado e, por isso, mais atreito ao dogmatismo. Nos primeiros dez anos de independência, o pensamento tradicional foi reprimido, visto como retrógado e sintoma de todos os atrasos, e agora Calane desenvolvia uma narrativa em que a morte da personagem afinal não encerrava o seu percurso, mostrando – na terceira parte do romance, "O fim?" – as vicissitudes posteriores em que a sua alma se debatia.

Afinal, Calane só seguia na esteira do caminho aberto por Mutuola, mas essa opção estilística constituiria o primeiro incômodo para os ex-revolucionários de materialismo assanhado. O segundo, aquele que se configura na catábase que a narrativa logra desenhar no seu desfecho, é político, e a inteligência do romance está em abrir a diegese a novos níveis de leitura, os quais só podiam deixar os "tinteiros da nação", como chamava Grabato Dias aos burocratas, perplexos.

Já falaremos sobre isso. Previamente, lembremos que, tanto para os africanos como para os hindus (e Calane é um mestiço, onde navega o sangue indiano de Goa – o negro e o branco), nós somos o receptáculo de uma entidade eterna. Entre os hindus, esta é chamada de Atman. O Atman, "reabilitado" por Shankara, o pai do vedanta moderno, é o termo filosófico que se usa para identificar a alma individual ou o "verdadeiro eu", ou seja, o lampejo do divino na alma individual, pois, segundo o Advaita Vedanta, o Atman é idêntico ao Absoluto ou Brahman, estando para além da identificação com a realidade fenomenal da existência mundana. Mas, para o hindu, podemos não nos libertar do ciclo das existências, dado que, apesar de a alma assim concebida ser portadora de uma memória imemorial, o breve "envelope terrestre" ou o espelho que nós somos pode obscurecê-la ou corrompê-la.

É essa a experiência de Nyembête, quando desperta do outro lado da morte e percebe que a sua má sorte persiste:

> Tudo parecia escuro à minha volta. Mas para surpresa minha continuava a enxergar. Pairava sobre as chamas que eu próprio tinha ateado. Via, nitidamente, o meu corpo desfazendo-se em cinza na areia da praia. Verifiquei que também continuava a pensar. Dentro de mim a mesma angústia que me levara ao suicídio continuava tão forte como antes[23].

As chamas não mais a abandonarão, amortecidas aqui e ali, mas avivadas sempre que o ódio a domina. E o que é inédito é que a alma de Nyembête se junta a outras para formar um enxame de ódio que, como abelhas assassinas, influencia a intencionalidade dos viventes e uma boa parte desses mesmos processos sociais e políticos que enodoaram o período socialista do país; um período marcado pela repressão, uma cruel arbitrariedade e a turbulência: "Nunca um país esteve tão igual ao nosso umbral, ao nosso mundo de sombras, afirmavam, babando-se, os sequazes de Nyembête"[24]. Inclusive Nyembête consegue a sua vingança pessoal ao induzir em Mpfùmù uma selvática cupidez, que o aviltará pelos caminhos da corrupção:

> No meio das labaredas atrozes que o ódio provocava dentro e fora dela, Nyembête conseguia sentir prazer com o infortúnio e sobretudo com o medo que se desprendia de Mpfùmù aferrolhado na cadeia de máxima segurança[25].

---

23 Calane da Silva, *Nyembête ou as cores da lágrima*, op. cit., p. 217.
24 *Ibidem*, p. 225.
25 *Ibidem*.

Assim, no romance, as almas, turbilhonadas, são o simétrico da suspensão moral que afogou o país na intolerância e na violência sob a capa de uma ideologia revolucionária. Ao dar-nos a ver como Nyembête atravessa o seu inferno, radiografamos o inferno do país, uma coisa entrelaça-se na outra. Retrato que, para um país de democracia estrangulada pelo poder de um partido que se quer único, é pouco consentâneo com o discurso oficial.

Presa à cadeia do ódio, a alma de Nyembête terá de inflectir o seu comportamento para libertar-se do Inferno, o que conseguirá paulatinamente. A saída do Inferno, com a sua natureza transformada, das chamas para a Luz (são necessárias duas condições para que a catábase se cumpra: que se processe o regresso e que o iniciado se tenha transformado com a experiência), há de se realizar por uma forma também original: mediunicamente, apresentando-se o romance no final como o relato que resultou de um ato de psicografia "para que em forma de livro pudesse ser editado e espalhado como meio de mostrar o grande valor do perdão"[26].

Dessa vez, a catábase encarna no livro, concebido como um "envelope mágico", um aspecto mais simbólico, visto que Nyembête representa no romance a sociedade oral (da grande maioria da população do país, pois quando Moçambique ficou independente, o analfabetismo cotava-se em 90%), que só pelo avatar da literacia conseguirá um pleno desenvolvimento humano.

Ao romance, segue-se um posfácio/manifesto, em que Calane da Silva reivindica "*um neo-romantismo holístico* através do qual possamos navegar mais alados numa plástica de sentidos multidimensionais", argumentando que a técnica da mediunidade psicofônica ou psicográfica permite ao "escritor aumentar de maneira incomensurável

---

26 *Ibidem*, p. 241.

o número de actantes que poderão ser simultaneamente narradores, num sem fim de participações e interferências no conteúdo narrativo"[27].

Como primeiro exercício, é muitíssimo estimulante, embora aqui e ali um excesso de "ternura" ou de apego do autor ao seu contumaz espírito lírico amoleça certas páginas.

Diga-se, ademais, que ambos os livros questionam as convenções e o estatuto de personagem tal como veiculado pelo *mainstream* literário e enredam-se na busca de uma lógica não aristotélica, ao contrário da atual preponderância da novela para se apresentar como protocinema ou novelização. Pelo contrário, ambos os autores assumem quase todas as características que Kundera apontava para o *espírito do romance* em *A arte do romance* ou em *Testamentos traídos*:

— compreender com Cervantes o mundo como ambiguidade, possuindo como única certeza a sabedoria da incerteza;

— propiciar, através do romance, viagens por um mundo que parece ilimitado, num tempo que parece não ter princípio nem fim, num espaço que não conhece fronteiras;

— apelar ao jogo, que funde sonho e realidade, ou apresentar as questões metafísicas com a leveza própria de uma estrutura desamarrada da verossimilhança;

— não iludir que o romance é também um conhecimento do mundo ou, antes, um acesso a ele ("O romance não examina a realidade, mas sim a existência. E a existência não é o que se passou, a existência é o campo das possibilidades humanas, tudo o que o homem pode vir a ser, tudo aquilo de que ele é capaz. Os romancistas elaboram o *mapa da existência* ao descobrirem esta ou aquela possibilidade humana"[28]);

— a forma do romance deve enveredar pela sua liberdade quase ilimitada, sem esquecer que qualquer tema mobiliza uma interrogação existencial.

---

27 *Ibidem*, p. 254.
28 Milan Kundera, *A arte do romance*, Lisboa: D. Quixote, 1988, p. 58.

Esses romances da periferia devolvem assim ao romance essa dignidade dos seus primórdios. Entretanto, também a relação de ambos os autores com a palavra é distinta; neles, a palavra não se resume a ser uma forma melhorada de nada (em mero servilismo a uma trama), mas antes, como para alguns poetas visionários e mais afins do imaginal, uma forma, ainda que um pouco empalidecida, da totalidade pressentida.

Terminarei citando uma curiosa nota de Ordep Serra no seu livro *Veredas: antropologia infernal*:

> Karl Kerényi distinguia duas classes opostas de manifestações do utópico, qualificando as que correspondem à simples imaginação de um tempo áureo de "válidas", "autênticas", "legítimas", e chamando de "degeneradas" as que embutem um projeto de mudança da sociedade. Também Tillich estima que as concepções animadas por um conato de transformação social "pervertem" o sentido da utopia por obra de uma crença cega no progresso. A seu ver, estas concepções "profanam" a aspiração legitimamente utópica, dirigida ao inatingível[29].

Embora os tempos atribulados que nos coube viver reclamem de nós, mais uma vez, algum engajamento na transformação das sociedades, talvez o romance deva de fato não sucumbir ao *mainstream* e lembrar-se mais dos seus *testamentos traídos*.

---

[29] Ordep Serra, *Veredas: antropologia infernal*, Salvador: EDUFBA, 2002, p. 166.

REFERÊNCIAS

BARAT, Michel. *A conversão do olhar*. Lisboa: Instituto Piaget, 1995.
BASTOS, Jorge Henrique (org.). *A criação do mundo segundo os índios Ianomami*. Lisboa: Hiena, 1994.
BOSQUET, Alain. *Premier poème*. Paris: Seghers, 1975.
CHEETHAM, Tom. *L'Envers du monde: Henry Corbin et la mystique islamique*. Paris: Entrelacs, 2017.
FERNANDES, Dirce Lorimier. "Posfácio". Em: SENA, Nicodemos. *A mulher, o homem e o cão*. Taubaté: LetraSelvagem, 2009.
JABÈS, Edmond. *L'Enfer de Dante*. Paris: Fata Morgana, 1991.
KUNDERA, Milan. *A arte do romance*. Lisboa: D. Quixote, 1988.
LEITE, Ana Mafalda. "Prefácio". Em: SILVA, Calane da. *Nyembête ou as cores da lágrima*. Maputo: Imprensa Universitária, 2004.
LOUREIRO, João de Jesus Paes. "A conversão semiótica na cultura amazônica". Em: *Obras reunidas*. V. 3. São Paulo: Escrituras, 1999.
_____. "A poesia como encantaria da linguagem". Em: *Obras reunidas*. V. 3. São Paulo: Escrituras, 1999.
P. E. A., Elungu. *Tradição africana e racionalidade moderna*. Luanda: Pedago, 2014.
SENA, Nicodemos. *A mulher, o homem e o cão*. Taubaté: LetraSelvagem, 2009.
SERRA, Ordep. *Veredas: antropologia infernal*. Salvador: EDUFBA, 2002.
SILVA, Calane da. *Nyembête ou as cores da lágrima*. Maputo: Imprensa Universitária, 2004.
SOURIAU, Etienne. *A correspondência das artes*. São Paulo: Cultrix, 1989.

O PESO DA BATINA: MODULAÇÕES DO *BILDUNGSROMAN* EM *O OUTRO PÉ DA SEREIA* E *A RAINHA GINGA*

Ana Ribeiro

> [...] não evoluo, VIAJO.
>
> FERNANDO PESSOA

INTRODUÇÃO

O MOÇAMBICANO MIA COUTO (1955) e o angolano José Eduardo Agualusa (1960) são certamente dois dos nomes que se destacam no panorama da ficção de língua portuguesa dos últimos vinte anos. Depois da estreia de ambos na década de 1980, a sua obra literária, traduzida em diversas línguas, tem merecido o reconhecimento de vários prêmios no mundo lusófono e não só.

Embora um e outro sejam autores de livros de poesia, é sobretudo como romancistas que os dois são (re)conhecidos. Dos diversos romances que já publicaram neste século, selecionamos *O outro pé da sereia* (2006), do escritor moçambicano, e *A rainha Ginga. E de como os africanos inventaram o mundo* (2014)[1], do seu confrade angolano.

Aproxima-os o fato de ambos revisitarem e reescreverem trechos da história dos respectivos países. *O outro pé da sereia*, constituído por duas narrativas que se entrelaçam, alterna o relato da viagem realizada por D. Gonçalo Silveira, em 1560, a partir de Goa, para conversão do Rei(no) do Monomotapa, com uma narrativa cujas coordenadas espaço-temporais são sempre "Moçambique, Dezembro

---

[1] Citamos pela edição original de ambas as obras.

de 2002". É nesse ano que deságuam uma estátua de Nossa Senhora, o esqueleto do prelado assassinado e um baú de livros, todos provenientes da expedição do século XVI. Esses elementos funcionam como uma dobradiça entre as duas histórias, sugerindo as ligações entre o passado e o presente. O romance de Agualusa, por seu turno, recria um período da história de Angola não muito distante da viagem inaugurativa da colonização religiosa da colônia do Índico. Como o título do romance indica, trata-se do reinado de Ginga, rainha do Dongo e da Matamba entre 1624 e 1663, período em que os portugueses tiveram que se haver com a resistência tenaz dessa heroína angolana e com a ocupação holandesa entre 1641 e 1648. Tanto num caso como noutro, a cumplicidade com a história manifesta-se materialmente. Na capa do romance angolano, o título, o subtítulo e o nome do autor surgem em caracteres que mimetizam os dos documentos antigos. Idêntica estratégia é utilizada na obra de Mia Couto, em que os capítulos relativos à viagem do eclesiástico têm uma identidade gráfica própria, associada a um papel com uma coloração sugestiva do uso do tempo, diferente do papel branco em que se narra a ação desenrolada no Moçambique contemporâneo. Agualusa faz ainda anteceder cada capítulo de um cabeçalho que, à semelhança das narrativas de antanho, resume o seu conteúdo. Refira-se, porém, que a terceira pessoa que recebe os leitores à entrada de cada capítulo dá lugar à primeira na narração propriamente dita, afastando-se assim das marcas de objetividade caras ao texto histórico e marcando, pelo contraste e pela subjetividade assim instaurada, a natureza ficcional do relato.

Por outro lado, a viagem é um denominador comum a ambos os romances. Na obra moçambicana, para além de D. Gonçalo e dos diversos passageiros que o acompanham, também Mwadia se desloca, com a estátua da Virgem, de Antigamente para Vila Longe, espaços localizados no Moçambique do século XXI. Vila Longe é igualmente o destino de Benjamin Southman e da sua mulher, Rosie, provenientes dos Estados Unidos. Francisco José da Santa Cruz, o narrador-protagonista de *A rainha Ginga*, troca o Brasil por Angola, volta ao seu país natal, regressa novamente a Angola e, por fim, vai para a Holanda.

Além disso, em qualquer um dos romances, na viagem, tema onipresente na literatura, confluem deslocação física e deslocação interior. É a esse tipo de viagem que se refere o narrador de *O outro pé da sereia* quando afirma: "A viagem não começa quando se percorrem distâncias, mas quando se atravessam as nossas fronteiras interiores. A viagem acontece quando acordamos fora do nosso corpo, longe do último lugar onde podemos ter casa"[2]. Tal é particularmente visível na personagem de Manuel Antunes, um jovem padre que acompanha D. Gonçalo da Silveira no romance moçambicano. O mesmo sucede com o protagonista de *A rainha Ginga*, um jesuíta de 21 anos que vai pôr-se à prova enfrentando o desconhecido. Em ambos os casos, a viagem possui o valor formativo que faz dela um dos elementos onipresentes no *Bildungsroman*. É das articulações entre os dois romances e o gênero romanesco forjado na Europa pré-industrializada que este ensaio se ocupará.

UM GÊNERO EM VIAGEM

Embora surgido na Alemanha, nos finais do século XVIII, pela mão de Goethe, o *Bildungsroman* ou romance de aprendizagem (de formação), enraizado na tradição literária europeia, como demonstra Rodríguez Fontela[3], viria a revelar-se um (sub)gênero romanesco

---

[2] Mia Couto, *O outro pé da sereia*, Lisboa: Caminho, 2006, p. 77.
[3] Cf. María de los Ángeles Rodríguez Fontela, *La novela de autoformación: una aproximación teórica e histórica al "Bildungsroman" desde la narrativa hispánica*, Universidad de Oviedo/Reichenberger: Kassel, 1996; idem, *Poética da novela de autoformação: o* Bildungsroman *galego no contexto narrativo hispánico*, Santiago de Compostela: Centro de Investigacións Lingüísticas e Literarias Ramón Piñeiro, 1996.

com bastante vitalidade. De fato, sendo os gêneros literários categorias dinâmicas, eles não ficam reféns do contexto a partir do qual se configuram. A sua migração para outras realidades implica a sua adaptação a novas circunstâncias, condição da sua sobrevivência e de exploração das suas potencialidades. Assim, apesar das ligações que, nas suas origens, mantém com a ideologia burguesa ocidental e o ideário colonialista, assinaladas por Fernández Vázquez[4], não se nos afigura problemática a sua adoção por autores de outras épocas e lugares, designadamente aqueles que são provenientes das partes do mundo que estiveram sob domínio colonial.

Devido à sua história de mais de dois séculos, o romance de aprendizagem é incompatível com qualquer concepção normativa, cômoda mas limitada. Em vez de uma essência intemporal ou de um conjunto rígido de propriedades indispensáveis, o *Bildungsroman* vai atualizando de maneiras diversas, de acordo com o contexto que o perfilha, elementos daquilo a que podemos chamar o seu protótipo. Como afirma Rodríguez Fontela, "só a evolução do personagem é uma condição necessária para considerar como novela de autoformação um texto novelístico"[5], aspecto que a autora sobrepõe à natureza complexa da personagem. A interação com o mundo, geralmente de natureza conflituosa, é o motor da mudança no protagonista, o qual, no decurso de provas e provações, constrói a sua identidade. Como esta é complexa e dinâmica, os romances de aprendizagem possuem muitas vezes um final aberto, propício à representação futura de outras demandas e configurações do "eu".

---

4 José Santiago Fernández Vázquez, *La novela de formación: una aproximación a la ideología colonial europea desde la óptica del* Bildungsroman *clásico*, Alcalá de Henares: Universidad de Alcalá de Henares, 2002.
5 María de los Ángeles Rodríguez Fontela, *Poética da novela de autoformação: o* Bildungsroman *galego no contexto narrativo hispánico, op. cit.*, p. 164.

"EI-LOS QUE PARTEM"

À semelhança do típico relato de viagens quinhentista, a narrativa sobre a viagem marítima em *O outro pé da sereia* começa com a partida, destacando a nau onde viaja o líder da missão:

> A nau *Nossa Senhora da Ajuda* acaba de sair do porto de Goa, rumo a Moçambique. [...]
> Nos barcos viajam marinheiros, funcionários do reino, deportados e escravos. Mais do que todos, porém, a nau conduz D. Gonçalo da Silveira, o provincial dos jesuítas na Índia portuguesa. Homem santo, dizem. O jesuíta faz-se acompanhar pelo padre Manuel Antunes, um jovem sacerdote que se estreava nas andanças marítimas[6].

Para além de D. Gonçalo da Silveira ser desde logo colocado no topo da pirâmide social da nau, o fato de apenas as entidades eclesiásticas terem direito a nome e, por conseguinte, a individualização, reforça o caráter religioso da expedição. Nesse *incipit*, uma personagem de existência histórica confirmada emparceira com outra, tanto quanto se sabe, puramente ficcional[7], procedimento habitual no romance histórico. Também o início de *A rainha Ginga* apresenta uma dupla

---

[6] Mia Couto, *O outro pé da sereia, op. cit.*, p. 61.
[7] Segundo Jorge Vicente Valentim, "Não há, em qualquer texto de referência histórica, menção ao nome deste padre português", nem "há menção deste padre jesuíta dentre as poucas informações sobre a presença portuguesa na área, tornando-se impossível, portanto, precisar a veracidade sobre a existência de tal personagem" ("Entre mapas movediços e águas míticas, alguns jogos de espelho em *O outro pé da sereia*, de Mia Couto", *Crítica Cultural*, Palhoça: 2011, v. 6, n. 2, p. 377). De acordo com Pedro Ramos de Almeida (*apud* Jorge Vicente Valentim, *op. cit.*, p. 373), os companheiros de D. Gonçalo terão sido André Fernandes e André da Costa, nomes que não integram o enredo do romance. O primeiro surge no peritexto da obra enquanto autor de uma das epígrafes do "Capítulo XV". A reescrita da história pela ficção assenta nesses jogos.

semelhante, já que a famosa rainha do Dongo e da Matamba nos é apresentada pelo olhar de um jovem jesuíta, Francisco José da Santa Cruz, criado pelo autor da obra[8].

Voltando ao romance moçambicano, pela caracterização de Antunes como "um jovem sacerdote que se estreava nas andanças marítimas", ele parece destinado a um papel secundário na intriga, já que a sua juventude e a sua posição na hierarquia eclesiástica não lhe permitiriam ser mais do que um simples auxiliar do seu superior. Assim parece ser quando, no início, apressa a recuperação da imagem da Virgem[9] ou quando interroga Nimi Nsundi[10]. No entanto, quando o narrador heterodiegético e onisciente[11] se ocupa dos seus sonhos[12] ou das preocupações que o afligem ao longo da viagem, o acompanhante do prelado ganha uma estatura que lhe permite ombrear com a do provincial jesuíta.

De fato, essas primeiras linhas do relato mostram-nos uma personagem que, pela sua idade, se pode dizer inexperiente, pelo menos

---

[8] Apesar da sua natureza ficcional, a personagem de Francisco José não é uma absoluta criação de Agualusa, nem é uma invenção gratuita: "Na realidade ela [Ginga] teve secretários, quase todos padres, pois era de uma classe culta, que sabia ler e escrever, mas esta [a personagem do padre] é uma personagem inventada, eu precisava de alguém que fosse um tradutor de mundos, que é também do que fala este livro" (Lina Santos, "Novo livro de José Eduardo Agualusa apresentado hoje", *Diário de notícias*, 6 jun. 2014. Disponível em: <https://www.dn.pt/artes/livros/novo-livro-de-jose-eduardo-agualusa-apresentado-hoje-3957831.html>. Acesso em: jun. 2020).
[9] Mia Couto, *O outro pé da sereia*, op. cit., p. 62.
[10] *Ibidem*, pp. 65-6.
[11] Sendo todo o relato da viagem apresentado por um narrador desse tipo, temos dificuldade em considerar Manuel Antunes uma personagem-narrativa, como faz Elena Brugioni (*Mia Couto: representação, história(s) e pós-colonialidade*, Vila Nova de Famalicão: Húmus, 2012, p. 150), ou "o principal dos narradores fictícios de *O outro pé da sereia*" (Kamila Katarzyna Krakowska Rodrigues, *Na demanda da ideia de nação: as viagens pós-coloniais em Mário de Andrade e Mia Couto*, 283f., tese (doutorado em Letras), Universidade de Coimbra, Coimbra: 2014, p. 210). Enquanto escrivão oficial, ele é o autor de manuscritos encontrados no século XXI, mas parece-nos excessivo considerar o seu diário como "uma das duas macronarrativas do romance" (Kamila K. K. Rodrigues, op. cit., p. 210), pois a macronarrativa relativa à missão de D. Gonçalo reporta acontecimentos que tiveram lugar depois de Manuel Antunes ter entregue o seu material ao provincial e ter seguido o seu rumo.
[12] Mia Couto, *O outro pé da sereia*, op. cit., pp. 67-8.

no que diz respeito às "andanças marítimas". Como sucede no *Bildungsroman*, Manuel Antunes surge nas vésperas de uma nova fase da sua vida, inaugurada por uma viagem que o irá pôr à prova. Em termos míticos, a partida da nau corresponde à saída do herói para a aventura.

Será nesse período da existência do sacerdote que a narração se irá deter. O seu passado surge reduzido à razão por que se tornou padre e se encontrava numa parte tão longínqua do império:

> Não se pode dizer que Antunes tivesse ido para padre por vocação. Adolescente, por desgosto de amor ele se tentara suicidar. Os pais enviaram-no para um seminário. Mas o moço não corrigia a sua paixão por uma menina de famílias, um caso de amores insolúveis. Os Antunes optaram por medidas radicais: meteram-no numa nau e enviaram-no em missão. Ir para África é longe. Para o Japão, mais longe ainda. Mas ir para padre, isso é seguir para além do mundo[13].

Antunes, nesse breve historial, é uma espécie de deportado, atirado para terras longínquas por vontade alheia como castigo pelo crime de se apaixonar por alguém de uma classe superior. Segundo a última frase, tê-lo-ão embarcado numa viagem sem regresso, equivalente à morte. Desde logo, no entanto, o padre apresenta o lado romântico do ser em conflito com a família, com a sociedade, enfim, com as leis estabelecidas. Como veremos, o conflito vai ser a lei da sua vida, traço que partilha com outros protagonistas de histórias de aprendizagem, os quais, como Dilthey já notava, no seu processo de amadurecimento, "luta com as duras realidades do mundo"[14].

---

13 *Ibidem*, p. 186.
14 Wilhelm Dilthey, *Das Erlebnis und die Dichtung. Lessing, Goethe, Novalis, Hölderlin*, Leipzig: Reclam, 1991, pp. 322-3.

O romance angolano adota uma estratégia semelhante. Depois de um início *in medias res* que coloca o narrador-protagonista na presença da lendária soberana, uma analepse recupera o seu passado:

> Eu completara há pouco vinte e um anos. Era moço ainda imberbe, sossegado e curioso como aquele manati a cuja tortura e assassinato assistira. Aos nove anos, o meu pai arrancou-me aos braços carinhosos da minha avó preta, levando-me para estudar no Colégio Real de Olinda. Aos quinze, ingressei como noviço na Companhia de Jesus. Abandonei Pernambuco num navio negreiro, o *Boa Esperança*, com destino a S. Salvador, a africana, antes chamada Ambasse, cabeça do Reino do Congo, para me juntar aos irmãos jesuítas numa escola que há poucos anos estes haviam fundado. Conhecia do mundo apenas o que lera nos livros e, de súbito, achava-me ali, naquela África remota, cercado pela cobiça e pela infinita crueldade dos homens[15].

Mesmo considerando a posterior evocação dos primeiros anos de vida em Olinda, a cidade natal[16], tal como em *O outro pé da sereia*, o passado de Francisco José é sumariamente apresentado, pois será da sua vida "naquela África remota" que o romance se ocupará.

À semelhança de Antunes, Francisco José era jovem e confessadamente inexperiente. Também ele faz uma viagem, num percurso inverso ao da "avó preta", sugerindo, como sucede em *Nação crioula* (1998), os intercâmbios no Atlântico Sul. As suas experiências a bordo do irônico *Boa Esperança* não são mencionadas, transferindo-se o foco da narrativa para o que se passará em terra firme. Ao contrário do acompanhante de D. Gonçalo, só aqui ele se descobrirá "cercado pela cobiça e pela in-

---

[15] José Eduardo Agualusa, *A rainha Ginga. E de como os africanos inventaram o mundo*, Lisboa: Quetzal, 2014, p. 25.
[16] *Ibidem*, pp. 159-60.

finita crueldade dos homens". Pressente-se aqui a voz distanciada do "eu" adulto e amadurecido que, retrospectivamente, imprime sentido totalizador a experiências passadas, gerando, através da escrita, a "autobiossignificação" de que fala Rodríguez Fontela[17]. Como diz Bakhtin, "O tempo se introduz no interior do homem"[18], o qual é representado como uma entidade em devir, modelada pelas vivências unificadas pela narrativa[19]. Para tal, o *Bildungsroman* disfarça-se de autobiografia.

VIAGENS FORA DO MAPA

Em *O outro pé da sereia*, Manuel Antunes vai confrontar-se com um mundo *sui generis*, já que se confina à nau, espaço vogando entre lugares: "A nau tornou-se no último lugar do mundo. À volta tudo é água, transbordação de rios e mares. O navio é uma ilha habitada por homens e seus fantasmas"[20]. Não há, no entanto, um corte radical entre esse mundo e o ponto de partida, já que nessa viagem o inexperiente clérigo presencia "abusos e imoralidades" semelhantes à "devassidão que ele encontrara em Goa"[21]. Assim, a nau de Nossa Senhora da Ajuda pode ser considerada um microcosmos do mundo que ele deixara para trás. Enquanto espaço fechado e isolado, o barco equivale ao mítico "ventre da baleia", lugar de germinação de um novo ser.

---

[17] María de los Ángeles Rodríguez Fontela, *La novela de autoformación: una aproximación teórica e histórica al "Bildungsroman" desde la narrativa hispánica*, op. cit., p. 47.
[18] Mikhail Bakhtin, "Le Roman d'apprentissage et sa signification dans l'histoire du réalisme", em: *Esthétique de la création verbale*, Paris: Gallimard, 1984, p. 227.
[19] Recorrendo parcialmente à terminologia de Forster, Rodríguez Fontela considera o *Bildungsheld* como "o personagem modelado por excelência". Cf. *La novela de autoformación: una aproximación teórica e histórica al "Bildungsroman" desde la narrativa hispánica*, op. cit., p. 52.
[20] Mia Couto, *O outro pé da sereia*, op. cit., p. 64.
[21] *Ibidem*, p. 187.

O choque entre aquilo que presencia no barco e a sua "alma caridosa"[22], particularmente a desumanidade aplicada aos escravos que seguiam no navio, conduz Antunes a um embate com o provincial jesuíta. Desde a abertura, insinua-se um contraste entre ambos, pois a fama de "homem santo" de D. Gonçalo faz dele alguém com provas dadas e seguramente mais velho. A distinta proveniência social agrava o dissídio entre eles:

> Os dois religiosos possuíam histórias diametralmente opostas. Ao contrário de Antunes, que descendia de gente humilde, Silveira era filho de nobres, tinha prescindido de riqueza e prestígio, tinha contrariado família e amigos para seguir a vocação interior. Vindos de tão distantes origens e tendo calcorreado tão inversos percursos não podiam senão divergir[23].

Na conversa com o seu superior, Manuel Antunes recusa o papel de escrivão, propondo-se antes utilizar a escrita para "denunciar, fazendo chegar ao Rei o relato do que se passava"[24], o que o seu interlocutor recusa. Na realidade, nesse debate ele funciona mesmo como consciência crítica, desmascarando a desmedida ambição capitalista dos navegantes portugueses: "Tudo no navio era um negócio: o espaço, a comida, a água. Tudo se vendia, tudo se pagava"[25]. Questiona, dessa forma, o discurso oficial da difusão da fé e do império, representado pelo prior jesuíta. Basta o que se passa no navio de nome santo para descrer de tal desígnio: "Como iremos governar de modo cristão

---

22 *Ibidem*, p. 231.
23 *Ibidem*, p. 189.
24 *Ibidem*, p. 188. Nesta proposta, a narrativa de viagens, gênero "que teve um grande impacto para a disseminação da gesta colonial" (Kamila K. K. Rodrigues, *Na demanda da ideia de nação: as viagens pós-coloniais em Mário de Andrade e Mia Couto, op. cit.*, p. 211), seria redimensionada, deixando de estar a serviço do colonizador para se colocar do lado do colonizado.
25 Mia Couto, *O outro pé da sereia, op. cit.*, p. 188.

continentes inteiros se nem neste pequeno barco mandam as regras de Cristo?"[26]. Viajar em tal situação equivale quase literalmente à descida aos infernos. Da derrocada das suas crenças provocada pelo magistério da realidade, nascerá um novo Manuel Antunes:

> – Acho que estou ficando negro, padre.
> – Negro?
> – Sim, um cafre.
> – Agora acho que você devia falar com o médico.
> – Falo sério, Vossa Reverência, sinto que estou mudando de raça.
> Até dia 4 de Janeiro, data do embarque em Goa, ele era branco, filho e neto de portugueses. No dia 5 de Janeiro, começara a ficar negro. Depois de apagar um pequeno incêndio no seu camarote, contemplou as suas mãos obscurecendo. Mas agora era a pele inteira que lhe escurecia, os seus cabelos se encrespavam. Não lhe restava dúvida: ele se convertia num negro.
> – Estou transitando de raça, D. Gonçalo. E o pior é que estou gostando mais dessa travessia do que de toda a restante viagem[27].

Essa travessia, "estratégia de desconstrução de uma concepção essencialista da noção de raça"[28], tem pois um fim à vista, confirmado no penúltimo capítulo da saga de D. Gonçalo: "Quando regressou da corte, com resposta favorável do Imperador, o padre Manuel Antunes declarou a Gonçalo da Silveira sentir-se cafrealizado e não mais querer voltar para Lisboa"[29].

---

26 *Ibidem*, p. 187.
27 *Ibidem*, p. 190.
28 Elena Brugioni, *Mia Couto: representação, história(s) e pós-colonialidade*, op. cit., p. 149.
29 Mia Couto, *O outro pé da sereia*, op. cit., p. 301.

A transformação da personagem traduz-se na mudança de nome, certidão de nascimento de um novo "eu":

– Fui sujeito à cerimónia do magoneko[30]. Na corte do Imperador, abençoaram-me com um novo nome. [...]
– O meu nome é Nimi Nsundi. Sim, Nimi como o escravo-mainato que morreu na nau[31].

Invertendo a lógica colonizadora[32], como cafrealizado que é, Antunes submeteu-se a um ritual local e adotou um nome africano, mais propriamente o nome do escravo que, como outros que Manuel Antunes viu, só na morte encontrou a liberdade que lhe negaram em vida. Pela escolha do jovem (ex-)padre, também Nsundi se vai da lei da morte libertando, ele que, curiosamente, lamentava: "– Não é morrer que me dói. O que me dá tristeza é ficar morto"[33]. Torna-se, assim, um dos tais "mortos [que] não morreram", como diz o poema de Birago Diop transcrito na epígrafe da obra.

Por outro lado, foi Nimi Nsundi quem iniciou Antunes na cultura africana ao falar-lhe de *kianda*[34], personagem que logo a seguir invade os sonhos do padre[35]. Além disso, é também ele que denuncia as más condições em que vivem os escravos e revela a ignorância de Antunes sobre o que se passa no barco:

---

[30] "O magoneko era a festa de mudança de nome, ao chegar à puberdade" (*ibidem*, p. 319).
[31] *Ibidem*, p. 303.
[32] Recorde-se que batizar o imperador do Monomotapa era o grande objetivo de Silveira. O monarca foi crismado com o nome de Sebastião e a sua mãe com o de D. Maria, nomes do "rei e da rainha de Portugal" (*ibidem*, p. 306).
[33] *Ibidem*, p. 66.
[34] Do original banto *kyàndà*, deusa angolana das águas e da vida. [N.E.]
[35] Mia Couto, *O outro pé da sereia*, op. cit., p. 68.

> – És cristão?, começou por perguntar Manuel Antunes. Depois emendou a pergunta: És crente em Deus?
> – Deus não desce lá em baixo.
> – Lá em baixo, onde?
> – Lá em baixo, onde dormimos nós, os escravos. Já desceu lá?
> – Por que razão transportavas Nossa Senhora?
> – Ela é kianda... não é... vocês não sabem...
> – Não se percebe nada do que está a dizer...[36].

Do ponto de vista formativo, enquanto D. Gonçalo da Silveira perde o estatuto de "mestre espiritual"[37], para se converter num opositor do processo de transformação do seu acompanhante, Nsundi desempenha o papel inverso, atuando como adjuvante. É como se Antunes, ao adotar o nome do escravo, reconhecesse esse papel e se colocasse como seu descendente.

Posteriormente, o reencontro entre Xilundo e o antigo clérigo confirma a transformação deste, mas percebe-se a impossibilidade da identificação do novo Antunes com o seu modelo, salvaguardando a identidade de cada um:

> O padre Manuel Antunes emergiu, então, da palhota e veio receber o escravo. O português estava descalço e trajava apenas uma capulana, enrolada à cintura. Do pescoço, pendia-lhe um colar de sementes e búzios.
> – Não sou Manu Antu!, disse ele. Sou Nimi Nsundi.
> O escravo Xilundo permitiu-se sorrir. O nome "Nimi Nsundi" só existia na cabeça do sacerdote. Na verdade, as pessoas da aldeia chamavam-no Muzungu Manu Antu e estavam lidando com ele

---

36 *Ibidem*, p. 66.
37 *Ibidem*, p. 235.

como um nyanga branco. Manuel Antunes, ou seja, Manu Antu, aceitara tacitamente ser considerado feiticeiro, rezador de bíblia e visitador de almas.

Aprendera a lançar os búzios e ler os desígnios dos antepassados. No terreiro, frente à casa, o português misturava rituais pagãos e cristãos. E procedia como nunca nenhum adivinho antes fizera: em cima de uma esteira colocava a pedra de ara que havia pertencido a Silveira. A seu lado se conservava um pedaço de madeira que, à primeira vista, surgia informe mas, depois, se configurava como um pé[38].

É curioso que, do passado, Antunes tenha guardado objetos ligados ao jesuíta e ao escravo, representantes de crenças diferentes que ele combina num ritual novo. O antigo sacerdote é tão híbrido como as mitológicas sereias, o que lhe confere uma identidade própria, distinta da dos outros adivinhos. Por outro lado, evidencia-se a distância entre a identidade imaginada por Antunes e a identidade que a comunidade lhe reconhece, o que complexifica essa questão. Mesmo considerando-o "nyanga", para a população local a sua cor continua a ser um traço identitário relevante. O nome pelo qual o conhecem, embora um pouco alterado, mantém-se próximo do original. O próprio narrador designa-o repetidamente como "português". No final da travessia marítima e identitária, Manuel Antunes reparte-se, como diria Nsundi[39], por várias culturas, exibindo a interidentidade própria de um "contrabandista entre dois mundos"[40], ser plural como o universo.

---

38 *Ibidem*, pp. 361-2.
39 "Uns dizem que nos dividimos entre religiões. Não nos dividimos: repartimo-nos" (*ibidem*, p. 131).
40 Mia Couto e Luísa Jeremias, "Sou um contrabandista entre dois mundos", *A Capital*, Lisboa: 2000, ano XXXIII (II Série), n. 10126, p. 29.

UM SECRETÁRIO ENTRE DOIS MUNDOS

Enquanto Manuel Antunes aportou à Ilha de Moçambique já transfigurado, no caso de Francisco José, como já acima ficou dito, só em terra ele fará a sua jornada interior.

A chegada do jovem jesuíta coincide com uma época particularmente conturbada, marcada por uma crise política e religiosa, enfim, por uma crise de valores a que o próprio clero não escapa, contestando o narrador sutilmente, tal como em *O outro pé da sereia*, a versão oficial da colonização portuguesa:

> Cheguei num momento de insídia e inquietação, estava o reino dividido, umas fações contra os portugueses e outras a favor; umas contra a Igreja e contra os padres, que acusavam de destruir as tradições indígenas, o que era certo, e outras defendendo a rápida cristianização de todo o reino. Também os irmãos jesuítas se não entendiam. Logo descobri que à maior parte destes religiosos apenas interessava o número de peças que podiam resgatar e enviar para o Brasil, encontrando-se ali mais na condição de comerciantes da pobre humanidade do que na de pastores de almas. Poucos agiam com verdadeira misericórdia e caridade para com aquele infeliz gentio que, afinal, nos cabia instruir e converter[41].

Vêm a propósito as palavras de Bakhtin sobre o que ele designa como romance de aprendizagem realista: "A evolução do homem é indissociável da evolução histórica. A formação do homem se faz no *tempo histórico* real, necessário, com seu futuro, com sua profunda cronoti-

---

41 José Eduardo Agualusa, *A rainha Ginga, op. cit.*, pp. 25-6.

picidade"[42]. O contexto que o protagonista encontra à sua chegada não deixará de influenciar o rumo da sua vida, em alguns passos tão aventurosa como a do herói da *Peregrinação*.

Para já, contrariamente ao previsto, o narrador-protagonista não irá "juntar[-se] aos irmãos jesuítas numa escola que há poucos anos estes haviam fundado"[43] e participar na evangelização do Reino do Congo. Optará antes por se tornar secretário da Ginga, iniciando o seu afastamento da Igreja, conforme perceberá mais tarde: "Ao ir ter com a Ginga estava na verdade fugindo da Igreja – mas nessa altura ainda o não sabia, ou sabia, mas não ousava enfrentar as minhas mais íntimas dúvidas"[44]. Pode considerar-se que a rainha contribuiu para esta cisão, pois, como ela sublinha, não pretendia um padre: "Ela pedira um secretário, não um sacerdote"[45].

Na sua nova vida, Francisco vai experimentar o que se pode chamar um choque cultural, reflexo da sua condição de estrangeiro e de clérigo. Não por acaso, a primeira surpresa chega com a língua falada pela soberana: "Tudo isto me disse a Ginga, na língua dela, que na altura me soava não só estranha como impossível"[46]. O seu riso surge diabólico aos ouvidos do jovem jesuíta: "Dizendo isto agitou as malungas, soltou uma gargalhada áspera, que a mim me pareceu que era o mafarrico quem assim se ria"[47]. Enfim, os relatos de "cerimônias e superstições gentílicas"[48] ou certos hábitos locais horrorizam o protagonista e provocam-lhe sonhos assustadores que traduzem a sensação de perigo:

---

[42] "Le Roman d'apprentissage et sa signification dans l'histoire du réalisme", em: *Esthétique de la création verbale*, Paris: Gallimard, 1984, p. 229.
[43] José Eduardo Agualusa, *op. cit.*, p. 25.
[44] *Ibidem*, p. 26.
[45] *Ibidem*, p. 15.
[46] *Ibidem*, p. 14.
[47] *Ibidem*, p. 16.
[48] *Ibidem*.

> Regressei com o coração descompassado à casa que me fora entregue. Nessa noite, um sonho ruim me afligiu. Achava-me sozinho na selva confusa, e um exército de ferozes pássaros negros, cada qual do tamanho de um cavalo, descia do céu para me ofender. Despertei em prantos, às primeiras luzes da manhã, sentindo-me como uma criança perdida na cova do leão[49].

A demonização do outro, no entanto, vai dar lugar a uma progressiva aculturação, com particular destaque para a aprendizagem da língua antes considerada "estranha": "Pedi a Domingos Vaz que me ensinasse quimbundo. As línguas de Angola sempre me soaram redondas e harmoniosas, muito mais do que as do velho mundo, mesmo se tantos sábios as têm por bárbaras"[50]. O amor por uma mulher negra contribuirá também para derreter o gelo. Apesar dessa mudança, o secretário da Ginga nunca poderia dizer-se, como fez o padre de *O outro pé da sereia*, um cafrealizado:

> Lancei-me aos seus pés [de Ginga], como é regra entre os ambundos diante de um soba ou de outro alto dignitário, com a diferença de que arrojam areia ou cinza sobre a própria cabeça, e eu não tinha ali nem areia nem cinza e ainda que tivesse não o faria. Nunca o fiz[51].

De certa maneira, a sua situação é mais complexa do que a de Manuel Antunes, dada a hibridez constitutiva desse descendente de uma índia e de um mulato. O questionamento da concepção essencialista de raça e identidade é exponenciado. Mesmo o santo que parece acreditar no contrário, não deixa de estar contaminado pela sabedoria ambundo:

---

49 *Ibidem*, p. 20.
50 *Ibidem*, pp. 46-7.
51 *Ibidem*, p. 238.

Jerónimo Vogado deve ter sentido a sombra da incerteza velando as minhas palavras porque voltou a enterrar nos meus os seus duros olhos de santo. Espetou um dedo áspero no meu peito e citou um dito ambundo: por muito tempo que um tronco permaneça no rio nunca se transformará em crocodilo[52].

A presença de Francisco na corte de Ginga coloca a questão da sua identidade ainda a outro nível. Se Manuel Antunes começou por ser o escrivão oficial da missão ao Monomotapa, também o jovem brasileiro desempenha um cargo ligado ao poder, mas no gume entre dois mundos. De fato, "Nas palavras de Diogo Menezes, o governador não me enviara ao Dongo para servir aos negros, e sim para o servir a ele e à coroa"[53]. O mesmo pensa o rei Ngola Mbandi, pelo que desconfia do secretário, no que é contrariado pela irmã. Mais uma vez, o que está em causa é a identidade que os outros atribuem a Francisco. Aparentemente, o partido dele fica claro quando escreve uma carta que consegue ludibriar os portugueses, permitindo a fuga e a salvação da rainha. No entanto, essa situação deixa-o desconfortável e leva-o a questionar o seu sentido de pertença e, cumulativamente, a sua identidade:

> Sentia-me tomado por uma terrível angústia. Custava-me mentir. Custava-me ainda mais assumir o papel de traidor. Eu traíra os meus, conquanto nunca os tivesse sentido como meus, senão que com eles partilhava a língua e a fé em Nosso Senhor Jesus Cristo[54].

A mesma ambivalência manifesta-se noutros momentos do romance, mostrando um narrador também ele repartido por vários mundos, nos quais participa sem pertencer a nenhum:

---

[52] *Ibidem*, p. 61.
[53] *Ibidem*, p. 38.
[54] *Ibidem*, pp. 71-2.

> Li-a [a carta que o governador enviou a Ginga], em voz pausada, assustado e envergonhado com o que ia lendo, e depois Cipriano traduziu-a para quimbundo[55].
> A notícia [da fuga de Luanda dos portugueses] deixou-me dividido: por um lado sentia-me exultante, pois fora um triunfo rápido, com escassos mortos e feridos de ambas as partes; por outro, não podia deixar de me sentir vexado, enquanto ouvia Jol e os restantes oficiais troçarem da facilidade com que os portugueses haviam retirado [...][56].

Daí que o narrador, na parte final daquilo a que chama ambiguamente o seu testemunho, reconheça a impossibilidade do sujeito unitário e estático:

> Nascemos, crescemos, fazemo-nos adultos e depois velhos. Não habitamos ao longo da vida um único corpo, e sim inúmeros, um diverso a cada instante. A essa corrente de corpos que uns aos outros se sucedem, e aos quais correspondem também diferentes pensamentos, diferentes maneiras de ser e de estar, poderíamos chamar universo – mas insistimos em chamar indivíduo[57].

Por isso é que uma autobiografia ou um romance de aprendizagem podem ser interrompidos ou deixados em aberto, mas nunca terminados: "O fim, ou quiçá não. O cético acha que se o final é feliz, talvez ainda não seja o final. O que tem fé sabe que não existe final – tudo são começos"[58].

---

[55] *Ibidem*, p. 86.
[56] *Ibidem*, p. 215.
[57] *Ibidem*, p. 245.
[58] *Ibidem*, p. 243. O epílogo existente na obra parece contrariar esta afirmação. No entanto, sendo *A rainha Ginga* um texto também ele híbrido, pensamos que o epílogo, que abre com a notícia da morte da rainha africana, apenas encerra a parte histórica da narrativa. O futuro das personagens restantes permanece em aberto.

"CHERCHEZ LA FEMME"

Na conversa final com D. Gonçalo, para além de cafrealizado, Manuel Antunes revela-se também apaixonado:

> Antunes confessou ainda a Silveira que, no decurso da estadia na corte [do Monomotapa], ele conhecera uma mulher que incandescera o seu apagado coração. Embora nada tivesse acontecido, ele queria que acontecesse. Tinha ido para padre por causa de um amor proibido. Deixava a batina por causa de um amor que ele mesmo autorizava[59].

O reencontro com o amor marca o fechamento do ciclo formativo com o selo próprio do protagonista, que se torna dono de si mesmo. Se em muitas narrativas de aprendizagem o casamento final do herói traduz a sua integração na ordem estabelecida, nesse caso, o enamoramento do protagonista é sinal da fidelidade a si próprio.

Essa conquista decorre de um processo que se desenvolve ao longo da viagem. No início, a batina não protege o jovem sacerdote das investidas do desejo. É o que se percebe quando o encontramos, depois de ter carregado a estátua da Virgem e de Nsundi a ter identificado como kianda, a ser perseguido por "sonhos eróticos" e "pecaminosos pensamentos", contra os quais luta. Num desses delírios, uma voz feminina pede-lhe: "– Toque-me, toque em mim que eu o farei renascer"[60]. Contrariando a retórica católica, segundo a qual as descendentes de Eva seriam sinônimo de tentação, pecado e perdição, é na mulher que reside a possibilidade de regresso à vida, como se confirma no final.

---

59 Mia Couto, *O outro pé da sereia*, op. cit, p. 302.
60 *Ibidem*, p. 67.

Mais tarde, essa mulher sonhada dá lugar a uma mulher de carne e osso, Dia Kumari, de cujo corpo o sacerdote não consegue abstrair-se: "Olhando a indiana ofegante, o padre Antunes não pôde deixar de recordar o seu corpo sedutor, os seios balançando no alto da enxárcia. Esfregou o rosto para afastar a tentadora lembrança"[61]. Um passo mais e o corpo dessa mulher deixa de ser apenas uma lembrança para se tornar bem real e próximo: "[O padre] Segurou no papel e soletrou com voz tão sumida que a aia se viu obrigada a encostar-se à batina do lusitano. Mais trémula se tornou a voz do padre"[62]. Nessa fase, o sacerdote já não combate o seu desejo nem com preces, nem com gestos. Por fim, o encontro com a deusa ocorrerá, como vimos acima, quando assumir a sua nova identidade e se libertar do destino que lhe tinham imposto.

No romance angolano, Francisco José, inexperiente no campo amoroso, ao contrário de Antunes, é despertado por uma súdita de Ginga:

> Domingos Vaz por certo reparou no meu olhar, preso nos delicados peitos da menina [Muxima], pois me disse, sorrindo, que a podia tomar e deitar-me com ela, se tal fosse o meu desejo.
>
> Recuei, com horror. Como podia propor-me tal abominação, sendo a moça sua esposa – ainda que apenas segundo os rituais gentílicos – e eu um servo de Deus?
>
> Domingos Vaz voltou a sorrir. Retorquiu, brandamente, ser costume nos sertões de Angola oferecer uma das mulheres, de modo geral a mais nova, aos forasteiros ou a alguém por quem nutria particular afeto. Pois que visse o gesto dele como o de um amigo que me queria muito bem. [...]
>
> – O Deus dos Cristãos está muito longe – acrescentou Domingos Vaz. Ouvindo-o, estremeci[63].

---

61 *Ibidem*, p. 241.
62 *Ibidem*.
63 José Eduardo Agualusa, *op. cit.*, p. 21-2.

A partir daqui o outro, que é a mulher, vai revelar-se fundamental para o conhecimento e o percurso do "eu". Assim, apesar da recusa inicial, Muxima, cujo nome muito apropriadamente significa "coração", entrou na vida e nos sonhos do narrador-protagonista:

> Uma noite sonhei com ela. [...] Recordei-me do que me contava a minha avó índia sobre a arte de voar dos pajés – ou "santidades", como também lhes chamam. Não achei nisso artimanha do Demónio, pois no que sonhava não havia lugar para o mal, e sim a memória de um saber muito antigo que o meu sangue preservava. Acordei alagado em suor e tremendo muito, e subitamente tudo era lúcido e claro como uma tarde de sol. O meu destino estava ligado ao de Muxima, para sempre, para além de existir tempo e o veneno do tempo, e não havia pecado nisso, pois não havia pecado. Já não era mais um servo do Senhor Jesus, era um homem livre[64].

Na leitura do jovem enamorado, a mulher tem uma função libertadora que o leva a pôr em causa a existência do pecado, a inverter a doutrina oficial da Igreja sobre o gênero feminino e o pecado e, por conseguinte, a romper com a Igreja: "Eu fizera uma escolha. O Paraíso deixara de ser para mim algo abstrato e remoto. O Inferno também. O Paraíso era ela e o ar que ela respirava, e o Inferno a ausência dela. A toda a volta só havia demônios"[65]. Um desses demônios é a guerra, acontecimento que serve de pano de fundo ao primeiro encontro amoroso entre ambos, atuando o amor como lenitivo e sinal de esperança no futuro:

> Recolhi-me a casa, atordoado por tanta maldade. [...]
> Estava pois nesta inquietação quando senti alguém entrando em casa. Erguendo o olhar vi Muxima avançar para mim. Sorrindo, soltou o

---

64 *Ibidem*, p. 54.
65 *Ibidem*, p. 72.

pano que trazia preso ao busto, deixando-o cair. [...]. Abraçou-me, eu abracei-a, e então soube porque o destino – e reparem que escrevo o destino, não escrevo Deus – me lançara para África[66].

Apesar da euforia do narrador protagonista, e de acordo com a natureza complexa e instável do "eu", ele não deixa de experimentar um conflito interior:

Adivinhou [Cipriano] a confusão que me ia na alma, o tormento de me achar tão dividido entre a fé em Cristo e um amor contra Deus e contra a lei, por um lado, e, por outro, entre a bandeira de Portugal e a causa justa, porém inimiga, da rainha Ginga[67].

O enamoramento por Muxima acaba por dar origem a uma crise religiosa ("Fui perdendo a fé ao mesmo tempo que me via apartado do meu amor"[68]), agudizada pela situação da amada: "Aquela terrível notícia [Muxima seria vendida para o Brasil] acirrou a minha crise de fé. Recusava-me a cultuar um Deus que eu sentia, senão como obreiro, ao menos como cúmplice de tantas e tão cruéis perversidades"[69]. Tal como Manuel Antunes, também o clérigo pernambucano, embora por uma questão pessoal, se confronta com a questão da escravatura e do tráfico negreiro, manifestação do mal à qual Deus parece indiferente. O que se passa à sua volta leva-o a pôr em causa a doutrina dos "velhos mestres", entre eles Santo Agostinho, "que para salvar Deus, para o inocentar enquanto criador do mal, [...] condenava a humanidade"[70]. É por isso que chega ao final da vida agnóstico:

---

66 *Ibidem*, p. 68.
67 *Ibidem*, p. 81.
68 *Ibidem*, p. 82.
69 *Ibidem*, p. 83.
70 *Ibidem*.

> Atente-se no meu caso, que fui um jovem padre e devoto e me acho hoje, à beira da morte, não só afastado de Cristo, mas de qualquer Deus, pois todas as religiões me parecem igualmente danosas, culpadas do muito ódio e das muitas guerras em que a humanidade se destrói[71].

Curiosamente, o mal deixa de residir naqueles que desconhecem a palavra de Deus, para se transferir para a própria Igreja.

Antes de atingir esse estágio, admite experimentar por vezes uma certa nostalgia "de um mundo amparado pela presença de um pai", mas acaba por reconhecer que "Viver sem Deus é uma responsabilidade muito grande, mas, como qualquer responsabilidade, faz-nos crescer"[72]. Enquanto "epopeia de um mundo sem deuses", na famosa definição de Lukács[73], o romance seria o gênero por excelência para representar esse ser desamparado, mas livre.

Apesar de Muxima não ser a única mulher na vida de Francisco José[74], ela desempenha um papel capital na sua (auto)biografia, não só porque provoca vários trânsitos identitários na personagem masculina, mas também porque ela própria sofre esses mesmos trânsitos identitários, o que não deixará de se refletir no relacionamento entre ambos. Assim, aquela mulher que o narrador-protagonista conheceu como a mais jovem esposa de Domingos Vaz, em Luanda, passará de escrava a dona de escravos, num processo semelhante ao que sucede a Ana Olímpia, em *Nação crioula*. A alteração da sua identidade traduz-se na adoção de um outro nome, D. Inês de Mendonça. Nas palavras do narrador, a segunda difere bastante da primeira:

---

[71] *Ibidem*, p. 245.
[72] *Ibidem*, p. 99.
[73] Georg Lukács, *Teoria do romance*, Lisboa: Presença, [s/d], p. 101.
[74] Durante o tempo que esteve separado dela, o protagonista cruzou-se, nas suas várias andanças, com a cigana Sula, com a qual viveu uma aventura em Angola e no Brasil.

> A mulher que eu conhecera na ilha da Quindonga, com o nome de Muxima, era leve como um pássaro e lisa como um peixe. Achei-a, nessa altura, livre de todo o mal. Não via atuar nela nem a serpente da inveja, nem o dragão da cobiça, tão-pouco o petulante pavão da vaidade. Era simples como a água – bela por ser tão simples.
>
> Dona Inês de Mendonça, pelo contrário, impunha a sua presença. Ocupava todo o ar. O peso dos seus passos anunciava-a ao longe. Vestia com luxo e ostentação. Nunca saía sem o brilho de muita prata. Raramente gritava, mas punha tanta autoridade na voz que era como se o fizesse mesmo sussurrando. Embora fosse sempre doce comigo e com Cristóvão [o filho de ambos], enchendo-nos de mimos e gentilezas, mostrava-se muitas vezes rude com os escravos e a criadagem[75].

Num processo que recorda Rousseau, a boa selvagem, simples emanação da natureza, acaba por ser transformada pela cidade e pelo poder, afastando-se do ser puro, idílico e perfeito pelo qual o narrador se tinha enamorado, o que dita o afastamento entre eles: "Pouco a pouco foi-se aprofundando entre nós uma distância amarga, que a magoava mais a ela do que a mim"[76]. Pela experiência da vida, o antigo secretário da Ginga compreenderá que o amor é um espelho deformante:

> Muito mais tarde, enquanto envelhecia, compreendi que o amor exige uma espécie de cegueira. Amamos não quem os nossos olhos enxergam, mas quem o nosso coração demanda. O ser amado é, quase sempre, uma invenção indulgente de quem ama[77].

Como já vimos a propósito de Manuel Antunes, para além do que cada um é (ou está), há ainda o que os outros pensam que ele é (ou

---

75 *Ibidem*, p. 246.
76 *Ibidem*.
77 *Ibidem*, p. 140.

está). Neste mundo de identidades movediças, não há lugar para o apaziguante e definitivo final feliz sob a forma de casamento.

CONCLUSÃO

Ao colocar em diálogo dois romances do sul, um angolano e outro moçambicano, estabelecemos uma ponte entre duas margens. Qualquer uma das obras se apresenta como uma teia tecida de vários (sub)gêneros romanescos, desafiando categorias estabelecidas. O romance de aprendizagem é um fio comum às duas tramas, embora de maneira diferente: em *O outro pé da sereia*, a história do padre Manuel Antunes está encaixada numa narrativa mais ampla, de inspiração histórica, que revisita um acontecimento importante do passado moçambicano, ao passo que *A rainha Ginga*, apesar do título, é sobretudo a narrativa das transformações pelas quais passou Francisco José de Santa Cruz.

A componente histórica é fundamental tanto num romance como no outro, pois os dois protagonistas são sacerdotes que se debatem com um mundo onde o inferno não são os outros, os pagãos, mas os próprios católicos, o que implica não só a revisão da questão do mal, mas também do discurso oficial sobre a colonização e do papel da Igreja nesse empreendimento. Nenhum deles fica indiferente ao que se passa à sua volta: escravatura, tráfico humano, ambição desenfreada, guerra. Ambos experimentam uma crise identitária que os leva a abandonar a Igreja e a transitar por e para outros territórios, recusando uma identidade imposta, fixa e unitária. Assentando o *Bildungsroman* no impacto formativo do acontecimento, não poderia ser de outro modo. A sua aptidão para tratar questões relacionadas com a formação da identidade, com identidades fluidas, não é pequeno trunfo em tempos pós-coloniais.

REFERÊNCIAS

AGUALUSA, José Eduardo. *A rainha Ginga. E de como os africanos inventaram o mundo*. Lisboa: Quetzal, 2014.

BAKHTIN, Mikhail [1979]. "Le Roman d'apprentissage et sa signification dans l'histoire du réalisme". Em: *Esthétique de la création verbale*. Trad. Alfreda Aucouturier. Paris: Gallimard, 1984.

BRUGIONI, Elena. *Mia Couto: representação, história(s) e pós-colonialidade*. Vila Nova de Famalicão: Húmus, 2012.

COUTO, Mia. *O outro pé da sereia*. Lisboa: Caminho, 2006.

_____; **JEREMIAS**, Luísa. "Sou um contrabandista entre dois mundos". *A Capital*. Lisboa: 2000, ano XXXIII (II Série), n. 10126.

DILTHEY, Wilhelm [1906]. *Das Erlebnis und die Dichtung. Lessing, Goethe, Novalis, Hölderlin*. Leipzig: Reclam, 1991.

FERNÁNDEZ VÁZQUEZ, José Santiago. *La novela de formación: una aproximación a la ideología colonial europea desde la óptica del* Bildungsroman *clásico*. Alcalá de Henares: Universidad de Alcalá de Henares, 2002.

LUKÁCS, Georg [1920]. *Teoria do romance*. Trad. Alfredo Margarido. Lisboa: Presença, [s/d].

RODRIGUES, Kamila Katarzyna Krakowska. *Na demanda da ideia de nação: as viagens pós-coloniais em Mário de Andrade e Mia Couto*. 283f. Tese (Doutorado em Letras) – Universidade de Coimbra. Coimbra: 2014. Disponível em: <https://eg.uc.pt/handle/10316/25805>. Acesso em: jun. 2020.

RODRÍGUEZ FONTELA, María de los Ángeles. *La novela de autoformación. Una aproximación teórica e histórica al "Bildungsroman" desde la narrativa hispánica*. Universidad de Oviedo/Reichenberger: Kassel, 1996.

_____. *Poética da novela de autoformação. O* Bildungsroman *galego no contexto narrativo hispánico*. Santiago de Compostela: Centro de Investigacións Lingüísticas e Literarias Ramón Piñeiro, 1996.

SANTOS, Lina. "Novo livro de José Eduardo Agualusa apresentado hoje". Diário de notícias, 6 jun. 2014. Disponível em: <https://www.dn.pt/artes/livros/novo-livro-de-jose-eduardo-agualusa-apresentado-hoje-3957831.html>. Acesso em: jun. 2020.

VALENTIM, Jorge Vicente. "Entre mapas movediços e águas míticas, alguns jogos de espelho em *O outro pé da sereia*, de Mia Couto". *Crítica Cultural*. Palhoça: 2011, v. 6, n. 2, pp. 367-92. Disponível em: <http://www.portaldeperiodicos.unisul.br/index.php/Critica_Cultural/article/view/771>. Acesso em: jun. 2020.

FICÇÃO CIENTÍFICA BRASILEIRA CONTEMPORÂNEA: UMA LEITURA SOBRE BRAULIO TAVARES E LADY SYBYLLA

Cristhiano Aguiar

A LITERATURA FANTÁSTICA E ALGUMAS PERGUNTAS

QUERO COMPARTILHAR COM VOCÊS a leitura de dois contos contemporâneos brasileiros que considero relevantes ao universo da ficção científica. Caminharemos guiados por algumas perguntas. A principal seria esta: o que o fantástico brasileiro, no qual situo as narrativas de ficção científica, tem a nos dizer? Analisarei os contos escolhidos respeitando as suas próprias especificidades e complexidades. Não pretendo buscar uma suposta alma "brasileira" nessas histórias. Acredito que a obsessão pelo nacional, ao debatermos o fantástico produzido entre nós, é uma armadilha que nos leva a um beco sem saída. O fantástico e a ficção científica são de fato uma novidade na literatura brasileira? Já tivemos, em nossa tradição literária, obras dedicadas a essa vertente? O desdobramento dessa pergunta implica nos perguntarmos o que, afinal de contas, quero dizer quando uso a palavra "fantástico".

Minha escolha pelo tema se justifica pelo fato de que o fantástico se tornou, na ficção brasileira contemporânea, uma importante tendência. Podemos ver as marcas dessa relevância por todo lado: consolidação de novas pesquisas acadêmicas sobre o tema, ampliação de lançamentos editoriais, aumento do número de vendas, bem como novas gerações de escritoras e escritores se dedicando a essa vertente. O protagonismo da literatura fantástica nas curadorias dos festivais literários e bienais do livro, por exemplo, é outro sinal importante ao qual devemos prestar atenção. Além disso, um rápido passeio pela internet nos revela uma grande quantidade de conteúdo produzido relacionado ao fantástico, seja por parte de criadores, que utilizam plataformas digitais de autopublicação das mais diversas, seja por parte de influenciadores digitais.

Não cabe no escopo do presente ensaio uma profunda investigação teórica sobre um conceito cuja teorização é variada e polêmica. No entanto, é possível arrumarmos um pouco a nossa casa e caminharmos a partir daí. Em primeiro lugar, os estudos acadêmicos mais recentes têm usado o termo "insólito" com maior frequência do que "fantástico". Embora eu entenda as razões dessa mudança terminológica e a adote no meu trabalho mais propriamente acadêmico, continuarei, aqui, a usar "literatura fantástica", pois acredito que essa é uma ideia mais acessível ao leitor não especializado, sendo também um termo consagrado no mercado editorial brasileiro.

O fantástico parte de um consenso do que seria a nossa realidade cotidiana e, a partir desse consenso, imagina um novo pacto sobre o que pode vir a ser essa mesma realidade. Em alguns casos, como vemos em *O Hobbit* ou em *O senhor dos anéis*, de J. R. R. Tolkien, ou da ficção científica do ciclo de livros *Fundação*, escritos por Isaac Asimov, não se trata somente de ampliar, questionar, reconstruir nossa realidade, mas de propor, na prática, um mundo imaginário totalmente novo. Muitos teóricos falam da literatura fantástica como um campo de exploração das fronteiras da própria realidade. Nesse sentido, outros teóricos – e no Brasil o escritor Roberto de Sousa Causo, por exemplo – propõem chamar algumas das vertentes do fantástico de *ficção especulativa*. Faz sentido: a partir do dia a dia, o fantástico especula sobre o real e suas possibilidades.

Isso não significa, por outro lado, que o realismo seja uma coisa só ou que não haja um trabalho de imaginação na literatura realista. Mesmo a obra literária mais calcada numa apuração documental da realidade social é, em última instância, um resultado da capacidade humana de fabular, de imaginar outras vivências e existências. Dentro do realismo, temos romances como *O primo Basílio*, de Eça de Queirós; *O cortiço*, de Aluísio Azevedo; *Senhora*, de José de Alencar;

Cidade de Deus, de Paulo Lins; e *São Bernardo*, de Graciliano Ramos. Embora nenhum deles rompa com um consenso racionalizante e ocidental do que seria a realidade, e em todos eles tenhamos uma preocupação em representar papéis sociais e espaços sociais historicamente reconhecíveis, cada uma das obras citadas constrói, ainda assim, um universo particular, propondo experiências literárias enriquecedoras aos seus leitores. Ainda no realismo, temos obras experimentais, poéticas e desafiadoras, como *A paixão segundo G.H.*, de Clarice Lispector; *Os cus de Judas*, de António Lobo Antunes; *Lavoura arcaica*, de Raduan Nassar; e *Luanda Lisboa Paraíso*, de Djaimilia Pereira de Almeida. Embora sejam muito diferentes entre si e não possam ser consideradas obras realistas que buscam um registro mais "fotográfico" da realidade, ainda assim compartilham uma base realista consensual.

Voltemos, porém, ao fantástico.

Imaginemos um grande guarda-chuva, que abriga dentro de si todas as obras cujas características peculiares não nos permitam enquadrá-las como pertencentes ao universo do realismo literário. Esse guarda-chuva é o fantástico. Dentro dele, há variadas vertentes. Temos, por exemplo, o conjunto de narrativas das estéticas do gótico dos séculos XVIII e XIX, tão bem estudadas pelo teórico búlgaro Tzvetan Todorov no seu clássico livro *Introdução à literatura fantástica*. São contos nos quais a normalidade burguesa é afetada por uma intromissão perturbadora de algo que pode vir a ser o sobrenatural. Embora essa vertente do fantástico tenha adquirido em nossa literatura brasileira um caráter secundário, foi praticada por boa parte dos nossos escritores ao longo dos séculos XIX e XX. Esses romances, contos e novelas são precursores do que viria a ser a rica estética do horror nos séculos XX e XXI.

O que mais temos? A ficção científica, que por si só se ramifica em diferentes categorias; a fantasia, que também se ramifica em subvertentes; a modernização, realizada a partir do romantismo, dos contos maravilhosos orais, conhecidos entre nós como contos de fadas; o horror e o terror; o realismo maravilhoso latino-americano, ecoando depois no romance europeu, estadunidense, asiático e africano; a matriz kafkiana, chamada por Sartre de "fantástico humano", na qual, segundo o filósofo francês, há a "revolta dos meios contra os fins"; as escritas surrealistas; o mundo *pop*, metalinguístico e *nonsense* dos romances pós-modernistas das décadas de 1960-80, como é o caso, no Brasil, de um *Panamérica*, de José Agripino de Paula, ou, nos Estados Unidos, do *Arco-íris da gravidade*, de Thomas Pynchon. E há toda uma gama de narrativas – e chamá-las de fantásticas é algo passível de debates – nas quais uma base realista é o ponto de partida, porém elas são tão atmosféricas, tão estranhas e tão posicionadas numa linha limítrofe a um território sombrio que nos perguntamos se não poderiam ser chamadas de literatura fantástica por adoção. Cada uma dessas vertentes, entre outras que poderiam ser citadas, é um universo próprio a ser trilhado. Em cada uma delas, há uma rica história cultural a ser desvendada, composta de comunidades de leitores, obras canônicas ou injustiçadas, críticos literários especializados, editoras especializadas, polêmicas, interpretações teóricas em conflito...

Muito curiosa, porém, é a observância de dois fenômenos. Em primeiro lugar, ao longo da história de uma literatura, é interessante nos indagarmos o quão centrais foram as obras fantásticas para o seu desenvolvimento. Assim, em um país como o Brasil, o fantástico sempre foi praticado, mas a centralidade dos debates e da formação do nosso cânone enfatizou variantes do realismo. O mesmo não pode ser dito, por outro lado, da literatura inglesa ou das obras produzidas nas literaturas africanas de língua portuguesa, cujo contexto pós-colonial com frequência estabeleceu um diálogo com o realismo maravilhoso.

O outro fenômeno, que diz respeito aos leitores e sobretudo à crítica especializada, é entendermos o quanto, dentro das diferentes veredas do fantástico, algumas delas sempre tiveram mais prestígio, mais legitimação, do que outras. Dessa maneira, o conjunto de ficções do que estou chamando de gótico do século XIX teve sempre muito mais prestígio crítico do que a fantasia criada por Tolkien, Lewis e Robert E. Howard, por exemplo. As fantasmagorias de Kafka foram muito mais influentes e legitimadas do que aquelas produzidas por H. P. Lovecraft, assim como o realismo maravilhoso sempre teve mais respeito editorial e crítico do que a ficção científica. Mais uma vez, embora essa pergunta esteja ocupando minha mente nos últimos tempos, não me cabe esboçar hipóteses de resposta nesse momento.

É por isso que meu foco será ler não um fantástico brasileiro kafkiano ou aquele que se aproxima do real maravilhoso hispano-americano. Para além do meu gosto pessoal por ficção científica, sou movido também pelo propósito de contribuir para uma maior visibilidade da literatura contemporânea brasileira de ficção científica. É isso, aliás, que temos observado no que chamei antes de renovado interesse da literatura fantástica no Brasil. Nossos(as) leitores(as) e autores(as) estão, dentro das possibilidades do fantástico, resgatando e cultivando com especial afinco a fantasia, a ficção científica e o horror em suas mais diversas vertentes.

FICÇÃO CIENTÍFICA BRASILEIRA CONTEMPORÂNEA: LENDO LADY SYBYLLA E BRAULIO TAVARES

A ficção científica (FC), dependendo da perspectiva histórica e teórica, possui uma origem bastante antiga, podendo ter como seus precursores a sátira menipeia da Antiguidade clássica e as narrativas utópicas consolidadas a partir do século XVI. A partir do século XVIII, é importante lembrar das sátiras, permeadas de deliciosa selvageria, do romance *As viagens de Gulliver*, de Jonathan Swift, e alguns dos contos filosóficos de Voltaire, dos quais destaco "Micromegas". A primeira obra moderna de ficção científica, porém, mistura o imaginário gótico com a ciência. Refiro-me ao romance da escritora inglesa Mary Shelley que extrapolou a própria figura da sua autora: *Frankenstein, ou o Prometeu moderno*, publicado pela primeira vez em 1823. A partir daí, surgiram nomes que escreveram os clássicos do gênero, definindo um conjunto de temas, tipos de personagens e ideologias recorrentes. Basta lembrar de nomes como Edgar Allan Poe, Júlio Verne, H. G. Wells, Charlotte Perkins Gilman, Edgar Rice Burroughs, Isaac Asimov, Arthur C. Clarke, Philip K. Dick, chegando a importantes autoras que estão redefinindo a FC atual, tais como Ursula K. Le Guin, Octavia Butler ou Margaret Atwood. A lista é longa e riquíssima.

Como definir a FC? Trata-se de narrativas que constroem seus universos ficcionais tomando como ponto de partida especulações científicas. A tendência da FC é a de realizar exercícios de imaginação a partir de conceitos retirados da física, química, biologia, matemática ou engenharias, por exemplo. É por isso que, das modalidades do fantástico, a FC é aquela que apresenta um imaginário frequentemente permeado pela tecnologia. No entanto, nada impede que haja também diálogos da FC com as ciências humanas – história, economia, sociologia e antropologia, em especial. De *Star Trek*, passando por *O presidente negro*, de Monteiro Lobato, ou os contos, novelas e romances de Ursula K. Le Guin, o campo de reflexões humanístico ajuda a construir uma base de especulações sobre política, produção e circulação de riquezas, organização social, violência, cultura.

No Brasil, segundo apontam os estudos de Roberto de Sousa Causo e Nelson de Oliveira, a FC se desenvolve no século XIX com forte influência de Júlio Verne, H. G. Wells e (eu acrescentaria) dos contos científicos de Edgar Allan Poe. Em um registro mais contemporâneo, temos uma primeira geração coesa surgindo a partir de 1960 com autores como André Carneiro e Dinah Silveira de Queiroz, por exemplo. Meu recorte, como apontado antes, será ainda mais contemporâneo. Escolhi para análise um conto do paraibano Braulio Tavares, autor representativo da segunda geração da FC brasileira, geração essa que desponta a partir da década de 1980. Também selecionei um conto da paranaense Lady Sybylla, autora da novíssima geração. Os contos foram extraídos da excelente antologia *Fractais tropicais: o melhor da ficção científica brasileira*, organizada por Nelson de Oliveira[1].

"CÃO 1 ESTÁ DESAPARECIDO"

Sobrevivência – esse é um dos mais antigos temas das narrativas literárias. Da *Ilíada*, passando pelo romance *Robinson Crusoé*, de Daniel Defoe, ou pela novela não ficcional *Relato de um náufrago*, de Gabriel García Márquez, escritores e escritoras têm nos contado histórias sobre a luta dos seus personagens pela própria sobrevivência em condições adversas. "Cão 1 está desaparecido", de Lady Sybylla, é um representante contemporâneo dessa tradição temática.

Desde seu primeiro parágrafo, o conto nos lança numa atmosfera de destruição total:

> Sashi sentia o corpo quente, grudando de suor; como se pesasse uma tonelada. Um vento poeirento batia em seu rosto. O mundo à sua volta tinha desaparecido com a explosão nuclear, seguida por um flash e uma forte onda de calor. As construções viraram poeira no ponto zero e danos estruturais se sucederam ao redor como

---

[1] Nelson de Oliveira (org.), *Fractais tropicais: o melhor da ficção científica brasileira*, São Paulo: Sesi, 2019.

se as construções fossem de papel. Vidros espatifaram. Telhados voaram. Robôs pararam de funcionar e ela sabia que Cão 1 estava desaparecido[2].

O parágrafo é rápido, brutal e não perde tempo com firulas. "Cão 1 está desaparecido" é um conto de ação, embora o seu principal acontecimento – a ativação de uma ogiva nuclear que aniquilou toda uma cidade – tenha acontecido antes do enredo se iniciar. A construção do parágrafo ecoa o pragmatismo do seu título, pois já sabemos de imediato que haverá uma procura. Além disso, entendemos rapidamente qual o conflito básico e a motivação da protagonista.

O cenário de destruição do primeiro parágrafo é construído ao redor de duas palavras básicas: "nuclear" e "robôs". Ambas nos remetem a décadas de um rico imaginário da FC. A qual imaginário, ou melhor, a quais vertentes da FC, Lady Sybylla faz referência? Antes de prosseguirmos, vale a pena uma breve síntese do enredo. Após a destruição nuclear que arrasa a cidade, a soldado Sashi acorda nos escombros. Escapando à destruição, ela busca por outros sobreviventes. Cão 1 é o nome de um meca, um robô gigante cujo piloto, Aodh, é a verdadeira motivação de sua busca. Sashi é uma militar lutando pelo que ela chama de Regime, um governo de clara estrutura autoritária. O conto nos dá a entender que a cidade destruída era um foco de resistência contra o Regime. Ao longo da sua busca, a protagonista entrará em confronto com soldados da cidade. Um deles revela a Sashi que a bomba atômica foi disparada pelo exército do Regime, num ato que não apenas desconsiderou a integridade da soldada e dos seus companheiros como também se revelou de uma força desproporcional. Enquanto busca sobrevi-

---

2 Lady Sybylla, "Cão 1 está desaparecido", em: Nelson de Oliveira (org.), *Fractais tropicais: o melhor da ficção científica brasileira*, op. cit., p. 55.

ventes e tenta ela própria sobreviver à radiação deixada pela bomba nuclear, Sashi inicia um processo de questionamento de seus próprios valores.

Robôs gigantes tripulados lutando entre si – os mecas – são um elemento recorrente em narrativas da FC, em especial nos jogos de tabuleiro, RPGs e *videogames*. Os fãs de cultura *pop* japonesa também vão reconhecer de imediato a referência aos mecas, pois eles estão bastante presentes nesses seriados, mangás e *animes*. Por outro lado, o foco do conto remete pouco às ações em escala épica desses robôs. A ênfase maior se encontra no contraste do corpo humano em relação aos escombros e às tecnologias bélicas, das quais, no universo do conto, os mecas são a principal materialização. A escala da destruição presente no conto, portanto, assume um caráter mais pessoal e humanizado.

Outros traços típicos da FC podem ser observados, como, por exemplo, a influência das narrativas distópicas, tão em voga na literatura e cinema contemporâneos. As distopias na FC possuem muitas facetas. Sybylla faz referência tanto às ansiedades nucleares das décadas de 1950-80 quanto às narrativas mais contemporâneas que constroem estados totalitários e extremamente tecnológicos, mas que não necessariamente são terras devastadas por destruições nucleares. Está ausente, contudo, outra faceta recente da distopia, o que poderíamos chamar de "distopias do presente", aquelas que não se ambientam em um futuro distante, e sim nos dias de hoje ou no presente próximo. É o caso do popular seriado *Black Mirror*, por exemplo. De qualquer modo, em todas as distopias contemporâneas o exercício do poder totalitário é bastante tecnológico.

A jornada de Sashi no conto nos remete a uma típica jornada dos protagonistas de narrativas distópicas, nas quais um indivíduo, fazendo parte do sistema muitas vezes como um agente ativo do aparato repressor do Estado, toma por algum motivo consciência do absurdo totalitário e passa a lutar contra ele. Um clássico romance, quem sabe aquele que definiu esse caminho para tudo o que veio depois dele, é o melhor dos romances de Ray Bradbury: *Fahrenheit 451*. Outros dois clássicos da literatura de FC ajudam, ainda, a compor o universo ficcional de "Cão 1 está desaparecido". O primeiro é *Tropas estelares*, de Robert A. Heinlein, do qual Sybylla retira a "roupa de batalha" que garante a Sashi uma série de habilidades especiais. Por fim, é possível pensarmos em ecos de *Neuromancer*, de William Gibson, que ajudou a formatar a literatura *cyberpunk*, na qual o corpo humano dos personagens é com frequência modificado por implantes eletrônicos, criando uma simbiose complexa entre homem e máquina.

É difícil, portanto, colocar uma etiqueta classificatória definitiva no conto. Mas isso é positivo, já que o texto consegue, a partir de uma miscelânea de referências, construir um universo verossímil ao longo de suas poucas páginas. Mais importante do que a classificação é lermos, como uma conclusão preliminar, as narrativas de FC a partir de uma intersecção de diferentes tradições. Por ser literatura, a FC, mesmo quando corre em paralelo em relação às obras do sempre questionado "cânone ocidental", não poderá se esquivar de dialogar e reaproveitar a tradição narrativa literária como um todo. É o caso, aqui, do tema da sobrevivência. Recorrendo aos grandes temas da prosa literária, a FC os misturará com as suas vertentes mais próprias. Em "Cão 1 está desaparecido", a busca pela sobrevivência se mistura às distopias, aos robôs gigantes, ao *cyberpunk* e ao militarismo futurista.

A linguagem de "Cão 1 está desaparecido" se desenvolve a partir dos valores narrativos da velocidade, violência e vivacidade. Coisas efetivamente *acontecem* aqui. Usando uma estrutura linear, Sybylla renuncia a digressões, monólogos interiores ou poéticos momentos epifânicos a fim de priorizar a ação. Embora o enredo nada traga de novo em termos do desdobramento do seu conteúdo, a execução é muito eficaz. Parágrafo após parágrafo, são construídas cenas de tensão crescente. Isso pede um estilo direto, pouco metafórico e objetivo. Mesmo assim, há algumas boas imagens que transcendem a maquinaria básica do enredo, como esta, a melhor de todo o conto: "O nível de destruição aumentava conforme se aproximava do ponto zero da explosão. Era como se um deus furioso dos tempos antigos tivesse soprado com toda a força, para todas as direções"[3]. Alguma ressalva pode ser feita, no entanto, ao aspecto explicativo do conto. Esse é o grande desafio dos autores de FC. Nesse sentido, a vida dos realistas é muito mais fácil, porque não é preciso explicar a todo o momento a lógica do universo ficcional no qual seus personagens vivem. Em momentos pontuais, "Cão I está desaparecido" explica além da conta, deixando explícita, num tom acima do que seria necessário, a "mensagem" que carrega. O didatismo talvez seja outra tentação da FC, herdada quem sabe de procedimentos típicos de diversas narrativas, sejam realistas, ou não, do século XIX.

Um senso comum pode associar os exercícios largos de imaginação, ou a vontade de criar universos completamente novos, com uma vontade de "escapismo" ou de "alienação". Isso está longe de ser verdade. A imaginação é exercício de liberdade política em potencial, concedendo à obra que dela nasce a possibilidade de um aprofundamento das suas alegorias morais e éticas. Em "Cão I está desaparecido", o militarismo é revertido contra si mesmo. Um estado de dúvida passa a ser vivido por Sashi a respeito da moralidade das suas ações, bem como da legitimidade do regime político ao qual serve. Ao se cercar de riscos, Sashi se torna interessante por sua fragilidade. Ela é uma heroína, sem dúvida, mas só no final do conto a sua sobrevivência é dada como certa. Morte, mutilação e humilhação circundam todos os personagens desse conto. Além disso, o

---

3 *Ibidem*, p. 64.

seu crescente estado de dúvida, embora em segundo plano diante das suas ações de sobrevivência, a transforma em uma personagem mais interessante do que a imagem de uma super-heroína infalível.

"O MOLUSCO E O TRANSATLÂNTICO"

"O molusco e o transatlântico", de Braulio Tavares, é um conto significativo por representar uma faceta mais especulativa e intimista do gênero. Enquanto "Cão i está desaparecido" tem um narrador em terceira pessoa, cuja neutralidade remete ao narrador "invisível" da câmera dos seriados tradicionais de TV e dos *blockbusters* de Hollywood, Tavares escolhe uma primeira pessoa para narrar um dos mais insólitos contos da literatura brasileira contemporânea. Se o narrador de Sybylla precisa manter o pé no acelerador, não desviando o foco da construção de cenas de ação tensas, "O molusco e o transatlântico" é mais lento, mais introspectivo e filosófico. Também há suspense, mas ele nasce da angústia do desconhecido.

Braulio Tavares dá sua visão sobre um dos temas mais recorrentes da FC: o encontro da humanidade com uma forma de vida extraterrestre. Em algumas narrativas de FC, humanos e alienígenas, apesar dos possíveis choques culturais, conseguem entender-se e mesmo criar empatia entre si. Logo, nessas histórias é possível estabelecer uma comunicabilidade com o outro, com o estranho, com o alienígena. Outras narrativas, no entanto, seguem um caminho bem mais insólito. Nelas, a comunicabilidade é quase impossível. O alienígena é tão diferente de nós que, nos casos mais extremos, sua mera presença é perturbadora a ponto de afetar a saúde dos personagens. É o caso de vários contos de H. P. Lovecraft, por exemplo. "O molusco e o transatlântico" segue esse caminho. Os seus alienígenas não são, como é frequente em Lovecraft, entes malignos, mas simplesmente inescrutáveis.

O narrador-protagonista de "O molusco e o transatlântico" é um astronauta brasileiro que pesquisa fenômenos psíquicos. Suas pesquisas são feitas em uma estação espacial orbitando o nosso plano. Ele próprio é um objeto da sua pesquisa, já que demonstra ter algum tipo de capacidade paranormal. Enquanto conduz um experimento, um acidente ocorre. Quando consegue retomar a consciência, o narrador percebe que ele e o restante da tripulação se encontram em uma nave alienígena. Logo o narrador descobre que ele, ao contrário do restante da sua equipe, não será devolvido ao planeta Terra. O salvamento se transforma em um sequestro. A partir dessa premissa, o conto desenvolve-se como uma exploração não apenas da nave na qual o narrador se encontra preso, mas também das suas tentativas de se comunicar e compreender as mensagens transmitidas pelos alienígenas.

Boa parte das histórias de encontros extraterrestres sempre me soaram como alegorias de relações de poder. Interpreto "O molusco e o transatlântico" por esse viés. Os alienígenas sequestram o narrador-protagonista porque têm o poder de fazê-lo, deixando claro o quanto a sua vantagem tecnológica – e intelectual? – concebe a humanidade tal como nós percebemos um cupim. Se identifico um tanto de horror lovecraftiano no conto de Tavares, penso que as suas principais referências se encontram em outros dois romances, ambos clássicos da ficção científica espacial e que lidam com as prováveis dificuldades de nos comunicarmos com uma inteligência extraterrestre.

O primeiro é um dos grandes romances especulativos do século XX, escrito pelo genial polonês Stanislaw Lem: *Solaris*. O alienígena aqui não é uma figura antropomórfica, mas sim um planeta vivo e consciente. Não há possibilidade alguma de colocar um banquinho numa praia desse planeta e "trocar uma ideia" com ele, pois boa parte do mistério inicial do livro é entender se o planeta nos percebe e como ele reage à presença da humanidade em sua órbita. Vamos descobrindo que, sim, Solaris deseja se comunicar conosco, porém ele só consegue fazê-lo criando simulacros das nossas lembranças. Os resultados são perigosos, embora o alienígena não o faça com dolo. Pelo contrário, apenas somos diferentes demais para nos entendermos, o romance nos diz. Nesse estado extremo de não compreensão, comunicar-se é um ato de periculosidade.

O segundo romance-referência é uma das mais famosas obras de Arthur C. Clarke, *Encontro com Rama*, no qual uma equipe de investigadores identifica e visita uma estação espacial de origem alienígena e que é, por si só, um pequeno planeta. Embora o alienígena não se revele diretamente no livro de Clarke, o romance e o conto de Tavares compartilham a ideia do embate da razão humana na tentativa de entender uma cultura e uma tecnologia que lhe são radicalmente desconhecidas.

Pode parecer estranho falar isso a propósito de um conto ambientado em uma misteriosa nave alienígena vagando pelos confins do espaço sideral, mas "O molusco e o transatlântico" é marcado pelo intimismo da investigação psicológica. De fato, há um componente na construção de investigação psicológica do narrador-protagonista. As primeiras páginas do conto são fragmentadas, fundamentando-se na tradição dos experimentos modernistas de ancorar os movimentos da representação da memória na organização não linear do enredo. Digna de nota é a presença de referentes, discretos, de uma realidade nacional preliminar à viagem espacial empreendida pelo protagonista. Ele é brasileiro, nasceu em uma pequena cidade do interior, e faz comentários sobre seus companheiros de tripulação. Também nos revela suas motivações para se tornar astronauta e lembranças marcantes de sua juventude, como a de Funny, um jogador de basquete com problemas psiquiátricos.

O tom da linguagem é melancólico, embora ironias surjam aqui e ali:

> Entrei para a Academia do Espaço pensando em aventuras. Aventuras para mim não significavam lutas, perseguições, ou riscos de vida, mas aqueles desafios silenciosos em que alguma coisa imprevista acontece. Descobri que o espaço é o contrário. Tudo aqui tem que ocorrer sem surpresas, tudo funciona para evitar o imprevisto. Tangenciar a gravidade, emergir do campo magnético, girar como uma bala enorme presa num redemoinho. Eles fazem bem em mandar uma equipe. Se eu estivesse aqui sozinho, começaria a pensar que era minha mente que estava criando o Universo que girava devagar em volta daquela nave imóvel no vácuo[4].

Importante apontar também o quanto a linguagem do conto está ancorada em um jargão científico. Tavares, nessa narrativa, se aproxima de obras de FC que buscam embasamento em conhecimentos científicos efetivos. Dessa forma, se o tema dos fenômenos paranormais surge, há um mínimo de verossimilhança científica tentando explicá-los, ao contrário de muitas histórias aventurescas de FC que exploram as viagens espaciais. O trecho citado exemplifica o trabalho com as reais dificuldades de viver e viajar pelo espaço elaborado em "O molusco e o transatlântico".

Após a confirmação de que não seria devolvido ao planeta Terra, o narrador passa a viver uma rotina absurda. Fica logo claro que o poder tecnológico dos alienígenas é esmagador. Um dos exemplos disso é a sua capacidade de fazer cópias perfeitas de objetos orgânicos e inorgânicos. É como se passasse a viver em um lugar que seria a mistura de um zoológico com um laboratório. Além de ser submetido a testes para que sejam estudadas as suas capacidades psíquicas, o narrador é colocado para cami-

---

4 Braulio Tavares, "O molusco e o transatlântico", em: Nelson de Oliveira (org.), *Fractais tropicais: o melhor da ficção científica brasileira*, op. cit., p. 190.

nhar por paisagens insólitas, cópias materiais ou simulações de avançada realidade virtual, de paisagens alienígenas. Aos poucos, a falta de sentido e a rotina passam a abalar a saúde mental e física do personagem.

A dinâmica muda quando surge o Interlocutor, uma projeção de um rosto grotesco, composto por partes dos rostos dos ex-companheiros do narrador. O Interlocutor tem um vocabulário restrito, mas ainda assim consegue se fazer entender. Estamos avançando na compreensão da extrema alteridade? Não. O rosto projetado, um rosto que é inúmeros rostos simultâneos, é um sinal da pouca compreensão dos alienígenas sobre como estabelecer contato com um ser humano. As falas do Interlocutor não são diálogos. Ele pouco responde às indagações do ser humano, limitando-se a transmitir instruções e a monitorar as necessidades básicas de sobrevivência do seu prisioneiro.

Há uma sofisticação literária na maneira como Tavares nos prepara para esse momento. Ele constrói metáforas preparatórias ao Interlocutor e à rotina da estação. Devemos lembrar primeiro de Funny, um homem com deficiência mental que o narrador conheceu na juventude. Funny tem uma mira prodigiosa, podendo acertar dezenas de cestas de basquete em sequência. Sua condição psiquiátrica, porém, o impede de entender as regras do basquete:

> De que servia ele acertar dez ou vinte mil, de que servia contar de uma em uma, se eram todas iguais, e, na verdade, na consciência dele aquilo era só um *loop*, um disco enganchado? Não eram dez mil lances livres. Era um só lance livre – dez mil vezes[5].

---

5 *Ibidem.*

As cópias de objetos humanos feitas pelos alienígenas e as jogadas de Funny são atos de perícia técnica, mas que carecem de conhecimento profundo a respeito do complexo sistema social ao qual tais atos pertencem. No conto, Tavares questiona se, diante da cognição e capacidade da inteligência alienígena, seríamos como Funny. É evidente o quanto os alienígenas também não conseguem entender os conceitos de "humano" e "humanidade". Falta ao jogador um aparato cognitivo para compreender um jogo de basquete. "O molusco e o transatlântico" caminha para estabelecer uma comparação semelhante: talvez a compreensão do alienígena, que representa o Outro em sua manifestação mais extrema, não esteja disponível para nós.

Comunicabilidade, capacidade de cognição e linguagem se desdobram mais adiante quando, a pedido do narrador, o Interlocutor revela a sua própria natureza. É o momento de maior impacto do conto, e gostaria de preservá-lo para o leitor. Por isso não vou reproduzir a descrição do alienígena, limitando-me à indicação do impacto de encontrá-lo:

> Fiquei parado, absorvendo aos poucos a, como direi, a alienice, o estrangeiramento, a apavorante alteridade daquilo tudo. Achei que poderia falar, que se tinham me trazido até ali era para conversar, e com certo esforço projetei minha voz naquele enorme vão[6].

A partir daí, o narrador tem a sua saúde e sanidade abaladas em definitivo. Estamos no desfecho do conto, mas há ainda uma segunda metáfora a desdobrar.

Bem no início do conto, o narrador faz uma comparação entre a Psi-Raitec, um conjunto de empresas que financiam suas pesquisas,

---

[6] *Ibidem*, p. 216.

e a noção de inteligência artificial ou ser vivo coletivo. Essa digressão do narrador pode ser associada à revelação que o Interlocutor lhe faz de que não pertence à raça alienígena que o sequestrou. Ao contrário, o Interlocutor também foi sequestrado com o único propósito de mediar a comunicação entre Sequestrado e Sequestradores. Seriam os Sequestradores uma mente coletiva ou uma inteligência Artificial que ganhou autonomia? Essas perguntas estão no campo das especulações científicas da FC, mas também possuem uma faceta política, pois estabelecem o desnível de relações de poder ao qual aludi anteriormente. Com que direito os alienígenas sequestram e impõem condutas e experimentos a outras raças? Não há justificativa ética, apenas o poder de aniquilar a individualidade do narrador. A posição cognitiva dos Sequestradores, bem como seu poderio científico e tecnológico, os impede de reconhecer no Outro algo mais do que um conjunto de dados a serem compilados; o narrador e o Interlocutor são diminuídos ao estado de Coisa, sendo definidos por uma função de Utilidade para aqueles que os sequestraram.

Estabeleço, portanto, uma convergência entre as narrativas de Tavares e Sybylla. Em ambas, temos o uso autoritário do poder com o auxílio do aparato tecnológico. As alegorias do poder perpassam os temas da sobrevivência, da guerra, da linguagem, da comunicabilidade e das especulações sobre vida extraterrestre. Sashi se humaniza quando conversa com o soldado com quem entra em combate; a desumanização do narrador de Tavares acontece quando sua condição humana é subjugada por quem o capturou. Os protagonistas das duas histórias são criados a partir de uma reflexão sobre a importância da empatia e da tentativa de estabelecer intercâmbios significativos com o Outro.

Retomando os tradicionais temas da distopia e da viagem espacial, Sybylla e Tavares escrevem em uma contemporaneidade que vê a corrosão de uma série de instituições e valores democráticos. Liberdades e garantias individuais parecem estar sob fogo cerrado mesmo em países nos quais se dava por definitiva a consolidação da ideia de democracia. Seria um equívoco meu, porém, instrumentalizar a leitura dos dois contos, conectando-os sem mediação com as ansiedades políticas que vivemos nos últimos anos. Não é possível dizer que os dois escritores tenham identificado e antecipado o estado de profunda crise institucional no qual nosso país foi lançado em tempos recentes. No entanto, a inquietação a respeito dos arbítrios do poder totalitário está nos dois textos, escritos por autores brasileiros e, por isso, também latino-americanos. E a história política do nosso continente está longe de ser louvável ou pouco perturbadora. O quanto isso não se reflete, mesmo que de maneira implícita, na obra dos dois autores?

Por fim, volto a um debate aludido no começo desse texto. São "brasileiros" os contos que analisei? Sashi não parece viver num mundo no qual a palavra "Brasil" faz sentido. O conto de Tavares, poderíamos concluir, é mais brasileiro do que o de Sybylla por ter um protagonista nascido no Brasil? Essas são perguntas que fazem a produção e a compreensão crítica da FC brasileira girar em círculos. "Cão 1 está desaparecido" e "O molusco e o transatlântico" são brasileiros porque é impossível que não o sejam. Fazem parte não apenas da FC brasileira, mas da literatura brasileira, não por revelarem um *éthos* tipicamente nacional, e sim porque suas circunstâncias de produção os inserem no nosso caldeirão cultural. Uma obra que soe como um pastiche de uma voz estrangeira – o que nenhum desses contos aqui o é – seria ainda assim nacional, pois até isso também nos cabe e nos é possível.

Chegando nesse ponto, creio que fica consolidada a importância de fazermos outras perguntas para além da busca da brasilidade em nossa produção fantástica contemporânea. É o salto qualitativo da escrita, a complexidade de suas questões e a diversidade da sua construção estilística que firmam a relevância de uma obra ficcional. Acredito que a FC brasileira, assim como outras vertentes especulativas da nossa literatura, tem muito a dizer e merece alcançar mais leitores. São também muito bem-vindas narrativas especulativas nas quais elementos da cultura brasileira se façam presentes de maneira mais evidente, claro. No entanto, a literatura é o espaço da liberdade e do campo aberto das possibilidades. Somos criadores de mundos e devemos criar nossas histórias sem concessões. Viver outras vidas através da ficção é um privilégio e uma necessidade; é na ficção especulativa, aliás, que a liberdade literária se afirma com a mais alta intensidade poética.

REFERÊNCIAS

OLIVEIRA, Nelson de (org.). *Fractais tropicais: o melhor da ficção científica brasileira.* São Paulo: Sesi, 2019.

SYBYLLA, Lady. "Cão I está desaparecido". Em: OLIVEIRA, Nelson de (org.). *Fractais tropicais: o melhor da ficção científica brasileira.* São Paulo: Sesi, 2019.

TAVARES, Braulio. "O molusco e o transatlântico". Em: OLIVEIRA, Nelson de (org.). *Fractais tropicais: o melhor da ficção científica brasileira.* São Paulo: Sesi, 2019.

O MOLDE OCO: FÔRMAS E FORMAS EM NUNO RAMOS

Clara Rowland

O O é um buraco não esburacado.
JOÃO GUIMARÃES ROSA

1.

NUM CAMPO ARQUEOLÓGICO QUASE VAZIO, dois turistas assistem à lenta exumação de um corpo. Não se trata, porém, propriamente de um corpo: debaixo da terra, aquilo que os arqueólogos julgam ser um cadáver terá criado, com a sua decomposição ao longo de séculos, um espaço oco, uma cavidade provocada e preservada pela mesma lava que, escorrendo, terá causado a sua morte. Com seringas, os arqueólogos injetam gesso líquido através do solo e aguardam ansiosos que seque. Em seguida, lentamente, cavam e escovam com cuidado a terra, até encontrarem o que procuram: uma forma branca e sólida a emergir do solo. O espaço ocupado pelo corpo, petrificado pela lava, tornou-se agora um molde, uma fôrma vazia que é preenchida pelo gesso, reconstituindo uma forma. Do chão, afinal, os arqueólogos desenterram não um cadáver, mas uma estátua formada pelo vazio que o cadáver deixou no seu lugar; e recuperam assim a imagem, no momento da morte, de um corpo humano do início do primeiro milênio.

Fotogramas de *Viaggio in Italia* (1954), de Roberto Rossellini.

O lugar é Pompeia, os turistas são Ingrid Bergman e George Sanders, o filme é *Viaggio in Italia* e o corpo exumado afinal é um conjunto – não um corpo, mas dois corpos, cadáveres de um homem e de uma mulher. Comentando o filme de Rossellini, Raymond Bellour associa o processo de exumação aqui descrito à revelação fotográfica, sugerindo que, nessa operação, é a partir do próprio real que se cria uma fotografia[1]. Quando esta se completa, perante Katherine e Alex, mortos e vivos encontram-se numa mesma imagem especular – o casal desencontrado vê a sua imagem invertida naquele casal abraçado que a morte cristalizou. E, como recorda Mulvey num livro em que explora a relação entre cinema, fotografia e morte, o jogo de espelhos não termina aí. Será esse o destino de Bergman e Sanders enquanto imagens de cinema: "Os vivos que estiveram presentes na cena estão agora tão fossilizados na sua imagem na tela quanto os moldes de gesso do casal de Pompeia"[2].

A descoberta arqueológica, diz-nos a história da rodagem de *Viaggio in Italia*[3], é um daqueles momentos em que, como diria o Conselheiro Aires de Machado de Assis, Deus, quando quer ser Dante, é melhor do que Dante[4]: a notícia vaga de uma descoberta de "algo" em Pompeia interrompe e desvia as filmagens de Rossellini, que se apressa a visitar o campo arqueológico e assim se vê, inesperadamente, a filmar a aparição de um casal perante o olhar atônito do seu casal desencontrado. E a descoberta inesperada responde de forma precisa ao conjunto de imagens da mesma família que o filme já colecionava, vindo a ocupar a posição culminante da estranha gramática da matéria que o constitui: a que se constrói nas passagens entre o eco no templo vazio, a

---

[1] Cf. Raymond Bellour, "The Film Stilled", *Camera Obscura*, Durham: 1990, v. 8, n. 24, p. 110.
[2] Laura Mulvey, *Death 24x a Second*, London: Reaktion Books, 2006, p. 107.
[3] Tag Gallagher, *The Adventures of Roberto Rossellini: His Life and Films*, New York: Da Capo Press, 1998, p. 412.
[4] Machado de Assis, *Memorial de Aires*, Lisboa: Cotovia, 2003, p. 71.

ionização que anima a lava e a materialização dos corpos dos familiares não sepultados nas ossadas de uma estranha capela dos ossos. A solidariedade entre vivos e mortos que Rossellini constrói a partir do casal e da memória fantasmagórica do final de "The Dead" (Os mortos), conto que o filme não credita mas que abertamente vai perseguindo, parece se assentar por inteiro na tensão entre matéria e esvaziamento. Desse modo, a estranha estátua que os arqueólogos esculpem a partir do chão de Pompeia corrige violentamente a nossa leitura dos corpos musculados das estátuas do Museu Arqueológico de Nápoles, numa das primeiras cenas do filme: se essas estátuas de pedra nos eram mostradas (porque animadas, com ângulos e movimentos de câmara acentuados) como potencialmente vivas, apesar de distantes no tempo, agora são os vivos que são reconduzidos, por reflexo, à matéria dos corpos de Pompeia – uma matéria presa entre o molde e a estátua, entre a fôrma e a forma.

2.

Também os mortos de Nuno Ramos parecem habitar um intervalo entre o chão e a superfície, entre o vácuo e a forma, entre a morte e a vida. Como tem sido já várias vezes assinalado, a figura da sepultura atravessa a obra do artista em todas as suas manifestações: da instalação III, feita a partir do massacre do Carandiru, com as suas lápides negras e a inscrição dos nomes das vítimas, ao filme *Luz negra*, em que assistimos à lenta sepultura de sete colunas de som de grandes dimensões que farão ressoar, através da terra, um samba de Nelson Cavaquinho, "Juízo Final" ("O sol / há de brilhar mais uma vez"); do "Monólogo para um cachorro morto", lenta litania sobre o cadáver exposto de um cão, à construção articulada de *Junco*, em que cadáveres abandonados de cães e troncos perdidos na praia são postos em relação, na materialidade do livro, através da justaposição de versos e fotografias. A obra de Nuno Ramos parece repetir, sob várias formas e através de vários materiais, o duplo movimento da sepultura e da exumação.

Numa conversa com Vilma Arêas promovida pela Fundação Casa de Rui Barbosa[5], Nuno Ramos recorda a importância da obra de Clarice Lispector para a sua formação. Não porque Clarice seja autora da sua predileção – esse é o lugar de Drummond, presente "um pouco por toda a parte" ao longo desta obra, como o próprio Nuno Ramos afirma na nota final de *Sermões*[6] –, mas por ter escrito o conto que, segundo o autor, mais o terá marcado: "O crime do professor de matemática", conto de *Laços de família* inteiramente construído sobre a dinâmica entre o cão que o professor abandonou e o cachorro morto que decide mais tarde enterrar no seu lugar, apenas para constatar, com a lógica fria do matemático, a necessidade de o desenterrar novamente em nome do crime que não poderá expiar. Sobre o texto e sobre "Monólogo para um cachorro morto", afirma Nuno Ramos:

> Na verdade, é como se eu tivesse enterrado o texto e não o bicho. Clarice Lispector escreveu o texto de que eu mais gosto da literatura brasileira – bem, não sei se é o que eu mais gosto, porque o que eu mais gosto é a poesia de Carlos Drummond de Andrade –, mas é o texto que mais me emocionou na vida, que se chama "O crime do professor de matemática". Eu adoro esse negócio, que é assim: o cara abandona o cachorro e depois enterra um duplo do cachorro abandonado. [...] Então é um pouco assim: como eu não enterrei o cachorro, eu enterro o texto[7].

---

[5] Cf. Flora Sussekind e Tânia Dias, *Cultura brasileira hoje: diálogos*, v. I, Rio de Janeiro: Fundação Casa de Rui Barbosa, 2018, pp. 446-99.
[6] Nuno Ramos, *Sermões*, São Paulo: Iluminuras, 2015.
[7] Flora Sussekind e Tânia Dias, *op. cit.*, p. 480.

Os ecos disso na obra de Nuno Ramos são evidentes. E a associação da escrita, ou da prática artística, ao mesmo tempo a operações de sepultamento e a uma lógica fantasmagórica dos materiais é decisiva. Mas talvez mais do que a figura do cão-cadáver, tão recorrente ao longo desta obra, interesse no conto de Clarice a repetição circular do ritual, preso na repetição e anulação dos seus gestos: o corpo insepulto, depois enterrado, depois exumado. Na verdade, dar sepultura e exumar parecem os gestos básicos da gramática da obra de Nuno Ramos, e são gestos complementares, que evidenciam, aliás, a sua relação também na poderosa figura, cuidadosamente construída em *Junco*, da sepultura sem profundidade, no corpo que se funde com a matéria, espécie de ponto de encontro entre esses movimentos de sinal oposto. Na epígrafe do livro de 2011, o artista recorda os versos de Marianne Moore: "O mar não tem nada para oferecer/ além de uma cova bem cavada"[8].

3.

Ao longo de Ó, livro de que me ocuparei aqui, essa cena sepulcral reaparece constantemente, e é interessante notar como a abertura do livro se faz na sequência entre o seu espantoso início dedicado à relação entre corpo e linguagem ("Manchas na pele, linguagem") e o segundo capítulo, dedicado aos "Túmulos", como se uma teoria da origem da linguagem só se pudesse completar, num livro como esse, com uma filosofia dos epitáfios. Vejamos para já a seguinte passagem:

---

[8] Marianne Moore, "A Grave", em: *The Complete Poems of Marianne Moore*, New York: Penguin Books, 2009.

Há uma ilusão fundamental em todo o túmulo, uma matéria básica de que são feitos: o esquecimento de que *o próprio túmulo também morre e apodrece*, e seria preciso um novo túmulo envolvendo o antigo, como um jogo de bonecas russas, para impedir este acontecimento tão banal. Neste sentido, o mau estado dos cemitérios de periferia, onde algumas covas acabam abertas e é possível enxergar a madeira podre de um caixão, onde a umidade penetra as prateleiras de concreto, onde não há flores mas outra forma vegetal (o mato universal que cobre tudo) [...], estas pobres cidades tumulares evidenciam, com aquele abandono da periferia, que o túmulo também morre. A morte irradia para fora do rito fúnebre e toma posse novamente, mostrando-se para um céu que não deseja vê-la. E nós, que a tínhamos posto ali para que ninguém a encontrasse mais, que tínhamos conseguido isolá-la enquanto morte individual e intransferível, agora vemos como é porosa, dissipada, e que são nada os sete palmos, que penetrou em nosso bolso, que respiramos seu bafo e escutamos seu chocalho pertinho do nosso ouvido. Seria preciso um segundo rito, mas como enterrar uma pessoa pela segunda vez? É quase impossível manter o morto em sua cova, algumas gerações e ele já está voltando para cima, feliz feito a brancura de seus ossos ou a pedraria dos seus dentes. Quando o exumam, as roupas que o viram apodrecer são amarfanhadas pelas mãos de seus coveiros e os sapatos atirados para o alto com os cadarços amarrados ainda, pois o pé sumiu dentro deles sem precisar desatá-los[9].

Esse momento estipula uma passagem fundamental na lógica de Ó – a que vai da morte do corpo à morte do túmulo, que é afinal um

---

[9] Nuno Ramos, Ó, Lisboa: Cotovia, 2010, pp. 30-1.

regresso do corpo morto à superfície (é quase impossível manter o morto em sua cova). A destruição do túmulo é uma peculiar forma de exumação, como se ao movimento descendente do enterro correspondesse uma força oposta, que naturalmente devolve à superfície o que se depositou em profundidade, expondo-o, insistente, à vista de todos. Não é difícil ver nessa passagem o eco de "Morte das casas de Ouro Preto", poema de Carlos Drummond de Andrade que Nuno Ramos explicitamente convoca em várias obras. Nele "as paredes/ que viram morrer os homens", como as casas que pareciam eternas, "também morrem"[10], diluindo a sua solidez numa lama metamórfica que a instalação de Nuno Ramos intitulada "3 lamas (ai, pareciam eternas!)", apresentada em 2012 na galeria Albuquerque, tematizará. Mas é talvez em Manuel Bandeira, e no poema "Os nomes", que a coincidência aqui construída entre teoria do nome e teoria do epitáfio se deixa captar de maneira mais abrangente. Recordemos o poema, publicado por Bandeira em *Opus 10*:

> Duas vezes se morre:
> primeiro na carne, depois no nome.
> A carne desaparece, o nome persiste mas
> Esvaziando-se de seu casto conteúdo
> – Tantos gestos, palavras, silêncios –
> Até que um dia sentimos,
> Com uma pancada de espanto (ou de remorso?),
> Que o nome querido já nos soa como os outros.
>
> Santinha nunca foi para mim o diminutivo de Santa.
> Nem Santa nunca foi para mim a mulher sem pecado.

---

[10] Carlos Drummond de Andrade, *Poesia e prosa*, Rio de Janeiro: Nova Aguilar, 1998, p. 227.

> Santinha eram dois olhos míopes, quatro incisivos
> claros à flor da boca.
> Era a intuição rápida, o medo de tudo, um certo
> modo de dizer "Meu Deus, valei-me".
>
> Adelaide não foi para mim Adelaide somente
> Mas Cabeleira de Berenice, Inominata, Cassiopeia.
> Adelaide hoje apenas substantivo próprio feminino.
> Os epitáfios também se apagam, bem sei.
> Mais lentamente, porém, do que as reminiscências
> Na carne, menos inviolável do que a pedra dos túmulos[11].

Se o poema de Bandeira dá por adquirida a natureza perecível dos túmulos, estes, pela lógica do poema, estão já inscritos numa língua morta, porque desligada da memória do corpo. "O nome em si", para recuperar outra formulação bandeiriana, retirado da constelação dos sentidos, é apenas um substantivo próprio, em estado de sobrevivência, por um lado, e de passagem, por outro, até o apagamento definitivo na pedra do túmulo. A poética bandeiriana define-se com precisão a partir desse intervalo, ou dessa condição *post-mortem*, sim, mas paradoxalmente *aquém-túmulo*, usando a expressão que noutro lugar Bandeira vai roubar a Guimarães Rosa ("esta outra vida de aquém-túmulo")[12]. Mas se é verdade que os túmulos de Nuno Ramos "também morrem", a temporalidade aqui é outra: é somente *depois da morte dos túmulos* que a nossa carne se impregna de novo da carne dos mortos, deixando-se contaminar pelo seu cheiro e pelo seu som, afinal também o nosso. Num sentido muito preciso, estamos, com

---

[11] Manuel Bandeira, *Poesia completa e prosa*, Rio de Janeiro: Nova Aguilar, 1990, pp. 306-7.
[12] *Ibidem*, p. 356.

Nuno Ramos, além-túmulo – talvez seja esse o sentido da presença obsessiva da exumação nos referidos textos.

4.

Repare-se como muito do que se passa em Ó se deixa captar nessa passagem, nesse movimento do corpo do morto em direção ao corpo dos vivos. Pois o capítulo "Túmulos", que começa com a descrição dos mortos do ponto de vista dos vivos ("Vamos aos poucos nos esquecendo deles, dos nossos mortos, enquanto afundam na terra ou são queimados, ou mesmo atirados com pesos ao mar"[13]), conclui a sua primeira parte antes da transição para o túmulo-instalação, que ocupa a segunda parte, com a construção daquilo a que poderíamos chamar de um ponto de vista da morte:

> Deste ponto de vista, o melhor é viver o máximo que pudermos. O que quer que percamos em vida será sempre menos do que perderemos em morte – e o mais importante é perceber que não perderemos *para a morte*. Serão os vivos, estes que nos cercam agora e nos confortam e nos cobrem de cuidados, os primeiros a desapropriar-nos. A grande extorsão virá dos que nos querem, daqueles que se lembram para sempre de nós, em cuja paisagem deixamos nossas sementes. Seremos, na verdade, o adubo desse lugar, e para que não se sintam tão mal, também seremos responsabilizados por isso – afinal, morremos, deixando-os, e a grande traição da nossa morte parece justificar tudo[14].

---

[13] Nuno Ramos, Ó, *op. cit.*, p. 25.
[14] *Ibidem*, p. 29.

A passagem entre vivos e mortos, aqui, apenas desloca o ângulo a partir do qual o túmulo é olhado, numa simetria a que a imagem final do capítulo, a do "único homem dividido por duas mortes"[15], parece responder. Constrói-se, porém, sobre um eixo paradoxal: uma mesma primeira pessoa, sucessivamente declinada em posições antagônicas. É também uma passagem operativa ao nível do livro todo, que repetidamente parece ensaiar um ponto de vista ao mesmo tempo futuro e arqueológico, ou filológico, sobre a primeira pessoa que o conduz – este *nós* que marca as duas frases já referidas ("Vamos aos poucos nos esquecendo deles" e "afinal, morremos, deixando-os") e que se aplica aos dois lados do túmulo. Se *Ó* é um livro obcecado com a origem, ou com múltiplas origens, o seu ponto de vista não deixa nunca de estar vinculado a essa projeção ou possibilidade de uma posição póstuma (ou mesmo pós-humana). Veja-se, por exemplo, a imagem final do capítulo "Coisas abandonadas, gargalhada, canção da chuva, previsão do tempo, tecnologia, ida à Lua, ida a Marte", em que é na projeção do olhar dos astronautas sobre a terra invisível *a partir de Marte* que a experiência do exílio humano pela escolha da técnica pode ser descrita:

> Os astronautas olharão do chão vermelho a luminosa estrela de onde vieram e que trocaram pela cápsula mecânica que os trouxe até ali, e sentirão toda a desproporção desta escolha. Em cada pequeno invento, em cada conforto, em cada trabalho poupado pela técnica há uma fração deste abandono, que terminará em Marte ou pior, mais longe ainda, no gel sem morte onde seremos conservados, olhando para nada, vindos de um lugar que já esquecemos, habitantes eternos de uma natureza que nós mesmos teremos criado[16].

---

15 *Ibidem*, p. 34.
16 *Ibidem*, p. 174.

Do mesmo modo, a imagem que fecha o capítulo "Infância, TV" faz da descrição da morte da tarde pela introdução da televisão no tempo da criança, mais uma vez, uma exumação fantasmagórica da nossa experiência presente, presa entre as imagens da morte da infância e da nossa exumação futura:

> Mas um dia, daqui a milênios, como Pompeia dentro da pedra, os arqueólogos encontrarão, nesses mesmos programas, filmes e anúncios, a carne dos nossos corpos, de nosso batimento cardíaco, de nossos sentimentos – nosso pânico diante da tarde. E fossilizado, preso à matéria física do passado, o fluxo interminável da TV encontrará descanso[17].

5.

Na verdade, o destino desta humanidade – a nossa – parece ser o de vir a ser encontrada, como naquela canção de Chico Buarque em que "os escafandristas virão/ explorar vestígios de estranha civilização" na cidade submersa que o Rio será. Nisso, o mundo humano distingue-se em Ó talvez do mundo dos objetos, cujo "mais elevado, corpóreo, destino" é descrito em "Coisas abandonadas" como o de "misturar-se, metamorfosear-se, deixar-se tomar pela lava original"[18]. Já os mortos, embora partilhem evidentemente o mesmo destino, não entram do mesmo modo no livro: continuamente regressam, ao longo de Ó, enquanto ideia de forma, ou deixam-se surpreender nas formas mumificadas dos seus modos de vida, tanto pelos vivos quanto pelas gerações futuras que fazem de nós mortos. Era dessa fantasmagoria humana

---

17 *Ibidem*, p. 182.
18 *Ibidem*, p. 166.

que falava a passagem citada de "Túmulos", a que gostaria de voltar:

> É quase impossível manter o morto em sua cova, algumas gerações e ele já está voltando para cima, feliz feito a brancura de seus ossos ou a pedraria dos seus dentes. Quando o exumam, as roupas que o viram apodrecer são amarfanhadas pelas mãos de seus coveiros e os sapatos atirados para o alto com os cadarços amarrados ainda, pois o pé sumiu dentro deles sem precisar desatá-los[19].

Permitam-me parar agora nessa imagem final do *revenant*, do morto que inevitavelmente retorna ao mundo dos vivos: o cadáver despido das roupas que testemunharam a sua deterioração e o sapato que o coveiro atira para o ar, "com os cadarços amarrados ainda", ao mesmo tempo uma forma definida pelo pé que já não está lá e fôrma vazia daquilo que a preencheu. É uma imagem que ecoa de forma precisa a lógica do oco e da matéria com que comecei, na breve discussão inicial daquela cena de *Viaggio in Italia*, em que o corpo decomposto, que moldou a lava quente, transformava a terra circundante em fôrma da estátua por exumar. No capítulo sobre as "coisas abandonadas", o décimo nono de Ó, encontramos uma contraimagem para esse sapato vazio: o sofá no meio da rua que, ali deixado, vê lentamente exposto e tomado por urina e bichos o seu "esqueleto de madeira", até que "a forma abstrata do sofá" desaparece, "preenchida pela matéria incontrolável"[20]. Aqui, acontece o contrário: na cena da exumação de "Túmulos", a roupagem mantém-se como contorno de um corpo que se desfez, e aquilo que se exuma – estátua em Pompeia – é agora, numa inversão entre exterior e interior, fôrma da forma do corpo, oca e sustentada apenas por aquilo que esteve lá.

---

19 *Ibidem*, pp. 30-1.
20 *Ibidem*, p. 166.

A ideia do molde esvaziado, na verdade, estava presente na obra plástica de Nuno Ramos há muito tempo. Talvez nenhum exemplo seja tão eloquente quanto a exposição apresentada na 46ª bienal de Veneza, em 1995. Eduardo Jorge descreve-a deste modo:

> Em 1995, Nuno Ramos expôs na 46ª Bienal de Veneza uma série de caixas de areia que pode ser lida como outro tipo de pergaminho, pois nela os animais estão *impressos* pelo contato e por seus restos, isto é, por sua forma e contraforma, pela pressão sobre uma superfície antes viscosa, moldável e que, posteriormente, tornou-se um objeto que também é molde. As caixas ficaram dispostas de duas em duas, feitas a partir de aves, peixes, ossos, peles, conchas e folhas. [...] Distribuídas duas a duas, as caixas feitas de areia e silicato são o molde, a parte anterior e posterior do animal. O fato de existirem duas caixas nos mostra a abertura de um espaço imemorial. A operação de abertura da imagem encontra a equivalência de uma gruta ou de um túmulo. Pelo baixo-relevo, vê-se o que foi a ave com as asas abertas. O reconhecimento do animal não deixa a obra inscrita apenas no que ela propõe figurar: uma ave morta. Há, na própria ausência que dá a forma negativa do molde, um modo de cavar a matéria, tomando o seu espaço por uma forma esvaziada de corpo. Trata-se ainda de uma tentativa de reter o limite da aparência animal pela sua fantasmagoria. Essa fantasmagoria animal, que é uma outra forma de aparição, está presente na ausência do animal, nos seus restos que consistem em ossos, penas, arcadas e na própria matéria utilizada pelo artista, areia e silicato[21].

---

21 Eduardo Jorge Oliveira, *"Inventar uma pele para tudo": texturas da animalidade na literatura e nas artes visuais*, 356f., tese (Doutorado em Letras), Universidade Federal de Minas Gerais, Belo Horizonte: 2014, p. 269.

Também aqui, nos termos de Bellour que evoquei no início a propósito de *Viaggio in Italia*, uma fotografia é criada a partir do próprio real; e o que constitui a obra é esse molde esvaziado que sugere e arma uma forma ausente, um pouco como o sapato sem nada dentro que contamina os vivos com a presença dos mortos.

Em "Sinais de um pai sumido, canção", décimo capítulo de Ó, essa estrutura peculiar regressa com maior força, agora para descrever a relação entre pais e filhos. O capítulo começa assim:

> Há para todo o filho uma fôrma, o molde abstrato de um gesto seu, o conteúdo de um sapato, o bolso do paletó vazio, a voz assemelhada de outro homem [...]. Há para todo o filho a sombra projectada de um pai morto, a mais temida e desejada, seu crime praticado à luz do sol de toda a gente, e para toda a gente, mas que toda a gente (por quê?) finge não ver nunca[22].

Pouco depois, a presença do pai morto no filho é descrita em termos semelhantes aos que encontramos na exumação dos coveiros, mas expandidos, porque é na interferência entre dois corpos que a porosidade da morte se revela:

> A verdade é que a fôrma de outro corpo nos controla e veste por dentro, como se fôssemos a roupa dele. Não há órgão algum dentro de nossa pele, não há miolos dentro da caixa craniana, nem intestino debaixo da pança – não, há a fôrma vazia de um cadáver, o retorno adiado de um amor grudento, que não consola nem protege, nem compreende. Apenas educa. Um morto nos educa[23].

---

22 Nuno Ramos, Ó, *op. cit.*, p. 141.
23 *Ibidem*, p. 143.

Estranhíssima versão do corpo sem órgãos, a imagem do molde regressa agora como uma figuração precisa do fantasma. O pai "sumido" preenche o oco do filho, determinando-lhe a forma, fazendo do filho, mais uma vez, o exterior de um interior ausente, estranha marionete controlada por dentro. Nas reflexões iniciais sobre a memória dos mortos em "Túmulos", era através da figura da lacuna que a interação entre mortos e vivos se descrevia: a morte, cavando a ausência do vivo no mundo, deixaria deste lado "um halo, um talho, uma mordida aos vivos, uma lacuna"[24] – lacuna a que os vivos se lançam, "com voracidade", para a ocupar, ao mesmo tempo que "preenchem" o além com os seus lamentos. Aqui, *como se fosse a roupa do morto*, o filho é vestido por dentro por alguém que não está lá, ventríloquo ausente, e que por isso mesmo o controla, educa, enforma. É uma imagem definida daquilo a que podemos talvez chamar de o modo de comunidade dos humanos, *hollow men* – mas não, como em Eliot, *stuffed men* –, em Ó: passado e futuro articulados num miolo fantasmagórico que determina a forma como oca e a figura como repetição, sem deixar, porém, de a sustentar.

6.

É tentador aproximar o que resulta dessa estrutura – uma forma que, sustentada pelo esvaziamento interno do que lhe deu forma, se converte em fôrma – de alguns dos traços mais reconhecíveis do jogo das formas em Nuno Ramos. Penso, por exemplo, na importância do molde para o arquivo da sua obra, muitas vezes reconstituído tardiamente e apenas para efeitos de memória – na conversa na Casa de Rui Barbosa que comecei por citar, por exemplo, Nuno Ramos

---

24 *Ibidem*, p. 26.

explica como se dedicou, nos meses anteriores, à elaboração de modelos de reconstrução que permitam reconstituir as formas que a matéria perecível utilizada decompôs[25]. Ou, de modo mais próximo das preocupações deste texto, é tentador pensar na importância ambígua dos gêneros que convoca para a constituição de uma obra metamórfica, que continuamente ensaia passagens entre formas e modos de expressão – ensaio, narrativa, poema, teatro.

Num filme de homenagem a Drummond promovido pelo Instituto Moreira Salles no Dia D de 2011, Nuno Ramos, entre os convidados para a leitura de poemas de Drummond, escolheu o poema "Elegia", de *Fazendeiro do ar*, descrevendo o seu movimento ao mesmo tempo imparável e sem assunto, que identifica com a inscrição no modo elegíaco e que faz do texto, segundo o seu comentário, "um dos poemas mais livres da língua portuguesa". Poderíamos sugerir o mesmo em relação ao uso de gêneros, convenções e categorias na obra literária de Nuno Ramos, que tem na poderosa fórmula do "falso ensaio" – o termo que ele usou para descrever o que faz em *Ó* – a sua figura-chave, possivelmente definidora, nos termos que estou aqui a explorar, de uma ideia de literatura: uma forma-molde ou forma-fôrma permanentemente disponível para um vazio interno que a anima sem a desfigurar. "Falso", aqui, seria então tudo o que preenche o molde oco da forma.

---

[25] "NUNO RAMOS: Vanda, quase tudo que eu faço considero passível de ser refeito. Ainda há pouco, a gente passou um ano no ateliê criando modelos de reconstrução de grande parte do que eu fiz. Das oitenta instalações que eu fiz, a gente selecionou sessenta e poucas e fez uma bula de como refazer. Lógico, você não chega a definir todas as variantes, mas acho que dá para montar sem mim essas sessenta das quais a gente fez a bula. As outras, eu tentei refazer, mas achei que estava muito mentiroso, que havia coisas que eu tinha feito na hora e que não conseguiria dar uma receita de como refazer, então essas eu deixei de lado. Mas muitas das instalações a gente poderia refazer. Os próprios aviões da exposição 'Fruto estranho', eles podem ser refeitos, porque tenho os moldes, está tudo guardado" (Flora Sussekind e Tânia Dias, *Cultura brasileira hoje: diálogos*, op. cit., p. 468).

Se essa definição poderia funcionar como descrição do modo literário de Nuno Ramos, é porque essa estrutura também funciona no seu plano mais nuclear, pois é nessa representação da lacuna como determinante da forma que me parece residir o vínculo, que antes avancei, entre os dois primeiros "falsos ensaios" de Ó. No poema de Manuel Bandeira, como sugeri, a pergunta sobre a morte dos nomes era também a pergunta sobre a língua dos epitáfios, bem como, é claro, sobre a língua do poema a respeito dos epitáfios. Também em Nuno Ramos, "Túmulos", segundo capítulo do livro, transporta a pergunta que abre o livro – "Manchas na pele, linguagem", a pergunta sobre a relação entre corpos e nomes – para o limite da morte, interrogando o estatuto de uma palavra que seja capaz, num compasso absurdo, de abarcar os dois lados do túmulo. Apontei já de que modo isso acontece ao nível dos pronomes, das oscilações atribuíveis a este *nós* que nos transporta na leitura e atravessa todo o livro, parecendo regredir à origem a partir de um lugar final, apocalíptico, em que afinal nos coloca pelo exercício especulativo do ensaio. Talvez a imagem do pai sumido – a de um molde ausente que sustenta a forma precisamente porque não está lá – seja afinal uma imagem precisa do exílio da matéria que a linguagem, no início do Ó, representa: a palavra como roupagem de uma origem sumida, feita do fantasma da matéria de que se cindiu, formando-se. É assim entre a fôrma e a forma da linguagem que se define o espaço de um ó, onde cabem as muitas formas da prática poética de Nuno Ramos.

REFERÊNCIAS

ANDRADE, Carlos Drummond de. *Poesia e prosa*. Rio de Janeiro: Nova Aguilar, 1998.
ASSIS, Machado de. *Memorial de Aires*. Lisboa: Cotovia, 2003.
BANDEIRA, Manuel. *Poesia completa e prosa*. Rio de Janeiro: Nova Aguilar, 1990.
BELLOUR, Raymond. "The Film Stilled". *Camera Obscura*. Durham: 1990, v. 8, n. 24, pp. 98-124.
GALLAGHER, Tag. *The Adventures of Roberto Rossellini: His Life and Films*. New York: Da Capo Press, 1998.
MOORE, Marianne. "A Grave". Em: *The Complete Poems of Marianne Moore*. New York: Penguin Books, 2009.
MULVEY, Laura. *Death 24x a Second*. London: Reaktion Books, 2006.
OLIVEIRA, Eduardo Jorge. *"Inventar uma pele para tudo": texturas da animalidade na literatura e nas artes visuais*. 356f. Tese (Doutorado em Letras) – Universidade Federal de Minas Gerais. Belo Horizonte: 2014.
RAMOS, Nuno. *Ó*. Lisboa: Cotovia, 2010.
_____. *Junco*. São Paulo: Iluminuras, 2011.
_____. *Sermões*. São Paulo: Iluminuras, 2015.
SUSSEKIND, Flora; DIAS, Tânia. *Cultura brasileira hoje: diálogos*. v. 1. Rio de Janeiro: Fundação Casa de Rui Barbosa, 2018.

RUI NUNES E MARIA GABRIELA LLANSOL: NAS MARGENS DA LITERATURA

Maria João Cantinho

> *Exercitaremos os pés por entre as imagens*
> *e as mãos sobre a escrita.*
> MARIA GABRIELA LLANSOL

> *[...] eu e o mundo só temos em comum o olhar que nos liga,*
> *a sua atrocidade serena.*
> RUI NUNES

RUI NUNES E MARIA GABRIELA LLANSOL construíram ao longo de quarenta anos uma obra vasta e inclassificável, devido à forma como rompem com as convenções literárias da sua época, privilegiando temas não habituais na literatura, que seguia, por essa altura, o filão do neorrealismo. Os autores, que começaram a publicar nos anos 1960, respectivamente com *As margens* (1968) e *Os pregos na erva* (1963), só foram reconhecidos pelo público décadas mais tarde, quando ganharam os mais prestigiados prêmios literários. Em 1985, foi atribuído a Maria Gabriela Llansol o Prêmio Dom Dinis, da Fundação Casa Mateus, pelo seu livro *Um falcão no punho* e, posteriormente, o Prêmio Literário da APE de 1990 pela sua obra *Um beijo dado mais tarde*. Rui Nunes conquistou também o Prêmio Pen de Ficção, em 1992, com *Osculatriz* e, mais tarde, o Prêmio Literário da APE atribuído ao livro *Grito*, em 1998. São dois autores com temáticas e trabalho de linguagem muito diferentes, mas é possível estabelecer algumas relações entre ambos, no modo como encaram a literatura e a escrita, à margem dos circuitos comerciais, sempre afastados das rotas dos festivais literários e efemérides afins. O reconhecimento tardio se explica pela leitura difícil e complexa de suas obras, avessas aos cânones estabelecidos – características que podem agradar à crítica, mas não costumam alcançar muitos leitores. Se a escrita de Llansol contém uma raiz mística e, ao mesmo tempo, uma luminosidade intensa e irradiante, no caso de Rui Nunes há um niilismo e um desespero que a atravessa, deixando-nos a braços com a solidão das suas personagens.

Na entrega do Prêmio Pen, Rui Nunes afirmou, no seu discurso de agradecimento:

> Os livros que me fascinam – e os que sei escrever – são textos irremediáveis. Isto é, vivem a doença da nostalgia do olhar de Deus. Sabem-no inexistente. E acreditam que as palavras prolongam ainda mais a falta que pretendem apagar. Penso ser este o caso de *Grito*[1].

E, a acompanhar o absurdo da existência humana face à ausência de Deus, surge a experiência do estilhaçamento da linguagem. A suspeita de Rui Nunes é visceral, tanto quanto a recusa dos ideais e das boas intenções. Por outro lado, a dor, a doença e a tragédia são a condição irremediável das suas personagens. Como ele próprio o disse, numa das suas raríssimas entrevistas:

> Só é dizível o trágico. Não há uma literatura da felicidade. O que é trágico é o que tem relevo, é o que produz sombras, é o que recebe luz, é o que gera contrastes e é o que fascina[2].

---

1 Texto inédito, lido na entrega do Prêmio Pen Clube Português, na modalidade de Ficção.
2 Rui Nunes em entrevista para o suplemento *Mil Folhas* do jornal *Público* de 12 de fevereiro de 2006.

Se as obras de Rui Nunes partem sempre dessa condição trágica, aquilo que ele define como o "meu olhar"[3], estamos a falar de uma obra que soube manter uma coerência notável ao longo de todos estes anos. Também o seu romance *A boca na cinza* (2003), um dos livros mais emblemáticos e mais duros do autor, o qual me permitiu a entrada no seu universo, é um texto que se constrói neste mundo estilhaçado, onde os seres se revelam na sua condição de pobreza existencial, reduzidos à sua dimensão degradada e abjeta. Relatando a história de dois irmãos anões que vivem juntos na mesma casa, numa atmosfera opressiva e pesada, o autor conduz-nos à intimidade de dois seres dilacerados pela solidão, pela doença e por uma melancolia acerada como aço, que contamina toda a esfera, desde a primeira frase do livro: "a dor é abrir os olhos para as paredes vazias do quarto"[4].

Se o universo que aqui se representa é de uma crueza invulgar, onde a escrita se coloca imediatamente na antítese do lirismo, é, no entanto, através dela que se acede ao lugar íntimo da doença e do grotesco, do próprio mal. Em *A crisálida*, uma das suas últimas obras, o autor também deixa isso bem claro:

> [...] o meu olhar não sabe o que ver, não encontra um objecto pesado, o meu olhar não quer destruir, mas só descobre os pedaços de que é feito um quadro, uma jarra, um gamboeiro, tudo, enquanto a voz de Deus tropeça, pára, de quando em quando pára, e a paisagem, essa máscara, uma mascarra, entre uma palavra e deus e outra palavra de deus, recompõe a maldade da criação[5].

---

3 Hugo Pinto Santos, "Rui Nunes: 'A minha escrita é o meu olhar'", *Ípsilon*. Disponível em: <https://www.publico.pt/2018/11/16/culturaipsilon/entrevista/rui-nunes-escrita-olh ar-1850215>. Acesso em: jun. 2020.
4 Rui Nunes, *A boca na cinza*, Lisboa: Relógio d'Água, 2003, p. 9.
5 *Idem*, *A crisálida*, Lisboa: Relógio d'Água, 2016, p. 14.

Um olhar que "não quer destruir", mas aquilo que ele encontra já está destruído e desfeito dos seus elos. Podemos aqui afirmar que se trata de um olhar alegórico, no sentido benjaminiano[6], que descobre apenas o que já está destruído e procura, através da escrita, reconstituir esse mesmo sentido. Esse horror de que o autor nos fala na sua obra, bem como o horror da perda de um ideal de Europa, em *Nocturno europeu* (2014) e *Suíte e fúria* (2018), não é a tragédia e o seu silêncio, como poderíamos ser levados a pensar, mas a própria banalidade e o ritmo mecânico dos dias vazios, naquilo a que João Oliveira Duarte chamou de uma "ordenação sintática do ódio"[7].

Ainda a propósito do olhar e da visão, devemos salientar a sua importância no universo da sua obra, assumida pelo autor. O olhar de Rui Nunes aproxima-se daquilo que observa, numa espécie de *zoom* fotográfico, ampliando; assim, sucedem-se, nos seus livros, planos de pormenor. Cultor de uma visão do fragmento, não lhe interessam os macroplanos da beleza e da perfeição, mas sim o detalhe, que, visto com tal proximidade, destrói a harmonia e atenta nas imperfeições. À maneira expressionista, esse olhar microscópico procura aceder à verdade daquilo que é olhado, ao aumentar o que é observado até tornar visíveis todas as manchas. A personagem é disso consciente e descreve o seu modo de perscrutar a realidade: "os meus olhos são instrumentos de deformação que amachucam as letras do livro e as empastam [...]. O que vejo nitidamente não é o mundo, mas a sua desfiguração"[8].

A desfiguração do mundo caminha a par com uma estética em que a abjeção tem um lugar fundamental. Maria João Serrado vai mais

---

6 Cf. Walter Benjamin, *A origem do drama trágico alemão*, Lisboa: Assírio & Alvim, 2004.
7 João Ricardo de Oliveira Duarte, "O mundo é a construção do ódio", *Caliban*. Disponível em: <https://revistacaliban.net/o-mundo-%C3%A9-a-constru%C3%A7%C3%A3o-do-%C3%B3dio-44a4333b515>. Acesso em: jun. 2020.
8 Rui Nunes, *Que sinos dobram por aqueles que morrem como gado?*, Lisboa: Relógio d'Água, 1995, p. 8.

longe e fala da existência de uma "estética do mal"[9] em Rui Nunes. Assim, conceitos como feio, horrível, monstruoso e doença integram esse universo, e a ensaísta os define como convexos, ao contrário dos conceitos côncavos, como são o caso do belo e da felicidade. Para a autora, no universo de Rui Nunes não há espaço para estes últimos:

> O mal existe, de facto, e, por consequência, o seu universo inunda as páginas dos romances de Rui Nunes, persegue as suas personagens, envolve-as, isola-as e torna-se um natural decalque da realidade, assumindo-se como um mal necessário à existência do ser humano[10].

Podemos afirmar que desse *modus operandi* advém uma inquietação que perturba o leitor, perante aquilo que resiste à catalogação, definindo o "novo", constituindo-se como um espaço literário de ruptura e diferenciação. Diria ainda que existe, na obra de Rui Nunes, uma eterna agitação que lhe é intrínseca. Ela é da ordem do "acontecimento", pois instaura um território radical, revelando-se no modo como se fragmenta o discurso narrativo, desconstruindo a unidade da narrativa sem a quebrar verdadeiramente – a coerência e a unidade passam a conhecer outros contornos. Fundindo o monólogo com a narração, introduzindo a polifonia e operando a cesura, ao nível da linguagem, entramos, com Rui Nunes, numa deambulação pelo espaço literário descentrado. Para o autor, é a escrita que verdadeiramente interessa. A escrita como experiência busca o mergulho em si mesma e, no seu universo, não se pode falar de unidade, ainda que a coerência do texto seja a sua linha decisiva. Uma escrita do limite, como definiu Eduardo Prado Coelho:

---

9 Maria João Serrado, *Os caminhos da voz: a polifonia da escrita de Rui Nunes*, dissertação (Mestrado em Letras), Universidade Nova de Lisboa, Lisboa: 2007, p. 79.
10 *Ibidem*.

> Rui Nunes escreve no limite. [...] No limite da narrativa, no limite da linguagem, no limite da visão, no limite das forças. [...] Compreendemos que Rui Nunes escreve no limite do desejo de escrever: porque a escrita é sempre, em relação a todas as feridas, um processo de reparação[11].

Por opção, tal como a escrita de Maria Gabriela Llansol, advertindo para as diferenças entre ambos, a escrita de Rui Nunes não se fixa num ponto determinado ou numa unidade narrativa, mas é exercida pela via da errância, desenhando-se caprichosamente como um pensamento que faz do entrosamento dos pensamentos, das ações dos seres e da sua violenta solidão o espaço da expressão da linguagem. Essa errância prende-se igualmente ao percurso nômade das suas personagens, que vivem entregues a uma deambulação cega no espaço da elaboração e da fala: "falo contra as palavras que se esvaem, paro no meio de uma frase e olho em volta, como se quisesse encontrar a palavra que me falta, como se as palavras fossem objectos"[12]. Dir-se-ia um desvio da continuidade do pensamento e da fala, para alcançar a respiração autêntica das ideias, auscultando-as como sintoma de um mal-estar essencial e que se revela nessa fragmentação, a ameaçar uma mudez inquietante:

> são frases esquecidas, são letras que não se juntam, às vezes, os olhos dos outros param na minha boca, inquirem o meu silêncio e esperam que eu fale, e o silêncio aumenta, até todo o meu corpo ser a falta de uma palavra[13].

---

[11] Eduardo Prado Coelho, *A escala do olhar*, Lisboa: Texto, 2006, p. 78.
[12] Rui Nunes, *A boca na cinza*, op. cit., p. 25.
[13] *Ibidem*.

A mudez espelha o estilhaçamento da vivência e do corpo, a experiência diária do choque, a impossibilidade do amor, como olhar de reconhecimento do outro: "nunca houve um tempo em que um olhar me desejasse, sempre os olhos se afastaram de mim"[14]. A estridência do grito que não chega a ouvir-se é a ameaça que paira sobre as personagens, numa dilaceração que contamina todo o universo e é, precisamente, esse desmembramento irremediável que se torna inerente à estrutura narrativa do romance de Rui Nunes.

A esse propósito, cabe aqui assinalar a forte relação de Rui Nunes ao universo kafkiano, nomeadamente à sua obra *A metamorfose*. Essa proximidade, como salienta Maria João Serrado,

> não ocorre ao nível da arquitectura narrativa, nem do discurso narrativo. O diálogo com o escritor expressionista é essencialmente ideológico. Rui Nunes partilha com Kafka a visão e abordagem sociológica da incomunicabilidade; da incapacidade da linguagem; da solidão; do silêncio; da rejeição, ou da sua face silenciosa. A indiferença que se abate sobre as personagens[15].

Essa violência perturbadora transparece em várias obras e, em particular, nas suas personagens, em que encontramos traços da angústia de Gregor Samsa, a principal personagem de *A metamorfose*. As personagens de Rui Nunes sofrem uma metamorfose idêntica à de Gregor Samsa, perdendo a sua dignidade humana, o que tem como consequência a loucura (como Francelina, de *Grito*), o desejo de morrer (como Sara, de *A boca na cinza*, ou o narrador de *Rostos*) ou a doença e o suicídio. É a violenta solidão, provocada pela ausência ou pelo abandono dos

---

[14] *Ibidem*, p. 30.
[15] Maria João Serrado, *Os caminhos da voz: a polifonia da escrita de Rui Nunes*, op. cit., p. 53.

outros e de Deus, da esperança, que leva esses seres ao limite de si próprios e da sua humanidade, arrastando-os para a sua queda.

A "morte do eu" e a urgência de um espaço autônomo, onde tudo se entrelaça, é uma condição primordial do romance de Rui Nunes. Assim, a narratividade cede lugar à polifonia e à vertigem das vozes, dos diálogos e das falas, dos monólogos, que se cruzam a todo o momento. Desde os clássicos aos modernos, o diálogo de Rui Nunes com vários autores é incorporado nas suas obras, às vezes de forma clara e explícita, outras vezes nem tanto, mas, como ele mesmo assume: "reconheço na minha voz a voz anónima de todos os que a história tragou"[16]. E podemos ainda ler em *Enredos*: "não me sinto. Mas as vozes em mim"[17]. As diversas vozes vêm preencher o espaço do vazio, quer seja pelos outros, quer seja por Deus. Essa multiplicação das vozes corresponde, com efeito, à constatação de uma ausência ou, melhor dizendo, de uma solidão: "o que sei é multiplicar a voz. Fingimo-nos sempre outros, para outros. Afinal, dispersamos somente a solidão"[18]. Não raro, essa dispersão das vozes perturba a identidade da personagem central, o que a leva a questionar-se: "porque se intrometem tantas vozes na minha voz? Perco-me na minha voz assim perdida"[19]. Com algum arrojo, Maria João Serrado identifica na polifonia de Rui Nunes, embora este não o reconheça, ecos da heteronímia pessoana[20].

A voz é, sem qualquer dúvida, como a solidão e a dor, um dos grandes pilares sobre o qual está assentada a obra de Rui Nunes. Sem ela, a voz, o seu universo e a sua escrita tornar-se-iam totalmente inabitáveis. Se o romancista convoca para a sua obra um conjunto

---

16 Rui Nunes, *Sauromaquia*, Lisboa: Relógio d'Água, 1986, p. 99.
17 *Idem*, *Enredos*, Lisboa: Relógio d'Água, 2014, p. 142.
18 *Idem*, *Grito*, Lisboa: Relógio d'Água, 1997, p. 95.
19 *Ibidem*, p. 21.
20 Cf. Maria João Serrado, *Os caminhos da voz: a polifonia da escrita de Rui Nunes*, op. cit., pp. 63-4.

de vozes, cuja heterogeneidade se revela labiríntica e perturbadora, essa convocação é, no entanto, fundante e estrutura o seu texto. Para o leitor, o grande desafio (e também a grande dificuldade) é a sua desocultação e, para concretizar esse exercício, Manuel Frias Martins recomenda a concentração na leitura do caso particular de *Grito*[21]. É aqui que compreendemos claramente como as personagens nuneanas, enfermas da sua dolorosa solidão, reclamam uma voz, e é a personagem central que o confessa: "o que eu quero é uma voz que me queira"[22]. Cabe assim ao romancista disponibilizar essa voz aos seres que são por si criados. Maria João Serrado explica assim a lógica da polifonia de Rui Nunes, dizendo que "o Romancista não abandona à sua sorte as personagens que criou, como Deus fez com o Homem, revelando-se um criador muito mais benévolo"[23]. Ainda que não traga a felicidade ao seu universo porque esta não passa de uma ficção, são as vozes que destroem o silêncio doloroso e asfixiante, reabilitando a vida. E essas vozes são oriundas, essencialmente, de três universos: o literário, o musical e o pictórico.

Jogam-se em todos esses efeitos os diversos modos de assinatura do autor, cuja escrita é, sem sombra de dúvida, inconfundível. O escritor trata as palavras como seres vivos, moventes, como se elas tivessem uma força e uma potência próprias. Cabe-lhe explorar essa força e a carga semântica que resultam do jogo. Ressonâncias próprias, relações de familiaridade e de osmose entre elas ditam-lhe a força pulsional, quer a sua carga gere ou não empatia. Poderíamos, assim, falar de campos de forças, campos gravitacionais em torno dos quais se constroem os núcleos da textualidade, e não de um

---

[21] Cf. Manuel Frias Martins, *As trevas inocentes*, Lisboa: Aríon, 2000, p. 128.
[22] Rui Nunes, *Grito*, op. cit., p. 36.
[23] Maria João Serrado, *Os caminhos da voz: a polifonia da escrita de Rui Nunes*, op. cit, p. 146.

único centro – como o seria no caso da narrativa clássica. No caso de Rui Nunes, encontramos, no limite, esse gesto imponderável de narrar, na contramão das regras clássicas, fintando as convenções, dilatando os limites da linguagem, deixando-a à mercê do perigo do desregramento, para logo recuperar, através da contínua suspensão, o fulgor de um novo paradigma literário. Existe assim, na sua escrita, essa inquietação que é a "resistência à linguagem", enveredando pela zona de perigo que é a criação de um idioma próprio.

Como Silvina Rodrigues Lopes assinala, "a modernidade levou ao esgotamento a ideia do Livro. Sintoma desse cansaço é a melancolia"[24]. Tal como em Rui Nunes, a escrita de Maria Gabriela Llansol "não participa nem da ideia de Totalidade – o Livro – nem da articulação de saberes – o Sujeito"[25], o que lhe confere o estatuto de uma escrita fragmentária e essencialmente imagética. Se em Llansol a ideia da *cena fulgor* é disso a máxima expressão, em Rui Nunes o texto constrói-se a partir da "mancha", como ele próprio me afirmou numa conversa informal.

Por razões diferentes, aquilo que coloca a grande dificuldade da interpretação do universo literário de Maria Gabriela Llansol é, com efeito, a sua ilegibilidade, assinalando-se assim uma desintegração do equilíbrio a que o texto narrativo e convencional nos habituou, tal como isso se pode dizer de Rui Nunes. Sem querer radicalizar a noção de leitura e de texto, o certo é que o texto llansoliano possui esse dom, o *dom poético* que jorra do "encontro inesperado do diverso", resultante de um processo de *fulgurização*, no sentido em que "a matéria-prima do texto é o confronto/adequação dos afetos e da língua, sobre um solo de um lugar que é sempre um corpo e uma paisagem falando-se"[26].

---

24 Silvina Rodrigues Lopes, *Teoria da des-possessão*, Lisboa: Averno, 2013, p. 18.
25 *Ibidem*, p. 19.
26 Maria Gabriela Llansol, *Lisboaleipzig 2*, Lisboa: Rolim, p. 6.

E é nesse limiar entre o exprimível e o inexprimível que se sustenta o texto llansoliano. Como José Augusto Mourão afirma, em Llansol há um abandono ou uma recusa da escrita representativa:

> Desde *Os pregos na erva* que a escrita da nossa autora deixou de ser uma escrita *sobre*, exterior a si, exterior à distinção sujeito/objecto. [...] O trabalho da escrita deverá (re)unir o que tem andado dividido: a liberdade de consciência e o dom poético[27].

É precisamente esse umbral ou zona de passagem, confinando com o segredo, que leva Silvina Rodrigues Lopes a definir a literatura llansoliana como "literatura mística"[28], por se encontrar numa relação indissociável da epifania. Não se trata apenas de livros habitados por *figuras* (e não personagens) de místicos, mas de um trabalho de escrita que opera sobre as palavras, no sentido de torná-las "opacas". Elas são arrancadas ao seu contexto habitual para entrarem no círculo de uma nova significação, o que as torna estranhas. São, dizendo de outro modo, consumidas e transformadas numa outra matéria, adquirindo uma nova significação no texto llansoliano.

Circunscrever o campo em que se move a sua escrita leva-nos a referir determinados critérios que podem ser nela aplicados, descobrindo-lhe uma natureza e uma energia peculiares, um caráter metamórfico, que movem e impulsionam o texto. Esses critérios, ou melhor, palavras que caracterizam a sua escrita, não são mais claros e evidentes pelo fato de serem nomeados, mas permitem encontrar focos de luz irradiantes e vestígios que esboçam uma estética llansoliana. São essas palavras a visão, a possessão, o vazio, a errância, a pobreza, a rebeldia, a comunidade, entre outras. Mas essas

---

27 José Augusto Mourão, *O fulgor é móvel*, Lisboa: Roma, 2003, p. 16.
28 Silvina Rodrigues Lopes, *Teoria da des-possessão, op. cit.*, pp. 33-4.

mesmas palavras encerram desde logo e em si um segredo. Quando se pensa na leitura crítica sobre a obra, imediatamente vem à memória o *noli me legere* de Blanchot[29]. Ressalte-se o precário do texto, a zona obscura em que ele se encerra, guardando em si o sentido. A resistência abre-se nessa incandescência da imagem; se, por um lado, ela (imagem-escrita) apela ao jogo das faculdades, para usar o termo kantiano, por outro, essa imagem fecha-se sobre si própria.

Porém, o paradoxo suscitado não é um impeditivo da leitura, mas confirma, antes, uma exaltação dessa tarefa da participação na compreensão e decifração (caso seja possível falar nesses termos). Acresce, ainda, o fato de vislumbrar, pela crítica e pelo trânsito entre a leitura e a escrita, o reconhecimento de uma "escrita-laboratório" que Llansol reconhece no seu diário:

> Musil e eu interessamo-nos pelo pensamento que se desenvolve e suspende na escrita; a literatura como comércio, abandonámo-la neste cruzar de prados onde nos encontrámos por uma circunstância fortuita. [...] Liga-nos a aquiescência de que almejar com a escrita não é o mesmo que esbanjar no vazio a palavra[30].

Não, a palavra não é, de modo algum, esbanjada ou objeto de um jogo fortuito, mas é – se é que se pode defini-la assim – "reconvertida" pela sua incorporação numa nova ordem de significação. E o desafio da escrita está nessa tarefa de lutar contra a ordem de significação convencional (e meramente comunicacional da narrativa), integrando-a numa nova constelação ou ordem. O efeito que daí resulta é, justamente, essa estranheza e ilegibilidade a que já se aludiu anteriormente. A escrita não se inscreve num horizonte predeterminado

---

[29] Cf. Maurice Blanchot, *L'Espace littéraire*, Paris: Gallimard, 1995, p. 17.
[30] Cf. Maria Gabriela Llansol, *Um falcão no punho*, Lisboa: Relógio d'Água, 1998, p. 60.

de sentido, mas abre o espaço fundante, o *Lugar*. É exemplo particular dessa escrita laboratorial *O livro das comunidades*, todo ele dividido não em capítulos, como seria de esperar, mas em *Lugares*, e em que cada *Lugar* abre, a partir de si próprio, um espaço epifânico, criador e novo, onde a imagem se dá como *cena fulgor*. Esta é o resultado da desagregação, levada a cabo pela autora, do contínuo narrativo, bem como da suspensão dos elos habituais a que fomos acostumados na leitura e interpretação da linguagem. É a própria Llansol quem afirma:

> Os meus textos [...] são tecnicamente construídos sobre o que chamei *cenas fulgor* porque o que me aparece como real é feito de *cenas*, e porque surgem com um carácter irrecusável de evidência[31].

Noutro lugar, a *cena fulgor* aparece deste modo: "O real é um nó que se desata no ponto rigoroso em que uma *cena fulgor* se enrola e se levanta"[32]. Dois conceitos saltam imediatamente à vista: real e evidência, aparecendo conjuntamente para dar conta da *cena fulgor*. Ou seja, uma *cena fulgor* irrompe ou emerge como o "real", em toda a sua evidência irrecusável. Como uma "presença que se faz imagem"[33], com o perigo que isso comporta. Há o perigo da cegueira do olhar diante dessa evidência, e essa intensidade convoca imediatamente uma manifestação da realidade como epifania ou manifestação de uma transcendência. A possibilidade dessa manifestação verifica-se sempre na proximidade daquilo a que a autora chama de "ponto voraz, e que é simultaneamente a fonte de luz intensa que ilumina a *cena fulgor*, e o lugar onde ela se anula"[34]. O perigo está no modo

---

31 *Idem, Lisboaleipzig*, Lisboa: Assírio & Alvim, 2014, p. 148.
32 *Ibidem*, p. 128.
33 *Ibidem*, p. 148.
34 *Ibidem*, p. 140.

como a cena se aproxima da luz jorrante ou do ponto voraz. Encontramo-nos aqui diante da presença latente de toda uma literatura mística (perpassando os textos da autora) que se aproxima de uma concepção muito peculiar do estatuto e função da imagem/apresentação[35]. E, justamente por isso, como defende o autor:

> A escrita de Maria Gabriela Llansol é, desde o início, uma escrita surpreendente, que desassossega, transmitindo a serenidade de não nos deixar cair na tentação do óbvio ou do uso. O gosto pela incerteza tem como consequência a possibilidade de ver as cenas em fulgor, e essa é uma forma de compreensão. É o incerto que é luminoso[36].

Dessa forma, a *cena fulgor* emerge como uma composição (apresentação) de elementos, que circunscreve, a partir de si, um *lugar*. Mas este deve ser entendido não no seu sentido habitual, um local ou uma zona meramente geográfica, mas como uma "ruptura" ou instauração de uma fratura no espaço. A lógica desse procedimento determina justamente que, à luz da concepção das *cenas fulgor*, nesses *lugares* que podem ser caracterizados como "encontros inesperados do diverso", não há distinção entre animais, plantas e seres humanos. Llansol admite a existência de uma comunicação universal entre todos os seres, humanos e não humanos, e a possibilidade do reconhecimento dessa comunicação, em que "tudo comunica por sinais, por regularidades afetivas, por encanto amoroso, por perigo de anulação"[37]. A possibilidade do reconhecimento dessa comunicação universal não pode,

---

[35] Cf. José Augusto Mourão, "A pele da imagem", *Revista de Comunicação e Linguagens: Imagem e Vida*, Lisboa: 2003, n. 31.
[36] *Ibidem*, p. 145.
[37] Maria Gabriela Llansol, *Lisboaleipzig*, op. cit., p. 142.

com efeito, fazer-se pela via discursiva, mas pela inflexão (operada pela *cena fulgor*) para uma linguagem pré-discursiva, regulada pelo reconhecimento, pela correspondência entre os seres, isso a que a autora chama de "relação preferencial". Poderíamos aqui relembrar toda uma tradição do pensamento sobre a linguagem nomeadora e adâmica, mas devemos ter cuidado ao estabelecer tais comparações. A autora fala de uma relação que é longamente "preparada" pelo encontro inesperado do diverso, o que leva a pensar na técnica de fragmentação e da "reconstrução" da História, pois a *cena fulgor* subtrai à História as suas personagens, para as inserir numa outra ordem de significação, transmudando-as em *figuras*.

A *figura* é indissociável da *cena fulgor*. Trata-se de um elemento que se opõe, em tudo, tanto ontológica como semioticamente, à personagem da qual ela nasce. Se a *cena fulgor* é o *logos* do lugar, da paisagem ou da relação, criando um "redobramento do espaço e do tempo"[38], as figuras "nada mais são do que personagens históricas ou míticas; plantas ou animais; um dispositivo de companheiros que tomam parte na mesma problemática"[39]. Mas aquilo que elas possuem em comum "é a técnica visual da sobreimpressão, a sua arte de ver o mundo sobreimpresso, impelindo a deslizar umas sobre as outras paisagens afastadas que o poder nunca alcançaria submeter ao seu domínio"[40]. E é aqui que a questão do tempo aparece como axial para compreender a estrutura da textualidade llansoliana. As *figuras* deslizam, por assim dizer, de um tempo cronológico e sucessivo, histórico, para uma dimensão não histórica, suspendendo o curso do espaço e tempo físicos, numa transversalidade de vários mundos, lugares ou ordens de realidade. Como diz a autora em *Onde*

---

[38] *Ibidem*, p. 128.
[39] *Ibidem*, p. 129.
[40] *Ibidem*.

vais drama-poesia?: "É minha convicção que as figuras (que, no meu texto, são muitas vezes pessoas históricas do passado e, enquanto tais, culturalmente identificáveis) vêm do futuro"[41]. Arrancadas à sua dimensão de personagens e àquilo que, na história, é efeito de poder, fragmentadas e descentradas, desviadas de uma determinada ordem de significação, conduzem a uma nova significação, que já não é da ordem do representável, mas sim da apresentação ou do desvelamento de uma nova realidade: "Porque todos são rebeldes a querer dobrar o tempo histórico dos homens, com o desejo intenso que eles se encaminhem para uma nova terra, bafejada por um céu novo"[42].

É difícil não ler aqui o desejo de uma "ordem que há-de vir", uma promessa que aparece sob os termos de "uma nova terra, bafejada por um céu aberto" ou, ainda, na sibilina frase: "o que o texto tece advirá ao homem como destino"[43]. Manuel Gusmão[44] parte da análise dessa frase e do confronto com o texto benjaminiano sobre o conceito de história, em que este se refere à "pequena parcela messiânica"[45] que aqueles que vieram antes de nós têm para nos passar, para nos mostrar, como a escrita llansoliana nos convoca a reaprender a linguagem. Como o autor o afirma, "Um tal enunciado pode ser considerado como um princípio ou um 'programa' poético e estético, uma 'lei' imanente a esta textualidade"[46]. É o texto *quem tece*, através das múltiplas vozes que o atravessam e que ele contém. Mas estamos longe, aqui, de um texto à maneira de um tecido, no seu sentido medieval, como uma teia acabada, ou uma tecelagem definitivamente terminada, um *ergon*. Pelo contrário, esse texto vai-se tecendo de múltiplos

---

[41] Idem, *Onde vais, drama-poesia?*, Lisboa: Relógio d'Água, 2000, p. 201.
[42] *Ibidem*, p. 129.
[43] Idem, *O senhor de Herbais*, Lisboa: Relógio d'Água, 2002, p. 210.
[44] Cf. texto inédito, "A História e o projecto do humano", gentilmente cedido pelo autor.
[45] Walter Benjamin, *Gesammelte Schriften I*, Frankfurt am Main: Suhrkamp, 1972, p. 610.
[46] *Ibidem*.

modos, todos eles moventes, com a sua energia própria, como diz Manuel Gusmão: como *energueia*. A atestar essa ideia da pluralidade movente dos textos, o autor cita o "palimpsesto transparente", como aparece no *Livro das comunidades*:

> Leio um texto e vou-o cobrindo com o meu próprio texto que esboço no alto da página, mas que projeta a sua sombra escrita sobre toda a mancha do livro. Esta sobreposição textual tem por fonte os olhos, parece-me que um fino pano flutua entre os olhos e a mão e acaba cobrindo como uma rede, uma nuvem, o já escrito. O meu texto é completamente transparente e percebo a topografia das primeiras palavras. Concentro-me em São João da Cruz quando o texto fala em Friedrich N.[47].

Várias vozes se sobrepõem, numa indissociabilidade entre escrita e leitura, contribuindo para a "construção" de um sujeito que aparece como um "processo" e não uma consciência, como "espaço musical". As vozes, que se encontram disseminadas pela escrita, não possuem uma autoridade de presença, como assinala Silvina Rodrigues Lopes:

> elas participam do anónimo por excelência, a presença que se perde no nome: o corpo. A voz é a presença, na escrita, de um outro do sentido: do grito ao canto cada voz é uma modulação da forma a ponto de permitir esta afirmação: 'Todo o espaço é música"[48].

É justamente nesse aspecto que, mais uma vez, podemos aproximar a escrita de Rui Nunes e a de Maria Gabriela Llansol, na sua polifonia intrínseca ao texto. A sua fragmentação nasce precisamente dessa

---

[47] Maria Gabriela Llansol, *O livro das comunidades*, Lisboa: Relógio d'Água, 1999, p. 57.
[48] Silvina Rodrigues Lopes, *Teoria da des-possessão*, *op. cit.*, p. 23.

abertura polifônica. Tal como em Rui Nunes – ainda que de forma diferente – assinala-se aqui uma reivindicação para o ato da escrita, aquilo a que António Guerreiro chamou de "vontade de relativização"[49]. O eu absoluto ou a figura do sujeito narrador dá lugar a um "eu-passagem entre o eu e o outro"[50].

Relembrando Silvina Rodrigues Lopes, esse é um espaço de hospitalidade, tanto no caso de Maria Gabriela Llansol como no de Rui Nunes. A hospitalidade é o espaço da errância, caracterizado pela polifonia enquanto estrutura comum a ambos. É, no entanto, forçado comparar os universos dos dois escritores, já aqui distinguidos anteriormente. Assinale-se, todavia, a forma como ambos ousaram sair dos cânones literários da literatura portuguesa e desconstruir o paradigma clássico da narrativa. Porém, ao desconstruir esse paradigma, cada um à sua maneira, não quiseram apenas "destruí-lo", mas procuraram metodicamente uma forma de estruturar um novo paradigma, assente numa estética do fragmento e subvertendo os conceitos de textualidade e de personagens (sobretudo no caso de Maria Gabriela Llansol), para criar toda uma nova estética ou, se quisermos, uma nova poética. Se, em Rui Nunes, podemos seguir o rastro através dos seus próprios livros e pela boca das suas personagens, que refletem a sua visão, em Maria Gabriela Llansol, esse novo paradigma é explicado pela própria nas suas obras, como *O livro das comunidades* ou *Lisboaleipzig: o encontro inesperado do diverso*. Não caiamos na tentação de os ler como fenômenos de moda, das décadas da literatura dos anos 1980 e 1990, mas sigamos a sua obra para nos darmos conta da sua complexidade e da sua coerência ao longo do tempo. Sobre Maria Gabriela Llansol existe toda uma bibliografia

---

[49] Cf. António Guerreiro, "O texto nómada de Maria Gabriela Llansol", *Revista Colóquio/Letras*, Lisboa: 1987, n. 81.
[50] Silvina Rodrigues Lopes, *Teoria da des-possessão*, op. cit., p. 25.

secundária e respeitável que nos permite aferir a importância da sua literatura, mas, no caso de Rui Nunes, essa bibliografia ainda é escassa, sendo sobretudo composta por pequenos artigos de recepção dos seus livros.

Diante de dois autores tão discretamente recebidos pelo grande público, mas que, paradoxalmente, têm sido amplamente reconhecidos pela crítica portuguesa, urge a sua maior divulgação dos dois lados do Atlântico. Porém, cabe uma maior divulgação desses escritores, inauguradores de gêneros e de estilos, no Brasil, onde são conhecidos, sobretudo no caso de Maria Gabriela Llansol, num restrito meio acadêmico que se dedica apaixonadamente ao seu estudo, desde o final da década de 1990. De novos e irradiantes paradigmas se constitui a obra de ambos, tão inovadora que é preciso firmar e garantir a proteção do seu legado na história da literatura de língua portuguesa, enquanto testemunhas do nosso tempo.

REFERÊNCIAS

BENJAMIN, Walter. *Gesammelte Schriften I*. Frankfurt am Main: Suhrkamp, 1972.

_____. *Gesammelte Schriften II*. Frankfurt am Main: Suhrkamp, 1974.

_____. *A origem do drama trágico alemão*. Lisboa: Assírio & Alvim, 2004.

BLANCHOT, Maurice. *Après coup, précédé par Le ressassement éternel*. Paris: Minuit, 1983.

_____. *L'Espace littéraire*. Paris: Gallimard, 1995.

COELHO, Eduardo Prado [1986]. "Gabriela Llansol: o amor ímpar". *Caderno de Leituras. Selecção de artigos publicados na imprensa generalista portuguesa em torno de alguns livros de Maria Gabriela Llansol*. Lisboa: Mariposa Azual, 2011.

_____. *A escala do olhar*. Lisboa: Texto, 2006.

DUARTE, João Ricardo de Oliveira. *O abandono e a palavra pobre*. 94f. Dissertação (Mestrado em Filosofia) – Universidade Nova de Lisboa. Lisboa: 2015.

_____. "O mundo é a construção do ódio". *Caliban*. Disponível em: <https://revistacaliban.net/o-mundo-%C3%A9-a-constru%C3%A7%C3%A3o-do-%C3%B3dio-44a4333b515>. Acesso em: jun. 2020.

EIRAS, Pedro. *Esquecer Fausto: a fragmentação do sujeito em Raul Brandão, Fernando Pessoa, Herberto Helder e Maria Gabriela Llansol*. Porto: Campo das Letras, 2005.

GUERREIRO, António. "O texto nómada de Maria Gabriela Llansol". *Revista Colóquio/Letras*. Lisboa: 1987, n. 81.

KAFKA, Franz. *A metamorfose*. Lisboa: Europa-América, 1975.

LLANSOL, Maria Gabriela. *Lisboaleipzig 2*. Lisboa: Rolim, 1994.

_____. *Um falcão no punho*. Lisboa: Relógio d'Água, 1998.

_____. *O livro das comunidades*. Lisboa: Relógio d'Água, 1999.

_____. *Onde vais, drama-poesia?*. Lisboa: Relógio d'Água, 2000.

_____. *O senhor de Herbais*. Lisboa: Relógio d'Água, 2002.

_____. *Lisboaleipzig*. Lisboa: Assírio & Alvim, 2014.

LOPES, Silvina Rodrigues. *Teoria da des-possessão*. Lisboa: Averno, 2013.

MARTINS, Manuel Frias. *As trevas inocentes*. Lisboa: Aríon, 2000.

MOURÃO, José Augusto. "A pele da imagem". *Revista de Comunicação e Linguagens: Imagem e Vida*. Lisboa: 2003, n. 31.

_____. *O fulgor é móvel*. Lisboa: Roma, 2003.

NUNES, Rui. *Sauromaquia*. Lisboa: Relógio d'Água, 1986.

_____. *Que sinos dobram por aqueles que morrem como gado?*. Lisboa: Relógio d'Água, 1995.

_____. *Grito*. Lisboa: Relógio d'Água, 1997.

_____. *A boca na cinza*. Lisboa: Relógio d'Água, 2003.

_____. *Osculatriz*. Lisboa: Relógio d'Água, 2005.

_____. *Enredos*. Lisboa: Relógio d'Água, 2014.

_____. *Nocturno europeu*. Lisboa: Relógio d'Água, 2014.

_____. *A crisálida*. Lisboa: Relógio d'Água, 2016.

_____. *Suíte e fúria*. Lisboa: Relógio d'Água, 2018.

SANTOS, Hugo Pinto. "Rui Nunes: 'A minha escrita é o meu olhar'". *Ípsilon*. Disponível em: <https://www.publico.pt/2018/11/16/culturaipsilon/entrevista/rui-nunes-escrita-olhar-1850215>. Acesso em: jun. 2020.

SERRADO, Maria João. *Os caminhos da voz: a polifonia da escrita de Rui Nunes*. Dissertação (Mestrado em Letras) – Universidade Nova de Lisboa. Lisboa: 2007.

VASCONCELOS, Vasco André Ribeiro de. *À sombra do som da morte: a poética da escuta e do silêncio em Raul Brandão e Rui Nunes*. 361f. Tese (Doutorado em Letras) – Universidade do Porto. Porto: 2016.

O LIVRO ILUSTRADO: UM CAMPO DE EXPERIMENTAÇÃO EM ANGELA LAGO E CATARINA SOBRAL

Maria Schtine Viana

INTRODUÇÃO

APESAR DA DISTÂNCIA GERACIONAL que há entre a autora brasileira Angela Lago (1945-2017) e a portuguesa Catarina Sobral (1985), existem muitos pontos de contato entre essas duas artistas. Além de escreverem em língua portuguesa, assinarem pelo texto e pelas ilustrações de suas obras, conceberem o projeto gráfico de suas produções e serem internacionalmente premiadas, os livros por elas produzidos podem ser apreciados por leitores de todas as idades, pois ambas estabelecem jogos intertextuais com outros escritores e inserem narrativas secundárias nas histórias que contam por meio da ilustração, ampliando as possibilidades de leitura.

Os dois primeiros livros com texto e ilustração de Angela Lago, *O fio do riso* e *Sangue de barata*, vieram a lume em 1980 pela editora mineira Vigília e foram editados posteriormente pela RHJ. Na década de 1990, a artista lançou uma dezena de livros, diversificando sempre as técnicas, indo do bico de pena à tinta acrílica. Foi das primeiras da sua geração a utilizar também o computador para criar suas obras. Publicou mais de trinta livros autorais e ilustrou muitos outros até 2017, ano de sua morte. Algumas de suas obras foram lançadas no exterior antes de serem publicadas no Brasil, caso de *Cena de rua* e de *João Felizardo, o rei dos negócios*, editados primeiro no México, ambos premiados com o Jabuti, respectivamente em 1995 e 2008. Obras como *Festa no céu* e *Uni, duni, tê* (1982) foram inspiradas na tradição popular brasileira, mas também há livros que dialogam com artistas plásticos como Maurits Escher, a exemplo do belíssimo *O cântico dos cânticos* (1992). Nesse álbum de imagens, inspirado no poema bíblico homônimo, os amantes percorrem labirintos e se encontram no desencontro das páginas ímpares, ocupadas pelo masculino, e pares, percorridas pela figura feminina. O tempo fugaz e intenso do encontro acontece nas páginas centrais, sempre tão caras na criação da artista brasileira.

Por sua vez, a autora portuguesa Catarina Sobral estreou na literatura infantil com o livro *Greve*, que recebeu a Menção Especial do Prêmio Nacional de Ilustração de 2011, na Feira de Bolonha. O livro *Achimpa!* foi agraciado na categoria de "Melhor Livro Infanto-Juvenil", da Sociedade Portuguesa de Autores, em 2013. Com o livro *O meu avô*, a autora conquistou o Prêmio Internacional de Ilustração da Feira do Livro Infantil de Bolonha. As incursões da artista pelo teatro e pelo cinema de animação também dialogam com seu trabalho como ilustradora. O álbum *Impossível* foi criado a partir do espetáculo teatral homônimo. Por sua vez, o livro de imagens *Vazio* inspirou a criação do filme de animação *Razão entre dois volumes*. É autora também de *O chapeleiro e o vento*, *A sereia e os gigantes* e *Tão tão grande*. As técnicas de ilustração empregadas por essa artista são mistas. Catarina Sobral utiliza pinturas, colagens, cores e texturas na concepção de seus livros, mas também programas de computador para criar ou finalizar seus desenhos.

Por meio deste ensaio, pretende-se analisar obras das duas artistas, confrontando características dessa produção tão peculiar que é a criação de livros para crianças. Na primeira parte, apresentarei um breve panorama da literatura destinada à infância, para que melhor se entenda em que contexto se deu essa produção. Além disso, serão elencadas algumas características dos livros de imagens e com imagens, pensados especialmente para crianças. Na segunda parte, será realizada a análise comparativa propriamente dita, a partir da leitura de obras das duas autoras.

OS CONTRIBUTOS DA PEDAGOGIA E DA PSICOLOGIA PARA A LITERATURA INFANTIL

Embora as primeiras obras literárias destinadas à infância tenham sido produzidas no século XVII, nos meios da aristocracia francesa, com destaque para a produção de Charles Perrault, foi no século XVIII, em plena Revolução Industrial, que a literatura infantil foi impulsionada, em decorrência da ascensão da burguesia.

Em estudo sobre a evolução do conceito de infância ao longo do tempo, Philippe Ariès faz interessante análise do assunto e chega a afirmar que no final do século XVIII e começo do XIX, em certa medida, houve um retrocesso, provocado pela demanda de mão de obra infantil para as fábricas. Segundo ele, nesse período "o trabalho das crianças conservou uma característica da sociedade medieval: a precocidade da passagem para a idade adulta. Toda a complexidade da vida modificada pelas diferenças do tratamento escolar da criança burguesa e da criança do povo"[1].

Esse quadro estava em sintonia com o conceito geral de infância que grassava em países europeus, como a Inglaterra e a França, onde crianças eram empregadas nas fábricas como aprendizes. Ali exerciam inúmeras atividades, desde varrer o chão e manter a bancada de trabalho em ordem, até o transporte de mercadorias; além disso, eram muito mal remuneradas. Raramente tinham oportunidade de aprender algum ofício, como pressupunha sua condição de aprendiz.

Com o objetivo de proteger a infância da exploração capitalista, já que se tratava de mão de obra barata, largamente explorada, o ensino passou a ser obrigatório na Europa do século XIX. Paradoxalmente,

---

[1] Philippe Ariès, *História social da criança e da família*, São Paulo: LCT, 1981, p. 129.

essa escolarização tinha também o objetivo de preparar essas crianças da classe operária para, no futuro, serem operários mais qualificados.

É, em certa medida, atrelada à educação e consequente necessidade de formação escolar e profissionalizante que a literatura infantil se expande no século XIX, o século de ouro do romance e da novela. Ainda assim, as concepções da infância eram bem diferentes das que pautariam o século seguinte. À época, a criança ainda era vista como uma espécie de adulto em miniatura. O período da infância deveria ser encurtado para que o infante ingressasse no mundo dos adultos o mais rápido possível. Por isso, os livros pensados para esse público deveriam conter informações sobre as diferentes áreas do conhecimento.

Em meados do século XIX, já podem ser encontradas narrativas protagonizadas por jovens, como *Oliver Twist* (1837), de Charles Dickens, *As aventuras de Tom Sawyer* (1876), de Mark Twain, ou *Heidi* (1884), de J. Spyri. Mas foi ao longo do século XX que essa tendência se acentuou. São inúmeras as obras destinadas a leitores de todas as idades que têm crianças e jovens como protagonistas. São narrativas nas quais se apresentam situações-problema, sem respostas ou soluções, com a proposta de possibilitar ao leitor em formação se reconhecer como protagonista na vida, da mesma maneira como as personagens o são na ficção.

Durante o movimento de renovação educacional conhecido como Escola Nova – especialmente forte na Europa, nos Estados Unidos e também no Brasil, na primeira metade do século XX –, pesquisadores da área da pedagogia enfatizaram a necessidade de se educar as crianças como seres atuantes em seu próprio processo de construção do saber. O principal idealizador desse movimento foi John Dewey, filósofo norte-americano. Para esse pensador, a educação é uma necessidade social e um direito de todos. Os escolanovistas acreditavam que a educação é um elemento verdadeiramente eficaz para a construção de uma sociedade democrática, que leva em consideração as diversidades, respeitando a individualidade do sujeito, tornando-o apto a refletir sobre a sociedade e a atuar nela. De acordo com essas premissas, a educação escolarizada deveria priorizar a formação de um indivíduo integrado a ideários como a democracia e a cidadania.

Em consonância com essa perspectiva, o mercado editorial incentivou a produção de textos que estimulassem o imaginário infantil e ajudassem as crianças a terem uma posição crítica e participativa sobre sua própria realidade. A literatura infantil continuou, portanto, atrelada às necessidades da formação escolar, ainda que construída sobre outros alicerces.

A partir da demanda do movimento da Escola Nova, os álbuns, ou livros ilustrados, começaram a ser editados. Previa-se a participação ativa da criança no processo de sua própria formação, e as imagens poderiam contribuir nesse sentido.

Cabe também destacar as pesquisas da área da psicologia, que muito enriqueceram os estudos sobre a literatura para crianças e jovens. Por meio de experimentos realizados para se compreender como a criança aprende, postulados sobretudo por Jean Piaget, abriu-se um novo caminho para a produção editorial de livros pensados especificamente para esse público. De acordo com Piaget, os processos de formação dos conceitos de tempo, espaço e causalidade são fundamentais para que os seres humanos compreendam o mundo exterior e para que cada criança desenvolva espontaneamente esses conceitos. Portanto, estimular as crianças, desafiando-as com atividades criativas, por meio de ações pedagógicas significativas, seria fundamental, pois a característica essencial do pensamento lógico é ser operatório – ou seja, prolongar a ação interiorizando-a.

Durante suas pesquisas, Piaget constatou que cada criança desenvolve espontaneamente a apreensão desses conceitos. Portanto, a educação, e em especial a aprendizagem, têm um impacto reduzido sobre o desenvolvimento intelectual. Desenvolvimento cognitivo e aprendizagem não se confundem: o primeiro é um processo espontâneo, que se apoia predominantemente no biológico. Aprendizagem, por outro lado, é um processo determinado por situações específicas, como a frequência à escola ou interação com outras pessoas em situações nas quais o aprender é estimulado. Na concepção piagetiana, a inteligência é anterior ao desenvolvimento da linguagem oral. Desse modo, a linguagem é considerada uma condição necessária, mas não suficiente, para que se dê o desenvolvimento, pois existe um trabalho de reorganização da ação cognitiva que não é dado pela linguagem.

Foi a partir da minuciosa descrição que Piaget fez a respeito das diferentes fases do desenvolvimento infantil que os livros começaram a ganhar tratamento gráfico diferenciado, com construções frasais adequadas ao nível de cada leitor. Além disso, a classificação de livros de acordo com as faixas etárias passou a ser recorrente nos catálogos das editoras.

Todavia, os estudos piagetianos estavam mais voltados para o desenvolvimento do pensamento lógico e não da imaginação, ou seja, eles não levavam em conta as habilidades da criança em lidar com as narrativas. Ademais, não era considerada a intervenção de variáveis como o meio social e a relação com o outro para estimular esse desenvolvimento. Daí a importância de Lev Semenovitch Vygotsky, grande estudioso da psicologia infantil. Esse pesquisador russo acreditava que o desenvolvimento da linguagem é fundamental para o processo de formação do indivíduo. E essa construção se daria por intermédio de novas experiências, propostas para desafiar a criança a partir do que ela já sabe. A interação com o meio social é fundamental para que isso ocorra. Segundo Vygotsky, as crianças aprendem com as informações que estão dispostas ao seu redor e a partir do convívio com o outro. Assim, é fundamental a interação direta com outras crianças e adultos. O teórico buscava uma abordagem que visasse à síntese do homem como ser biológico, histórico e social. Por isso, era fundamental considerar que todo ser humano está inserido na sociedade. Vygotsky acreditava, pois, que as características individuais estão impregnadas de trocas com o coletivo, o que pressupõe que, mesmo ao tomar um ser humano em sua individualidade, não se poderia desconsiderar que ele foi constituído a partir de sua relação com o outro.

Três elementos da teoria de Vygotsky podem ser invocados quando se pensa na produção de livros destinados a crianças e jovens. Em primeiro lugar, a relação entre o indivíduo e a cultura na qual está inserido – a cultura não pensada como um dado, um sistema estático ao qual o indivíduo se submete, mas como um espaço de negociações, onde seus membros estão em constante processo de recriação e reinterpretação de informações, conceitos e significados.

O segundo ponto importante é que Vygotsky trabalha com a noção de cérebro como um sistema aberto, cuja estrutura e modo de funcionamento foram moldados no decorrer da história da evolução da espécie humana e do desenvolvimento individual. Portanto, para ele é preponderante o conceito de sistema funcional: há uma plasticidade cerebral da qual o ser humano pode lançar mão para realizar novas funções, a cada nova situação que lhe é apresentada pelo meio circundante.

Outro conceito fundamental para Vygotsky, bastante caro na concepção de livros infantojuvenis, é a mediação, pois a relação do indivíduo com o meio se dá por intermédio do uso de instrumentos técnicos e/ou de signos. Todo aprendizado é mediado, daí a importância do sistema de ensino, do professor e outros adultos responsáveis pela formação dos indivíduos, pois são facilitadores desse processo. Assim, as maiores contribuições de Vygotsky estão nas reflexões sobre o desenvolvimento infantil, considerando-se que isso se dá por meio da relação da criança com o meio social. Nessa concepção, o desenvolvimento da linguagem é tão preponderante quanto o cognitivo, diferentemente do que pensava Piaget, para quem o aprendizado estava totalmente subordinado ao desenvolvimento das estruturas intelectuais. Foi justamente durante a década de 1970, com a difusão do pensamento de Vygotsky, que a ficção literária destinada à infância e à juventude passou a suscitar maior interesse por parte dos estudiosos, artistas e editores que publicavam obras destinadas a crianças e jovens.

A IMPORTÂNCIA DAS IMAGENS NOS LIVROS DESTINADOS À INFÂNCIA

Se, como bem aponta Paulo Freire, "a leitura do mundo precede a leitura da palavra"[2], podemos expandir o conceito e dizer que, na formação do leitor literário, a leitura da imagem precede a leitura da história, pois as imagens possibilitam uma diversidade de leituras e pressupõem um leitor ativo. Por conseguinte, nos livros produzidos para crianças, é necessário o estabelecimento de uma relação entre o texto e a imagem. Ou seja, de um lado temos o código verbal; de outro, o código icônico: a imagem. Essa iconicidade pode ir desde o hiper-realismo até a abstração total. Essa escolha depende do projeto literário em questão e das intenções do autor e do ilustrador.

O poder da imagem está, sobretudo, na possibilidade de se mostrar a simultaneidade de eventos e uma grande quantidade de informações de uma só vez. Por outro lado, a palavra escrita pode desencadear determinados efeitos que não seriam possíveis por meio de imagens. O jogo determinado pelo confronto e a integração entre esses dois códigos são preenchidos por cada leitor.

---

[2] Paulo Freire, *A importância do ato de ler*, São Paulo: Cortez, 1997, p. 11.

Na atualidade, os artistas utilizam diferentes tipos de material e de técnicas para ilustrar os livros destinados à infância. Em alguns casos, sobretudo nos livros para crianças bem pequenas, a ilustração poupa o detalhamento das ações ou a descrição do local onde a cena acontece, havendo uma verdadeira interação entre imagem e texto. Há também livros em que esses recursos não verbais são fundamentais para a compreensão da narrativa.

São muitas as configurações que o livro ilustrado apresenta na atualidade, de tal modo que tem havido uma incessante tentativa de organizá-las em categorias. Duas investigadoras da área têm aprofundado a pesquisa dos significados dessa categorização: Sophie Van der Linden e Maria Nikolajeva. Cruzando os conceitos utilizados por essas pesquisadoras, *grosso modo*, podem ser usadas as seguintes classificações: a) livro com ilustração: as imagens acompanham o texto, funcionando como um ponto de apoio. O texto é espacialmente predominante e sustenta o ritmo e a sequência da narrativa, o que não significa que a ilustração será submetida ao texto; b) álbum ilustrado ou livro ilustrado: a imagem é espacialmente preponderante. Nesse caso, o *design* também é utilizado como recurso narrativo; c) álbum gráfico: aqui o texto perde espaço para a imagem, que também responde à narração quase total da história. No álbum gráfico, o *design* e o *layout* do livro são preponderantes, sendo o trabalho do *designer* tão importante quanto o do ilustrador; d) livro de imagem: nessa categoria a narrativa é desenvolvida apenas por meio de imagens, com a ausência total do texto. O texto se resume ao título e dados técnicos sobre o livro; e) livro-brinquedo: apresenta características do livro, mas o uso de materiais como pelúcia, espelhos, figuras plásticas e dispositivos que emitem sons permite à criança brincar com o objeto-livro; f) livro *pop-up*: apresenta um sistema de engenharia de papel para criar esconderijos, abas e encaixes que permitem a mobilidade desses elementos em três dimensões; g) livro com corte:

o uso de cortes de faca gráfica para compor imagens permite ao leitor ver uma sequência de páginas através dos cortes.

De acordo com Regina Zilberman, a grande problemática da literatura infantil:

> [...] é que, provindo de uma tomada de decisão da qual a criança não participa, mas cujos efeitos percebe, a literatura infantil pode ser considerada uma espécie de traição, uma vez que lida com as emoções e o prazer dos leitores, para dirigi-los a uma realidade que, por melhor e mais adequada que seja, eles em princípio não escolheram. Nessa medida, a literatura infantil somente poderá alcançar sua verdadeira dimensão artística e estética pela superação dos fatores que intervieram em sua geração[3].

Em concordância com a pesquisadora, acredito que os problemas enfrentados nessa produção artística são os mesmos que envolvem toda a criação poética. Por isso, não cabe enquadrar a literatura infantil como uma área menor, nem ignorar problemas reais que envolvem tanto a produção como a recepção de obras destinadas a crianças e jovens na atualidade. Pois, como bem sintetizou Angela Lago:

> A inclusão do público adulto e sobretudo a consideração de que a criança é capaz de uma compreensão muito maior do que sua capacidade de leitura de um texto escrito fazem, portanto, do livro de imagem um lugar de pesquisa e elaboração estética[4].

---

[3] Regina Zilberman, *A literatura infantil na escola*, São Paulo: Global, 2003, p. 68.
[4] Angela Lago, "Livros de imagens", em: Maria Viana, *Sou educador: educação infantil*, São Paulo: Eureka: 2015, p. 129.

Foi justamente a produção de narrativas para leitores com pouca habilidade na cultura letrada que estimulou a criação de verdadeiras obras de arte, pensadas para crianças, mas que podem ser lidas por pessoas de todas as idades. Isso ocorre justamente porque, paradoxalmente, de um lado, essa produção exige alguma simplificação, para que seja compreendida pelo pequeno leitor que ainda está se inserindo na cultura letrada; por outro, deve ser desafiadora, justamente para ajudar a ampliar essa competência de leitura de obras literárias.

Nos álbuns, é bastante usual a presença de imagens para apresentar personagens e cenário, dispensando assim a descrição textual, que talvez dificultasse a compreensão por parte do leitor de pouca idade. Além disso, as crianças em fase de alfabetização e letramento têm dificuldade em entender os saltos cronológicos, e a ilustração pode minimizar isso. Todavia, como bem aponta Teresa Colomer:

> O álbum foi desenvolvido em um novo espaço, sem tradição anterior na literatura infantil e mesmo sem tradição anterior na literatura adulta. Isso forçou a experimentação de regras e a definição de suas próprias diretrizes. A falta de tradição permitiu que os álbuns incorporassem novos temas e características artísticas da cultura atual com mais rapidez e facilidade do que outros gêneros[5].

Não há dúvida de que historicamente esse campo de experimentação que é o álbum tem sido utilizado para a produção de narrativas que podem ser lidas por pessoas de todas as idades, como veremos na análise de algumas obras de Catarina Sobral e Angela Lago.

---

5 Teresa Colomer, *A formação do leitor literário*, São Paulo: Global, 2003, p. 30.

AS CORES DO VAZIO

A obra *Vazio*, de Catarina Sobral, publicada no Brasil pela Editora 34, foi selecionada para compor o catálogo *White Ravens* da International Youth Library. A concepção desse livro partiu de uma provocação dos editores da coleção "Imagens que contam", da Editora Pato Lógico, e veio a lume em 2014. Os artistas convidados teriam de imaginar uma narrativa contada apenas por meio de imagens, com formato e número de páginas preestabelecidos. Outro grande desafio era que o título só poderia ter uma palavra, que seria o tema do enredo da história. O protagonista desse livro de imagens é representado por meio de uma silhueta incolor que perambula por espaços repletos de objetos, automóveis e outras pessoas na vã tentativa de preencher seus vazios ou conferir sentido à sua existência cotidiana em uma grande cidade. Se a medicina não consegue resolver seu problema, tampouco o consumo, a arte ou a natureza conseguirão fazê-lo. A narrativa pode ser lida como uma crítica à vida moderna, em que a busca dos seres humanos por preencher seus vazios nunca termina.

    O final da história poderia soar clichê ao sugerir, no encontro com uma outra silhueta também vazia, a possibilidade de o amor resolver o problema e resgatar o "Senhor Vazio" da sua busca. Mas na última página, na qual impera a escuridão e a chuva, a presença de uma sobressaltada silhueta que olha para trás, talvez percebendo tardiamente que aquele não fora um encontro fugaz, segue em frente sozinha, ainda que modificada, pois tem finalmente um coração a bater-lhe no peito. Esse desfecho apresenta uma dupla possibilidade de leitura, pois se esse olhar para trás pode indicar a possibilidade de volta e um consequente reencontro com o outro que dentre a multidão o tocou, a posição dos pés, apontando para a frente, sinaliza que a personagem seguirá adiante sozinha, ainda que mais humanizada.

O livro de imagem pressupõe uma leitura linear, a mesma usada na leitura do texto (da esquerda para a direita e do alto para baixo), mas é possível transgredir essa linearidade com o uso de variações cromáticas ou com a composição dos desenhos na página. Nesse livro, Catarina Sobral utiliza o desenho tipo raio-X, aquele que nos permite ver dentro e fora ao mesmo tempo, com maestria. O uso de colagens, carimbos e vários "objetos riscadores", expressão usada pela artista quando fala de sua técnica de ilustração, dá contrastes e volumes às imagens e contribui para essa variação cromática.

Em certa medida, o vazio também é tema presente no livro *Cena de rua*, de Angela Lago, editado pela RHJ em 2004. Obra escolhida para compor a seleção da Abrams Press de Nova York, que figurou entre os quinze melhores livros de imagem do mundo naquele ano, o livro também foi premiado pelo Centre International d'Études en Littérature de Jeunesse, em Paris.

Como no caso do livro de Catarina Sobral, a história é narrada apenas por meio de imagens. O protagonista é um menino que vive nas ruas de uma grande cidade. A caixa que tem nas mãos nas primeiras páginas duplas tem objetos com as mesmas cores dos semáforos: vermelho, amarelo e verde. Se o enredo da obra *Vazio* transcorre durante um dia e acompanhamos o protagonista de manhã, quando sai de casa, até o desfecho em uma cena noturna e chuvosa, toda a história de *Cena de rua* acontece à noite. O primeiro embate do menino, sempre apresentado na cor verde, é com um senhor raivoso, vermelho de raiva, que dirige um carro verde. Nessa dupla, pode-se observar que a artista se apropria da dobra, utilizando-a como um suporte para a narrativa. Essa dobra representa normalmente um empecilho para o ilustrador, mas Angela Lago elabora a imagem de modo que a dobra coincida com as articulações do menino, que é ilustrado exatamente nesse encontro das páginas. E aqui vale citar a própria artista sobre esse uso recorrente em suas obras:

Usando a dobra do meio do livro e a curvatura da folha aberta como recurso podemos enfatizar perspectivas, acentuar movimentos, assinalar aspectos da narrativa. O livro de imagem, vale repetir, é um campo de experimentação[6].

Vira-se a página como se fosse uma esquina e na sequência seguinte uma mulher, que dirige um carro vermelho, enfrenta com ferocidade o menino e rouba-lhe um dos objetos. Se, ao olhar por uma janela, o garoto assusta uma velha senhora que se agarra à sua bolsa, com medo de ser roubada, ao espreitar por outra, ele observa uma mãe a olhar ternamente para um bebê, uma cena na qual impera o azul, único momento em que essa cor é utilizada.

Portanto, objetos que simbolizam o que o garoto vende, mas também lhe servem de alimento, são das cores dos semáforos das ruas onde ele, sozinho, no abandono da noite, busca seu sustento. Nas páginas finais, ele furta uma caixa e é perseguido por motoristas e cães ferozes, em uma cena na qual os caninos de todas as bocas não permitem diferenciar o animal do humano, fazendo o garoto fugir acuado. Mas, ao abrir a caixa, ele depara-se com três bolinhas nas mesmas cores: verde, vermelho e amarelo, do começo da história, e o círculo se fecha. O uso dessas representações sobrepostas de tempo e espaço, quando a personagem é representada no começo e no fim da mesma maneira, assinala que, infelizmente, a situação da personagem será igual na noite seguinte. Esse círculo vicioso de violência e abandono, quando uma caixa de cores esvaziada é substituída por outra exatamente igual, indica a continuidade da situação de vulnerabilidade desse menino que, diferentemente do protagonista da obra *Vazio*, não teve a sorte do encontro com o outro que huma-

---

6 Angela Lago, "Livros de imagens", em: Maria Viana, *Sou educador: educação infantil*, *op. cit.*, p. 132.

niza. Como companhia, tem o cãozinho com o qual divide o pouco alimento que granjeia nos semáforos das cidades.

A CIRCULARIDADE DAS IMAGENS E A CIRCULAÇÃO DA PALAVRA

Essa circularidade apontada em *Cena de rua* é recorrente em outros livros de Angela Lago, a exemplo do álbum ilustrado *João Felizardo: o rei dos negócios*, editado pela Cosac Naify em 2007. O conto acumulativo é um tipo de narrativa em que há um encadeamento de uma mesma sequência de ações. A cada repetição, um novo elemento é acrescentado. Dessa maneira, no final da história, tem-se uma longa enumeração. Como veremos, é exatamente esse princípio que encontramos no livro.

Em *João Felizardo: o rei dos negócios*, o texto é sempre composto na página da esquerda, acompanhado de pequenas vinhetas ilustrativas, e a página da direita é apenas ilustrada. Na primeira imagem, o protagonista João Felizardo está acompanhado por outras personagens ao lado de um túmulo, indicando que ganhará uma herança. Com o movimento da passagem da página, saberemos que a herança era uma moeda. Ao final da frase, há uma pequena ilustração do protagonista com a moeda nas mãos, andando em direção à página ilustrada, na qual o reencontraremos, caminhando pela vila onde morava. Era uma moeda tão brilhante que pôde ser trocada por um cavalo. Todavia, o animal era muito lento e, por isso, foi trocado por uma cabra. E assim vai o protagonista substituindo um animal por outro até conseguir um belo pássaro.

Nesse ponto, todas as pessoas com as quais as trocas foram realizadas são ilustradas na página de fundo branco à esquerda, ao lado da linha de texto, e um cãozinho tenta abocanhar os pés de um esqueleto, que quase não se vê na margem superior. Trata-se de uma representação da presença da morte, que permitiu o recebimento da herança, mas também um alerta para a perenidade, não apenas dos bens de troca, mas da própria vida dos que os comercializaram. Contudo, na página da direita, apenas ilustrada, está João Felizardo em uma praia ampla, diferente das ilustrações anteriores, sempre ambientadas na vila. Portanto, se aparentemente houve perdas nessas barganhas, ao libertar o pássaro – último item de suas negociações –, o protagonista talvez tenha logrado seu maior bem: a liberdade. O pássaro voa, deixando ao herdeiro apenas uma pena. "Uma pena tão leve... que João Felizardo, o rei dos negócios, foi feliz por todo um imenso segundo"[7].

Essa circularidade, tão cara nas obras da artista brasileira, também está presente no enredo de *Achimpa!*, segundo livro de Catarina Sobral, que gira em torno de uma palavra encontrada por um investigador em um dicionário antigo. Trata-se de uma palavra nova: ninguém sabia o significado dela, nem sequer a que classe de palavras pertencia. Ainda que dona Zulmira, uma senhora de 137 anos, tenha assegurado que se tratava de um verbo da primeira conjugação, um linguista muda o rumo das coisas ao afirmar que a palavra era na verdade um substantivo. Entretanto, outro pesquisador assegura tratar-se de um adjetivo e essa descoberta altera novamente o uso da palavra. Dessa maneira, como na história acumulativa de Angela Lago, a palavra "achimpa" vai também sendo trocada de sentido, permitindo uma reflexão sobre a língua.

Cabe ressaltar que, por meio da linguagem, atuamos em sociedade e que o falante é um sujeito ativo que participa do processo enunciativo, não apenas se submetendo a um sistema de códigos ou imitando modelos considerados corretos e adequados. Essa reflexão alinha-se, assim, com a ideia de que a língua não deve basear-se apenas nas normas do falar/escrever corretamente.

---

7 Angela Lago, *João Felizardo: o rei dos negócios*, São Paulo: Cosac Naify, 2007, p. 26.

Entender a língua como uma forma de interação social é compreendê-la como uma atividade que envolve sujeitos historicamente situados, os quais não estão apenas transmitindo mensagens uns aos outros, mas agindo uns sobre os outros. Nessa perspectiva, a identificação dos componentes pessoal e social e a extensão do conhecimento partilhado são dados importantes para determinar os papéis dos interlocutores em uma situação comunicativa. Por meio da linguagem (verbal e não verbal), os seres humanos se comunicam, têm acesso à informação, expressam e defendem pontos de vista, partilham e constroem conhecimentos, enfim, interagem com diferentes interlocutores e com o mundo circundante.

As línguas se modificam ao longo do tempo para se adaptarem de maneira mais econômica à satisfação das necessidades comunicativas de determinado grupo de falantes. Na língua escrita, cada enunciado se reduz a elementos combinados segundo as regras definidas; por isso, um reduzido número de morfemas permite a criação de um número infinito de combinações, possibilitando que a comunicação se estabeleça. Mas essa configuração é arbitrária.

De maneira bem-humorada, Catarina Sobral nos ajuda a perceber que a língua veicula determinada ideologia e que é um sistema social, pois é comum a todos os falantes de uma dada comunidade. Afinal, são os falantes que atribuem sentido à palavra "achimpa".

Um elemento linguístico tem de ter um valor determinado para que possamos operar uma distinção significativa. Por exemplo, o fato de "achimpa" ser usado como verbo, substantivo, adjetivo, advérbio ou preposição dependerá dos falantes e não da palavra. Há um sistema que rege as relações que se estabelecem entre um conjunto de elementos linguísticos. É esse sistema que permite a seleção de determinados elementos para figurarem de maneira apropriada em uma cadeia semântica. Nesse sistema, os elementos linguísticos não se combinam aleatoriamente. Há um conjunto de regras que determinam a posição de um artigo dentro da oração, por exemplo, mas ele também foi instituído pelos seres humanos e às vezes nos esquecemos disso.

Outra narrativa de Catarina Sobral que, em certa medida, também gira em torno da língua é *Greve*. O título já anuncia o tema central, mas, longe de abordar questões de ordem econômica ou política, o que está em questão é o sujeito que declara a greve: o ponto. Os primeiros a aderirem à paralisação são os pontos usados na escrita, afetando o seu sentido. Depois, ela se estende para os pontos de encontro, os usados na geometria, na medicina, na costura, nas artes, nos esportes. Enfim, ao brincar com as diferentes acepções da palavra "ponto", a artista leva o leitor a refletir não só sobre a importância dos pontos na língua escrita, mas também sobre os diferentes usos que fazemos de uma única palavra.

Se em *Achimpa!* a circularidade determina a volta a dona Zulmira – que talvez saiba o significado de "perlinço", nova palavra escarafunchada pelo pesquisador em um velho dicionário –, em *Greve* o desfecho da narrativa também aponta para a circularidade, quando o "Sindicato das linhas ameaça arrebentar pelas costuras"[8]. Essa circularidade, como visto, está igualmente presente em várias obras de Angela Lago, como *Cântico dos cânticos*, *Cena de rua* e *João Felizardo, rei dos negócios*.

A reflexão sobre a palavra escrita, tão cara a Catarina Sobral, também é verificável em livros da artista brasileira. Basta lembrar do livro *O personagem encalhado*, publicado originalmente em 1985 e reeditado em 2006. Parte do texto é composto em fonte que remete à escrita caligráfica, com rasuras e hachuras, dando ao leitor a sensação de que está diante de um rascunho, um texto ainda em processo de escrita e reescrita, como se o narrador se negasse a narrar.

---

[8] Catarina Sobral, *Greve*, Lisboa: Orfeu Mini, 2011, p. 50.

A história transcorre em dois planos: se letras miúdas são compostas sobre uma página cinzenta, em que se discutem a criação e o processo de leitura, na outra uma estranha personagem emerge da dobra central do livro, de onde tenta escapar, mas cujo pé fica preso no grampo, indicando que a história não pode ser contada porque a personagem encalhou.

Nesse espaço de cruzamento entre linguagens, não só a verbal e a ilustrada, mas também de dois textos, compostos com duas tipologias distintas, impera a metalinguagem. O narrador dessa história, que se recusa a ser escrita ou ilustrada, leva-me a pensar que o desejo de gestar uma nova ideia permite àquele que escreve ou ilustra tatear outras possibilidades para contar ou recontar histórias de forma tão avassaladora, interpondo-se no contato com o mundo real, ao mesmo tempo que faz do cotidiano um espaço para a constante imaginação e experimentação. E quase sempre há uma distância abissal entre aquilo que se sente e se pensa e a forma dada à palavra escrita ou à imagem idealizada. Sabe-se que a palavra escrita, ou a imagem idealizada, não pode manter a fidelidade ao discurso oral, que, por seu turno, é incapaz de acompanhar o fluxo do pensamento, seguir sua velocidade e tampouco exprimir sua substância, pois, no momento em que é proferido, o pensamento já não é, foi.

A INTERTEXTUALIDADE EM *TAMPINHA* E *TÃO, TÃO GRANDE*

No livro *Tampinha*, de Angela Lago, lançado em 1994, conta-se a história de uma menina muito pequena, chamada Tampinha por causa da sua estatura, mas também por usar uma tampa de garrafa como chapéu para aumentar o peso do corpo, o que não adiantava muito, pois até um espirro era capaz de fazê-la voar. Ela vivia na companhia da avó, uma conhecedora de chás curativos, mas que, no entanto, não conseguia uma fórmula para resolver o problema da neta. Moradoras de uma casa às margens do Rio do Mato Perdido têm como vizinho um moço Bonito, vítima de uma doença fatal da qual só será curado por um chá, feito da folha da flor preta da árvore do Curupira. Protegida por um colarzinho de pimenta-malagueta, munida de palavras mágicas, ensinadas pela avó, e muita coragem, Tampinha parte em busca da planta curativa. Depois de enfrentar vários perigos, chega ao seu destino. Há nesse conto uma intertextualidade explícita com elementos e mitos da tradição brasileira, verificável na presença de personagens como o Curupira e a Cobra Grande, por exemplo. Além disso, a associação com o conto maravilhoso é imediata, não só porque a história começa com a frase indicativa "Era uma vez...", mas também por nos permitir associar *Tampinha* à história d'*O Pequeno Polegar*, de Charles Perrault. O tema do ser minúsculo, nascido de forma milagrosa, é recorrente no folclore de vários lugares do mundo (por exemplo, está presente no conto *Nennillo e Nennella*, do napolitano Giambattista Basile, e os ingleses têm seu *Tom Thumb*).

Para a estudiosa Marie-Louise von Franz, os contos de fadas tiveram origem em algum fato local. São histórias arquetípicas que se originam nas experiências individuais, as quais, quando compartilhadas com o coletivo, se desenvolvem e se completam. Podemos dizer, portanto, que quando uma história está enraizada em uma região, é uma saga local, mas quando ela adquire características abstratas e consegue migrar de um país para outro, pode ser chamada de conto de fadas ou conto maravilhoso. O conto de fadas está, assim, repleto de elementos inconscientes que ultrapassam as fronteiras culturais e racionais.

Essas narrativas têm como enredo uma questão existencial: o herói ou heroína empreende sua trajetória para resolver um problema de ordem imaterial. Daí a importância das provas desafiadoras a serem desempenhadas antes da chegada ao final feliz. No caso de Tampinha, depois de enfrentar os obstáculos necessários, ela não apenas consegue a flor mágica e ajuda o moço Bonito a se recuperar como também se alimenta do fruto da árvore do Curupira e cresce até chegar ao tamanho de uma moça. Trata-se de uma história que simbolicamente aborda a questão da passagem da infância para a juventude, com forte intertextualidade com os contos de fadas e elementos da tradição oral brasileira.

O tema do crescimento também é central na obra *Tão, tão grande*, de Catarina Sobral. Mas se na história de Angela Lago, Tampinha, nos moldes do conto maravilhoso, sai de casa e enfrenta os perigos da floresta para encontrar a fórmula mágica que a fará crescer, em *Tão, tão grande*, a intertextualidade é com *A metamorfose*, do escritor Franz Kafka.

As referências já começam nas guardas, ilustradas com insetos, que remetem à obra kafkiana, mas escondido nesse mosaico temos um hipopótamo, que pode passar despercebido pelo leitor de imagens pouco atento.

Como na novela de Kafka, toda a ação transcorre no quarto. O protagonista, que se chama Samuel, acorda certa manhã transformado, não em um inseto, mas em um hipopótamo. A irmã, Joana, que insiste para que o garoto saia do quarto e vá à escola, também lembra a presença da irmã de Gregor Samsa, Greta, que, depois das vãs tentativas dos pais, teima em convencê-lo a levantar-se para ir ao trabalho. Há situações bem similares, como a queda da cama e o desejo de inventar um subterfúgio para não sair de casa: "E se dissesse que estava doente?".

E há ainda uma referência direta à obra de Kafka na ilustração, pois no livro de entomologia que Samuel preferiria ficar a folhear em vez de ir para a escola, além de o nome do inseto ser *Gregordae Samsiatus*, temos a transcrição em letras miúdas das primeiras frases da novela kafkiana:

Certa manhã, ao acordar após sonhos agitados, Gregor Samsa viu-se na sua cama, metamorfoseado num monstruoso insecto. Estava deitado de costas, umas costas tão duras como uma carapaça, e ao se levantar um pouco [...].

Lembremos que esse recurso de compor um outro texto, em letras miúdas, para contar outra história dentro da narrativa principal foi usado também por Angela Lago, no livro *O personagem encalhado*, como apontado no item anterior deste ensaio.

Nas ilustrações do quarto de Samuel, brinquedos que remetem à infância misturam-se com um compêndio de entomologia e com sapatos, que já não cabem nos pés, sinalizando a angústia da passagem da infância para a adolescência. Mas o espelho tem papel fundamental, pois é nele que, sobressaltado, ele vê o prenúncio de um bigode sob o focinho.

No desfecho, cria-se no leitor uma expectativa sobre o possível desenlace dramático, como na novela de Kafka. Ainda que a personagem se pergunte se a irmã não teria medo de um hipopótamo ("um animal tão robusto, com uns dentes tão afiados, uma boca tão grande e um talento tão grande para esmagar brinquedos e ficar entalado em janelas"[9]), ao virar a página, como se abríssemos uma porta, na dupla, sem texto, uma família de amorosos hipopótamos aguarda por Samuel, para constatarem na página seguinte: "Como o Samuel está tão, tão grande!"[10].

---

9 Catarina Sobral, *Tão, tão grande*, Lisboa: Orfeu Mini, 2016, p. 29.
10 *Ibidem*, p. 34.

CONCLUSÃO

Indubitavelmente, o uso de recursos não verbais na produção de livros para crianças foi um grande marco nas últimas décadas. As imagens abriram novos caminhos para essa produção, que passou a contar com a participação de verdadeiros artistas, não apenas na criação das ilustrações, mas também na percepção da relevância da tipologia usada e da distribuição do texto na página.

Ainda que pouco estudada até o momento, a importância da ilustração nos livros destinados à infância é indiscutível, na medida em que se trata de um suporte que propicia uma leitura múltipla, resultante da interação entre a escrita, a imagem e o projeto gráfico.

Como demonstrado neste ensaio, Angela Lago e Catarina Sobral trabalham com maestria essa relação dialógica entre texto e imagem, apresentando jogos intertextuais e inserindo narrativas secundárias nas histórias que contam. Essa interação não apenas permite que as obras por elas criadas possam ser lidas e apreciadas por leitores de todas as idades como demonstra que o álbum ilustrado é um espaço de experimentação por excelência.

REFERÊNCIAS

ARIÈS, Philippe. *História social da criança e da família*. São Paulo: LCT, 1981.
COLOMER, Teresa. *A formação do leitor literário*. São Paulo: Global, 2003.
FRANZ, Marie-Louise von. *A interpretação dos contos de fadas*. São Paulo: Paulinas, 1985.
FREIRE, Paulo. *A importância do ato de ler*. São Paulo: Cortez, 1997.
KAFKA, Franz. *A metamorfose*. Lisboa: Leya, 2009.
LAGO, Angela. *Cena de rua*. Belo Horizonte: RHJ, 1994.
_____. *O personagem encalhado*. Belo Horizonte: Lê, 1995.
_____. *João Felizardo: o rei dos negócios*. São Paulo: Cosac Naify, 2007.
_____. *Tampinha*. São Paulo: Moderna, 2013.
_____. "Livros de imagens". Em: VIANA, Maria. *Sou educador: educação infantil*. São Paulo: Eureka: 2015.
PIAGET, Jean. *A epistemologia genética, sabedoria e ilusões da filosofia e problemas de psicologia genética*. São Paulo: Victor Civita, 1983. Coleção Os Pensadores.
SOBRAL, Catarina. *Greve*. Lisboa: Orfeu Mini, 2011.
_____. *Achimpa!*. Lisboa: Orfeu Mini, 2012.
_____. *Vazio*. Lisboa: Pato Lógico, 2014.
_____. *Tão, tão grande*. Lisboa: Orfeu Mini, 2016 ; São Paulo: Carochinha Editora, 2019.
_____. *Impossível*. Lisboa: Orfeu Mini, 2018; São Paulo: Carochinha Editora, 2020.
VYGOTSKY, L. S. *A formação social da mente*. Rio de Janeiro: Martins Fontes, 1996.
_____. *Pensamento e linguagem*. Rio de Janeiro: Martins Fontes, 1998.
ZILBERMAN, Regina. *A literatura infantil na escola*. São Paulo: Global, 2003.

TRAVESSIAS IMAGINÁRIAS: LITERATURAS DE LÍNGUA PORTUGUESA EM NOVA PERSPECTIVA. A ESCRITA FICCIONAL CABO-VERDIANA CONTEMPORÂNEA

Manuel Brito-Semedo

INTRODUÇÃO

> Importa-me que Cabo Verde tenha uma alma, sim,
> e que nela caibam o som vigoroso e louco do vento no deserto
> ou o livre e mágico sopro da brisa batendo no coração do mar
> ou ainda a alegria sincopada de olhares se conhecendo.
>
> Apraz-me que nessa alma caibam o choro, a compaixão,
> o prazer, a justiça. Que nela caibam todas as gentes, todas as cores,
> todos os sons livres, as nossas falas em risos, danças ou dores,
> e as falas do mundo e os seus silêncios. E o sopro da chuva.
>
> Mas sabe, na verdade o que me interessa mesmo
> é que Cabo Verde seja a nossa alma.
>
> DINA SALÚSTIO

A LITERATURA CABO-VERDIANA sempre produziu um número reduzido de obras literárias enquanto tais. Desde os seus primórdios ela apoiou-se, sobretudo por questões financeiras e técnicas, na imprensa periódica – revistas e folhas literárias –, ainda que com vida efêmera. É assim que ela tem como marco fundador da sua modernidade a publicação da *Claridade: Revista de Artes e Letras* (São Vicente, 1936-1960), de que saíram nove números.

No aspecto formal, a *Claridade* significou o rompimento com as formas clássicas quanto à rima, métrica e gêneros literários, ao mesmo tempo que foi uma "afronta" ao purismo da língua, devido à convivência do crioulo com o português num hibridismo nunca antes pensado ou ensaiado. Porém, a renovação formal só aparece como consequência e necessidade da adequação da língua a uma nova temática.

Embora sem um programa expresso, esse movimento literário que surgiu em 1936 irrompeu com o propósito de "fincar os pés na terra cabo-verdiana" e é evidente a alegoria de corpo inteiro: com a cabeça para pensar a literatura que deveria convir à terra que os pés pisavam. "Em contacto com a terra os pés se transformaram em raízes e as raízes se embeberiam no húmus autêntico das nossas ilhas"[1], como viria a escrever Manuel Lopes. Ou então propunha-se a tratar dos problemas do homem cabo-verdiano: as estiagens, a decadência do Porto Grande, o encerramento da emigração para os Estados Unidos, a abertura do contrato para as roças de São Tomé. Para isso, os claridosos vão encontrar na literatura do realismo nordestino brasileiro um modelo a seguir, como afirmaria Baltasar Lopes: "Precisávamos de certezas sistemáticas que só podiam vir como auxílio metodológico e como investigação de outras latitudes"[2].

Em março de 1936, foi lançado o grito da independência literária de Cabo Verde. A *Claridade* desfralda a bandeira do regionalismo e, no frontispício do seu primeiro número, apresenta três textos poéticos da tradição oral registrados em língua crioula – "lantuna & 2 motivos de 'finaçom' (batuques da ilha de Sant'iago)" e, no número 2 da revista, a morna "Vénus", de Francisco Xavier da Cruz, mais conhecido como B.Léza.

---

[1] Manuel Lopes, "Reflexões sobre a literatura cabo-verdiana ou a literatura nos meios pequenos", *Colóquios Cabo-Verdianos*, Lisboa: 1959, p. 20.
[2] Baltasar Lopes, *Cabo Verde visto por Gilberto Freyre*, Praia: Imprensa Nacional, 1956, p. 5.

Convém antes referir que o movimento literário cabo-verdiano não brotou como água da rocha de Moisés, ou seja, não surgiu do nada. Antes dos anos 1930, tinha-se desenvolvido em Cabo Verde um ambiente propício a anseios literários.

Nos meados do século XIX, tinha sido iniciada a generalização da instrução e criada a imprensa, a qual veio a conhecer o seu período áureo nos primeiros anos da República portuguesa. É desse período que remontam nomes de poetas e prosadores que angariaram audiência e prestígio, tais como Antónia Gertrudes Pusich, Guilherme da Cunha Dantas, Joaquim Augusto Barreto, Luiz Medina e Vasconcellos. Nas primeiras décadas do século XX, há ainda a registrar os escritores Luis Loff de Vasconcellos, António Manuel da Costa Teixeira, António Januário Leite, Eugénio Tavares, José Lopes da Silva e Pedro Monteiro Cardoso.

Claridade continua, ainda hoje, mais de oitenta anos depois, a ser vista como o divisor de águas da literatura cabo-verdiana, separando os períodos literários entre um antes (um romantismo tardio do século XIX, estendendo-se pelas primeiras décadas do século XX) e um depois (um realismo e um modernismo do século XX, que cultiva).

No final das décadas de 1940 e 50, até início da década de 1960, os claridosos publicaram alguns romances, novelas e contos, hoje clássicos da literatura cabo-verdiana: *Chiquinho* (1947), de Baltasar Lopes; *Pródiga* (1956) e *O enterro de Nha Candinha Sena* (1957), de António Aurélio Gonçalves; *Chuva braba* (1956), *Galo cantou na Baía* (1958) e *Flagelados do vento leste* (1959), de Manuel Lopes; e *Os famintos* (1962), de Luís Romano. Nos anos 1970, Teobaldo Virgínio publicou *Distância* (1973); Orlanda Amarílis, *Cais do Sodré té Salamansa* (1974); e Henrique Teixeira de Sousa, *Contra mar e vento* (1972) e *Ilhéu de contenda* (1978), o primeiro de uma trilogia romanesca de que viriam a sair *Xaguate* (1987) e *Na ribeira de Deus* (1992).

Nos últimos vinte anos (1999-2019), confirmaram-se como romancistas Germano Almeida (Prêmio Camões 2018), Dina Salústio, Danny Spínola, Mário Lúcio Sousa e Evel Rocha. Consolidaram-se como contistas Fátima Bettencourt, Ondina Ferreira, José Vicente Lopes e Eileen Barbosa, uma das poucas vozes jovens da pós-independência.

Este texto tenta explicitar a relação das elites intelectuais e sua produção literária com o sistema dos regimes políticos instaurados no país: (i) o regime político instalado com a independência *versus* a elite intelectual claridosa, (ii) o novo regime político instituído nos anos 1990 e as liberdades individuais e (iii) as vozes mais representativas da ficção cabo-verdiana contemporânea.

REGIME POLÍTICO INSTALADO COM A INDEPENDÊNCIA *VERSUS* ELITE INTELECTUAL

A forma de luta política desencadeada no arquipélago a seguir ao 25 de abril de 1974, sobretudo na ilha de São Vicente, e o processo de independência nacional com o projecto da unidade Guiné-Cabo Verde, com a instalação de um regime de partido único (PAIGC), de orientação marxista, hostilizaram a elite intelectual claridosa, que se desmobilizou e se dispersou. O romance *Entre duas bandeiras*, de Teixeira de Sousa, publicado em 1994, retrata esse período conturbado vivido na época.

Decorridos dez anos, mais precisamente em 1986, o regime procurou reconciliar-se com essa elite intelectual claridosa promovendo um grande Simpósio Internacional sobre Cultura e Literatura Cabo-Verdianas para assinalar o quinquagésimo aniversário da publicação da revista *Claridade*. Na ocasião, o secretário-geral do PAICV (partido surgido em 1981, na sequência do golpe de Estado na Guiné-Bissau que pôs fim ao projeto de unidade entre os dois países) e presidente da República reconheceu "o lugar e o papel assumidos pelos claridosos no percurso histórico de afirmação da identidade nacional".

O Instituto Caboverdiano do Livro (1976-1998) reeditou por essa ocasião os nove números da *Claridade*, em edição *fac-similada*, em cujo depoimento Baltasar Lopes concluía que "o movimento claridoso continua[va], com a mesma impregnação cívica, servido por outras pessoas"[3].

Em 1983, surgiria, entretanto, *Ponto & Vírgula: Revista de Intercâmbio Cultural* (São Vicente, 1983-1987), uma iniciativa independente que põe em convívio a nova geração e a geração claridosa, congregando-se à volta de um projeto literário e cultural moderno e aberto.

Em finais dos anos 1980, editam-se obras que são marcantes: *Odju d'Agu* (1986), o primeiro romance em língua crioula, de Manuel Veiga; *Cais de pedra* (1989), de Nuno de Miranda, antigo editor da *Claridade* e cofundador da *Certeza – Fôlha da Academia* (São Vicente, 1942-1943); *O testamento do Sr. Napumoceno da Silva Araújo* (1989), de Germano Almeida, um dos diretores do *Ponto & Vírgula*. Logo a seguir, é editado *O eleito do sol* (1990), estreia em ficção do poeta Arménio Vieira, um enredo autobiográfico e um momento antecipado em muitos séculos no qual se retrata a chegada da democracia a Cabo Verde.

Com uma escrita e uma temática que se demarcam da geração predecessora dos claridosos por não ter como base as questões da emigração, pobreza e secas, Germano Almeida, com *O testamento do Sr. Napumoceno da Silva Araújo*, e Arménio Vieira, com *O eleito do sol*, constituem um marco da pós-modernidade da ficção cabo-verdiana.

---

[3] Baltasar Lopes, "Depoimento", *Claridade: Revista de Arte e Letras*, Mindelo: 1986, p. XV.

NOVO REGIME POLÍTICO INSTITUÍDO NOS ANOS 1990 E AS LIBERDADES INDIVIDUAIS

Nos anos 1990, introduziu-se no país uma profunda mudança no regime político, com uma democracia multipartidária e um novo sistema econômico e social.

Em *O meu poeta*, considerado o primeiro romance verdadeiramente nacional, editado em 1990, com alguns extratos publicados na revista *Ponto & Vírgula*, Germano Almeida, através da trajetória do poeta, coloca em cena o ambiente sociopolítico e moral das elites cabo-verdianas, responsáveis pela derrocada da Primeira República.

No livro *O dia das calças roladas*, de 1992, aquele autor reporta ao dia 31 de agosto de 1981 a contestação popular ocorrida em algumas das zonas do Concelho da Ribeira Grande em Santo Antão, face à discussão do projeto da lei de bases da Reforma Agrária que esteve na origem de atribulações, distúrbios, episódios picarescos e algumas prisões.

Já *A morte do meu poeta*, publicado em 1998, é a paródia correspondente ao início do período de multipartidarismo, um retrato hilariante e delirante da desorganização, amadorismo, oportunismo e incompetência dos primeiros tempos de vida democrática em Cabo Verde.

Voltando às publicações, surgem novas revelações, sobretudo no gênero do conto, com destaque para as mulheres: Margarida Mascarenhas, com *Levedando a ilha* (1988); Ivone Ramos, com *Vidas vividas* (1990); Leopoldina Barreto, artista plástica, com *Monte gordo* (1994); Fátima Bettencourt, com *Semear em pó* (1994); e Dina Salústio, com *Mornas eram as noites* (1994). Camila Mont'rond, pseudônimo de Ondina Ferreira, publica *Amor na ilha e outras paragens* em 2001.

No contexto das ilhas, as mulheres deram-se a conhecer como escritoras muito tardiamente, nunca antes dos 50 anos de idade – depois da vida familiar estabilizada, os filhos criados e a vida profissional organizada, tiraram tempo para a escrita, que é como um tempo para si próprias.

Essas mulheres começaram por se revelar nos contos cujas personagens são essencialmente femininas e constituem retratos da vida da mulher cabo-verdiana no seu cotidiano enquanto mulheres-sós, nas ilhas e na terra-longe.

AS VOZES MAIS REPRESENTATIVAS DA FICÇÃO CABO-VERDIANA CONTEMPORÂNEA

As vozes mais representativas da ficção cabo-verdiana contemporânea são, sem dúvida, Germano Almeida (Boa Vista, 1945), Dina Salústio (Santo Antão, 1941), Fátima Bettencourt (Santo Antão, 1938) e Mário Lúcio Sousa (Santiago, 1964), sendo Eileen Almeida Barbosa (Dacar, Senegal, 1982) uma revelação e uma das poucas vozes jovens da pós-independência.

Germano Almeida

Prêmio Camões 2018, Germano Almeida é atualmente a voz mais representativa da ficção cabo-verdiana com as suas obras traduzidas para diversas línguas em países como Espanha, Itália, França, Alemanha, Suécia, Noruega, Dinamarca, República Checa e Letônia.

Inicia na escrita no *Ponto & Vírgula: Revista de Intercâmbio Cultural* (São Vicente, 1983-87), na qual publica as suas "Estórias" com o pseudônimo de Romualdo Cruz. É, contudo, com *O testamento do Sr. Napumoceno da Silva Araújo* (1989) que Germano Almeida se lança nas letras cabo-verdianas com uma linguagem que oscila entre a ironia e o sarcasmo, com muita malícia à mistura, o que faz com que a leitura dos seus textos seja agradável e estimulante.

Com dezessete títulos publicados, Germano Almeida se autodefine como "contador de histórias" e considera que *O fiel defunto*[4], sua mais recente obra, é o seu primeiro romance.

Para o escritor, intitular-se como "contador de histórias", mais do que modéstia ou jeito desprendido de dizer as coisas e de encarar a escrita, é dizer que o material para a sua escrita está lá, existe ou existiu a nível do real, do factual – "As matérias estão por cá espalhadas e aos pontapés de quem tem ouvidos [...], melhor, andam no ar à disposição dos neurónios de cada qual"[5] – e que ele, enquanto escritor, "apenas" conta a história, pondo-lhe algum tempero, claro, pela sua forma de narrar. Já ser "romancista" é "criar uma estória, completamente ficcionada", com alguma profundidade de análise e bastantes detalhes.

O fiel defunto é a efabulação da realidade sanvicentina e de Cabo Verde do ponto de vista social, cultural e político, em que o autor ironiza e satiriza os seus muitos tiques, próprios de um meio pequeno – "terra chiquita, inferno grande" – com gente da pequena burguesia tradicional cheia de *nov'horas* e de políticos oportunistas.

As realidades sociais das suas obras são as da Boa Vista, sua ilha natal, e de São Vicente, sua ilha de residência, de onde vê o mundo.

Dina Salústio

Prêmio Rosalía de Castro do Centro PEN Galícia 2016 e Prêmio PEN Reino Unido de Tradução 2018, que fizera a sua estreia na ficção com o livro de contos *Mornas eram as noites* (1994), Dina Salústio dá à estampa, nove anos depois, o seu primeiro romance, *A louca do serrano* (1998), tornando-se a primeira mulher a produzir esse gênero

---

4 Germano Almeida, *O fiel defunto*, Lisboa: Caminho, 2018.
5 *Ibidem*, p. 21.

literário e a ser traduzida para o inglês[6]. Seguiram-se *Filhas do vento* (2009), *Filhos de Deus* (2018) e, mais recentemente, *Veromar*.

Em *Veromar* (2019), diferentemente dos romances anteriores, a protagonista é um espaço inventado, ou reinventado, havendo nele um Cabo Verde reimaginado. A história é contada por uma mulher e passa-se tendo como música de fundo uma canção infantil, "Senhor barqueiro".

Fátima Bettencourt

Depois da sua estreia na ficção com *Semear em pó* (1994) e de publicar *Mar – caminho adubado de esperança* (2006), edita *Sonhos & desvarios* (2018) com os sonhos que teve e adaptou em forma de contos. Neles aborda diferentes temas, como o trabalho infantil, a violência doméstica, a questão do gênero, a imigração e a emigração, os *caçubody* (crioulização do inglês *cash or body*), assaltos de meliantes, situações e peripécias que são vividas no dia a dia.

Mário Lúcio Sousa

Prêmio do Fundo Bibliográfico da Língua Portuguesa 2000, Prêmio Literário Carlos de Oliveira 2009, Prêmio Literário Miguel Torga 2015 e Prêmio do PEN Clube de Portugal para a Narrativa 2018.

Mário Lúcio, que se assume como músico e não propriamente como escritor, publicou o seu primeiro romance, *Os trinta dias do homem mais pobre do mundo*, em 2000, seguindo-se *Vidas paralelas* (2003), *O Novíssimo Testamento* (2009) e *Biografia do Língua* (2015) – todos premiados – e, mais recentemente, *O diabo foi meu padeiro* (2019),

---

6 Cf. Dina Salústio, *The Madwoman of Serrano*, London: Dedalus Books, 2018.

inspirado em um fato dramático e cruel perpetrado pelo Estado Novo e registrado nos livros de História. Passados 45 anos do fechamento do Campo de Trabalho de Chão Bom, a Prisão Política do Tarrafal, a obra é um reavivar da História, ainda que de forma ficcionada, para não ser esquecida e nunca mais voltar a acontecer.

Eileen Almeida Barbosa

Identificada em 2014 pelo Hay Festival of Literature and the Arts Limited e pela Bloomsbury Publishing Plc entre os 39 melhores escritores africanos com menos de 40 anos. *Eileenístico* (2007), único livro até então publicado, consiste num conjunto de contos e crônicas em que Eileen Almeida Barbosa apresenta uma escrita cabo-verdianamente jovem e urbana.

CONSIDERAÇÕES FINAIS

A literatura cabo-verdiana, com destaque para a ficção, está a passar por um momento de alguma pujança, embora, em 2011, o Estado tenha posto de lado a sua política de promoção do livro e da leitura, causando uma queda nas publicações, de que a Biblioteca Nacional era a principal impulsionadora. Desde 2015 tem havido um aumento gradual do número de edições, passando de uma média de seis livros de ficção por ano, quando antes dificilmente chegava a cinco, para oito, em 2018, e treze, em 2019. Isso se deve sobretudo ao surgimento de editoras privadas e sua dinâmica ao entrar no mercado editorial, com reedições e novas edições.

Essa produção ficcional cabo-verdiana dos últimos vinte anos dá conta da dinâmica das publicações nesse período, num total de cerca de quarenta autores e perto de cem títulos, entre romances e livros de contos. É, por outro lado, um retrato da alma de Cabo Verde estando nele as suas gentes e, retomando Dina Salústio, "todas as cores, todos os sons livres, as [...] falas em risos, danças ou dores, e as falas do mundo e os seus silêncios. E o sopro da chuva"[7].

Vaticina-se, por isso, a chegada dos livros de autores cabo-verdianos a mais leitores, aos estudiosos da literatura e cultura lusófonas, às universidades, de modo a despertar interesse na sua tradução em outras línguas, e à sua internacionalização.

***

Para que se tenha uma ideia mais completa da produção ficcional cabo-verdiana, apresentamos o quadro-síntese "Escrita Ficcional no Século XXI":

PUBLICAÇÕES	AUTOR
2019	
Veromar	Dina Salústio
Profecias do Ali-Ben-Ténpu	Manuel Veiga
Depois das mangas vêm os abacates (o duplo laço)	Eugénio Inocêncio (Dududa)
A aldeia do Mato Alto e os seus habitantes	Celestino dos Santos Almada
A matriarca – um estória de mestiçagens	Vera Duarte
Sonho de Ícaro	Onestaldo Gonçalves
Josina	João Henrique Cruz
Acushnet Avenue – pelos caminhos de Chiquinho	José Cabral
O diabo foi meu padeiro	Mário Lúcio Sousa
O moribundo	Daniel Ramos Mendes
Beato Sabino	Olavo Delgado Correia
Sonhos & desvarios (contos)	Fátima Bettencourt
Ilhéus suspensos... e se chegássemos ao mar sem as ausências	Salif Diallo

---

[7] Dina Salústio, *Filhos de Deus: contos e monólogos*, Praia: Biblioteca Nacional de Cabo Verde, 2018, p. 139.

2018

Filhos de Deus	Dina Salústio
Caminhada	Samuel Gonçalves
O fiel defunto	Germano Almeida
Campo da fortuna	Evel Rocha
Descantes da minha Ribeira – estórias & contos	Kaká Barboza

2017

Múrcia	Eugénio Inocêncio (Dududa)
Degradações e esperanças	Eutrópio Lima da Cruz
Os coelhos e seus parentes, empregados e amigos	Celestino dos Santos Almada
Sobrevivente	António Ludgero Correia
Pecado, paixão e amor no claustro	Onestaldo Gonçalves
Caminho de São Tomé	Ana Paula Fontaínhas
Cisne branco	Evel Rocha
Curtos, 7 contos	Tchalê Figueira

2016

As ilhas do meio do mundo	Oswaldo Osório
A ponte de Kayetona	Eurydice
Mar – caminho adubado de esperança	Fátima Bettencourt
Solitudes Blues	Tchalê Figueira
Uma pequena odisseia mindelense	Tchalê Figueira
Moro nesta ilha há mais de cinquenta anos & outros contos	Tchalê Figueira

2015

Para lá de Alcatraz – onde os ventos se cruzam	Viriato de Barros
Luna – a noite de todos os dias	Carlota de Barros
Mulheres de pano preto	Armindo Ferreira
Papa por uma noite	David Hopffer Almada
Regresso ao paraíso	Germano Almeida
Biografia do Língua	Mário Lúcio Sousa
Cinzas douradas	Evel Rocha

2014

Do Monte Cara vê-se o mundo	Germano Almeida
Caminho(s) que trilharam	José Cabral
A Índia que procuramos (contos)	Tchalê Figueira

2013

O bordo é livre	Amiro Faria
O curandeiro de Monte Pioro	Samuel Gonçalves
Contos	Jorge O. S. Silva
MS. Kate (um amor de Eugénio Tavares) (contos)	José Vicente Lopes

2012

A herança da Chaxiraxi	António Gualberto do Rosário

2011

Percursos & destinos	João Lopes Filho
O recado das ilhas	Samuel Gonçalves
Contos de Basileia	Tchalê Figueira

2010

A morte do ouvidor	Germano Almeida
Marginais	Evel Rocha
Contos com lavas	Ondina Ferreira
O trampolim	Abraão Vicente

2009

Filhas do vento	Dina Salústio
Aquele retrato	Samuel Gonçalves
A outra face da lei	José Maria Ramos
Silêncio cúmplice	António Ludgero Correia
O Novíssimo Testamento	Mário Lúcio Sousa
Mam Bia tita contá estória na criol	Ivone Ramos
Roda do sexo (contos)	Fernando Monteiro

2008

Avatares das ilhas	Danny Spínola
Sodade de Nhâ Terra Saninclau	José Cabral

2007

Sapato de defunto	António Ludgero Correia
A fortuna dos dias (contos)	José Vicente Lopes
Eileenístico – contos e crónicas	Eileen Almeida Barbosa

2006

Eva	Germano Almeida
Chinho e Colixo	Samuel Gonçalves
Baban, o Ladino	António Ludgero Correia
Lagoa Gémia (contos em crioulo)	Danny Spínola
A verdade de Chindo Luz	Joaquim Arena

2005

Oh mar das túrbidas vagas	Henrique Teixeira de Sousa
Para lá de Alcatraz – onde os ventos se cruzam	Viriato de Barros
Solitário e Ptolomeu Rodrigues	Tchalê Figueira

2004

As vítimas do amor impossível	Leopoldina Barreto
O mar na Laginha	Germano Almeida
Ilha imaculada	António Gualberto do Rosário
A candidata	Vera Duarte
Cântico às tradições	Kaká Barboza

2003

Nimores e Clara & amores de rua	Oswaldo Osório
Vidas paralelas	Mário Lúcio Sousa
Estátuas de sal	Evel Rocha

2002

A maldição de Ezeulu	Carlos Araújo
Hora minguada	António Gualberto do Rosário

2001

Identidade	Viriato de Barros
As memórias de um espírito	Germano Almeida
Amor na Ilha e outras paragens	Camila Mont'rond
As aventuras do Tibúrcio e outros contos	Amílcar Sousa Lima

2000

Ilha do Rei Titã	Leopoldina Barreto
Vendaval	Carlos Araújo
Os trinta dias do homem mais pobre do mundo	Mário Lúcio Sousa
Um farol no deserto	Joaquim Arena

1999

Manduna de João Tienne	Pedro Monteiro Duarte
No inferno	Arménio Vieira
A louca do serrano	Dina Salústio
Dona Pura e os camaradas de abril	Germano Almeida
Na corda bamba	Carlos Araújo
Perkurse de sul d'ilha (romance em crioulo)	Eutrópio Lima da Cruz
Contos de Macaronésia (Volume II)	G. T. Didial

REFERÊNCIAS

LOPES, Baltasar. *Cabo Verde visto por Gilberto Freyre*. Praia: Imprensa Nacional, 1956.

_____. "Depoimento". *Claridade: Revista de Arte e Letras*. Mindelo: 1986.

LOPES, Manuel. "Reflexões sobre a literatura cabo-verdiana ou a literatura nos meios pequenos". *Colóquios Cabo-Verdianos*. Lisboa: 1959.

SALÚSTIO, Dina. *Filhos de Deus: contos e monólogos*. Praia: Biblioteca Nacional de Cabo Verde, 2018.

SOBRE OS AUTORES

ANA RIBEIRO

Docente na Universidade do Minho (Braga, Portugal) desde 1991, onde integra o Centro de Estudos Humanísticos. Publicou o romance de aprendizagem *A escola do paraíso*, de José Rodrigues Miguéis (1998), bem como vários estudos sobre autores portugueses do século XX e sobre autores dos países africanos de língua oficial portuguesa.

ANTÓNIO CABRITA

Foi roteirista de cinema, jornalista e crítico durante quase duas décadas no semanário *Expresso*, de Lisboa. Desde 2004 vive em Moçambique, onde é professor de dramaturgia. Tem mais de vinte livros publicados, dentre os quais *A maldição de Ondina* (LetraSelvagem, 2011); *Um espião na casa do amor e da morte: reportagem-manifesto contra a violência de género* (Arranha-Céus, 2015); *A paixão segundo João de Deus* (Exclamação, 2018). Foi finalista do Prêmio Correntes de Escrita, em 2013, e do Prêmio Pen Clube de 2017, de poesia. Tem três livros de ficção editados no Brasil.

CLARA ROWLAND

Professora associada no Departamento de Estudos Portugueses da Faculdade de Ciências Sociais e Humanas da Universidade Nova de Lisboa. Desenvolve o seu trabalho nas áreas de literatura brasileira, literatura comparada e estudos interartes. As suas publicações incluem ensaios sobre Guimarães Rosa, Clarice Lispector, Bernardo Carvalho, Raduan Nassar, Manuel Bandeira, Carlos Drummond de Andrade, entre outros. É autora de *A forma do meio: livro e narração na obra de João Guimarães Rosa* (Editora da Unicamp, 2011).

CRISTHIANO AGUIAR

Escritor e professor do Programa de Pós-Graduação em Letras da Universidade Presbiteriana Mackenzie. Publicou o livro de contos *Na outra margem, o Leviatã* (Lote 42, 2018) e o livro teórico *Narrativas e espaços ficcionais: uma introdução* (Mackenzie, 2017). Em 2012, participou da antologia *Granta: melhores jovens escritores brasileiros*. Escreve sobre literatura para a revista *Pessoa* e para o suplemento *Pernambuco*.

FÁTIMA MENDONÇA
Professora aposentada da Faculdade de Ciências Sociais da Universidade Eduardo Mondlane em Maputo. É membro da Associação dos Escritores Moçambicanos e pesquisadora integrada do CLEPUL da Universidade de Lisboa. Publicou *Literatura moçambicana: a história e as escritas* (UEM, 1989); *Literatura moçambicana: as dobras da escrita* (Ndjira, 2012); e *Rui de Noronha: meus versos* (Texto Editores, 2006). Em 2016, recebeu o Prêmio José Craveirinha de Literatura.

LUÍS KANDJIMBO
Ensaísta e crítico literário. Doutor em estudos de literatura e mestre em filosofia geral pela Faculdade de Ciências Sociais e Humanas da Universidade Nova de Lisboa. É professor associado do Instituto Superior Politécnico Metropolitano de Angola e pesquisador do Instituto de Estudos Literários e Tradição da Universidade Nova de Lisboa.

MANUEL BRITO-SEMEDO
Doutor em antropologia pela Faculdade de Ciências Sociais e Humanas da Universidade Nova de Lisboa (UNL). É professor universitário, ensaísta e cronista, com dez livros publicados, dentre os quais *A construção da identidade nacional: análise da imprensa entre 1877 e 1975* (Instituto da Biblioteca Nacional e do Livro, 2006); *Esquina do tempo: crónicas do Expresso das Ilhas* (Expresso das Ilhas, 2017); e *Gastronomia, música e dança no ciclo de vida do homem cabo-verdiano* (Novas Edições Acadêmicas, 2018).

MARIA JOÃO CANTINHO
Estudou filosofia na Universidade Nova de Lisboa, onde se doutorou. É ensaísta, poeta e professora. Tem publicados quatro livros de ficção, quatro de poesia e dois ensaios, dentre os quais *Asas de Saturno* (Exclamação, 2020) e *Walter Benjamin: melancolia e revolução* (Exclamação, 2019). É membro do PEN Clube português, da APCL (Associação Portuguesa dos Críticos Literários) e pesquisadora do Centro de Filosofia da Universidade de Lisboa e do Centre d'Études Juives (Universidade da Sorbonne).

MARIA SCHTINE VIANA

Bacharel em letras pela FFLCH-USP e mestre em filosofia pelo Instituto de Estudos Brasileiros (IEB-USP). Trabalhou em várias editoras de São Paulo e é autora de livros de literatura, obras didáticas e destinadas à formação de professores. Atualmente, é doutoranda da Faculdade de Ciências Sociais e Humanas da Universidade Nova de Lisboa, onde é assistente de investigação do CHAM-UNL e membro do IELT.

SABRINA SEDLMAYER

Pesquisadora e professora associada da Faculdade de Letras da UFMG. As suas pesquisas situam-se no campo da literatura comparada, com ênfase nas literaturas de língua portuguesa e na teoria das culturas de língua portuguesa, atuando principalmente na linha de pesquisa em políticas do contemporâneo. É autora de *Jacuba é gambiarra* (Autêntica, 2017); *Pessoa e Borges: quanto a mim, eu* (Vendaval, 2004); *Ao lado esquerdo do pai* (UFMG, 1997); e *Lavoura Arcaica: um palimpsesto* (Memorial da América Latina, 1999).

FONTE Amalia e Bayard
PAPEL capa Supremo duodesign 300 g/m²
miolo Pólen soft 80 g/m²
IMPRESSÃO Hawaii Gráfica e Editora
DATA Outubro de 2020